Der Umgang mit der Stadtgesellschaft

Interkulturelle Studien

Herausgegeben von

Georg Auernheimer
Wolf-Dietrich Bukow
Christoph Butterwegge
Hans-Joachim Roth

Band 11

Wolf-Dietrich Bukow
Erol Yildiz (Hrsg.)

Der Umgang mit der Stadtgesellschaft

Ist die multikulturelle Stadt gescheitert
oder wird sie zu einem Erfolgsmodell?

Springer Fachmedien Wiesbaden GmbH 2002

Gedruckt auf säurefreiem und alterungsbeständigem Papier.

Die Deutsche Bibliothek – CIP-Einheitsaufnahme
Ein Titeldatensatz für die Publikation ist bei der Deutschen Bibliothek erhältlich

ISBN 978-3-8100-3264-5   ISBN 978-3-663-09639-9 (eBook)
DOI 10.1007/978-3-663-09639-9

© 2002 Springer Fachmedien Wiesbaden
Ursprünglich erschienen bei Leske + Budrich, Opladen 2002

Inhalt

Einleitung

Zukunft der Stadtgesellschaft

Zur Grammatik des Zusammenlebens – Quartiere im Wandel

Urbanität zwischen Zerfall und Erneuerung –
Reaktionen auf kommunaler Ebene

Zwischen Marginalisierung und selbstreflexiver Interkulturalität

Einleitung

Wolf-Dietrich Bukow/Erol Yildiz

Einleitung: Ist die multikulturelle Stadt gescheitert oder wird sie zu einem Erfolgsmodell?

Niemals waren die Städte so kontinuierlich mit Veränderungsprozessen konfrontiert wie heute. Auch wenn sich das Gesamtbild der Stadt nur schrittweise wandelt, machen städtische Quartiere zum Teil erhebliche Umbauprozesse durch. Soziale, kulturelle, ökonomische und andere Konzentrations- und Diffusionsprozesse intensivieren die Veränderungen. Häufig wird jedoch nur ein einziges Quartier und oft nur eine einzelne Dimension solcher Transformationsprozesse wahrgenommen. Was dabei herausgegriffen wird, orientiert sich meist am „Zeitgeist". So wird die Großstadt einmal als Hort der Zivilisation gepriesen und ein andermal wiederum als Gebilde abgewertet, in dem die Krisen und Konflikte der Gesellschaft kumulieren. Nicht zufällig taucht diese pessimistische Stimmung zunehmend im Zusammenhang mit der Einwanderungsfrage auf. Man kommt schnell auf die Gettoisierungsthematik, verweist neuerdings gern auf die Entwicklung von „Parallelgesellschaften" und erklärt die multikulturelle Stadt für gescheitert.

Schon das rechtfertigt eine erneute, gründliche Auseinandersetzung mit der Thematik des urbanen Lebens. Offenbar gibt es hier nicht nur *eine* Grundstruktur oder *einen* Entwicklungsrahmen, sondern zugleich viele Grundmuster, Rahmungen und Handlungsweisen, die nebeneinander existieren. Wenn die Städte zunehmend heterogen, differenziert und pluralistisch erscheinen, mag der Eindruck von Undurchschaubarkeit entstehen. Diese scheinbare Regellosigkeit kann Ängste wecken, welche dann den Blick darauf versperren, dass in diesem Chaos durchaus eine „soziale Grammatik" wirksam sein kann, die uns den Umgang mit der Komplexität und Unüberschaubarkeit des Urbanen nach wie vor ermöglicht. Diese „Grammatik" erscheint allen Unkenrufen zum Trotz sehr leistungsfähig und bewährt sich auch angesichts einer zunehmenden Globalisierung. Allerdings ist es notwendig, diese soziale Grammatik sorgfältiger als bisher zu rekonstruieren und mit ihr sensibler als bisher umzugehen. Dann bleibt der urbane Raum wandlungs- und anpassungsfähig.

9

Daher ist wichtiger denn je, konsequent multiperspektivisch vorzugehen und die Stadt in jedem Augenblick, in jeder Alltagssituation zugleich als eine industriegesellschaftliche Realität mit vielfältigen Systemen, als multikulturelle Gesellschaft mit unterschiedlichen Lebenswelten und als Kommunikationsbasis für eine vielschichtige zivilgesellschaftliche Öffentlichkeit zu begreifen. In dieser sicherlich idealtypischen Betrachtungsweise werden urbane Ereignisse – angefangen von ökonomischen Umbauprozessen über soziale Entwicklungen bis hin zu lokalen Risiken, Krisen und Konflikten – zu Bestandteilen eines urbanen Netzwerks, das zukunftsfähig erscheint.

Es gibt eine Reihe aktueller Beiträge theoretischer und empirischer Art, die diese Transformationsprozesse entweder allgemein zum Gegenstand haben oder sich speziell mit unterschiedlichen Dimensionen des Zusammenlebens in den Stadtgesellschaften beschäftigen. Je nachdem, was jeweils als relevant erachtet wird, werden entweder infrastrukturelle Bedingungen oder kulturelle Entwicklungen, politische Konstellationen oder globale Interdependenzen, manchmal auch die Situation von eingewanderten ethnischen Minderheiten und Multikulturalität untersucht. Nimmt man diese Analysen genauer in den Blick, sieht man sich tendenziell mit zwei Paradigmen konfrontiert: entweder einer normativen Vorgehensweise, die die Stadtgesellschaften als Orte der Krise und Anomie beschreibt und als Konsequenz mehr „Ordnung" und „Disziplin" fordert oder einer konstruktiven, die die Möglichkeiten und Chancen betont, die die Stadtgesellschaften den Einzelnen bieten und eine gerechte Verteilung fordert. Im Kern gibt es also zwei diametral entgegengesetzte Paradigmen: Auf der einen Seite einen *traditionell-strukturbezogenen Blick* und auf der anderen Seite einen *konstruktivistisch-postmodernen Blick.*[1]

Der traditionell-strukturbezogene Blick: Nicht erst seit Emile Durkheim ist es Mode, die Gesellschaft als Block zu betrachten, ein Block, der von Normen durchzogen und von Werten überwölbt wird. Probleme entstehen, wenn sich die Gesellschaft so ausdifferenziert, dass Normen nicht mehr hinreichend durchzusetzen sind und Werte nicht mehr zu überzeugen vermögen. Die Folgen sind strukturelle Verwerfungen und anomische Zustände. Dieser seit langem zu beobachtende Prozess wird durch Individualisierung und Globalisierung beschleunigt: Städte zerfallen, weil Normen und Werte zerfasern. Menschen

---

1   Auch Ulrich Beck u.a. (2001, S. 48) nennt zwei Reflexionsformen auf die Transformationsprozesse in den Stadtgesellschaften, die in ähnliche Richtung gehen: „reflexiver Fundamentalismus" auf der einen Seite und „reflexiver Pluralismus" auf der anderen Seite. Diese beiden Reaktionsweisen werden deshalb als reflexiv bezeichnet, weil man sich hier der Umbruchsituation der Stadtgesellschaft reflexiv zuwendet und dabei von einem naiven Fortschrittsgedanken der „einfachen Moderne" Abschied nimmt. Was die Einschätzung der Transformationsprozesse und die Konsequenzen daraus betrifft, gehen die Meinungen aber erheblich auseinander.

driften ab, weil sie sich im Alltag nicht mehr verankern können. Gewalt und Abweichung jedweder Form nehmen zu.

Aus dieser Perspektive werden die vom Zerfall bedrohten Werte, Normen und Selbstverständlichkeiten in den Stadtgesellschaften nach wie vor als „konstitutive" Phänomene betrachtet und gegen neue Transformationsprozesse in Schutz genommen. Eine kulturpessimistische Grundstimmung scheint für diese Perspektive prägend zu sein. Die Stadtgesellschaften werden als Orte des Scheiterns der Moderne charakterisiert, wo Menschen unter Desintegrations- und Entsolidarisierungstendenzen leiden. So konstatiert Sennett (2001) das Verschwinden sozialer Beziehungen. Nach ihm scheinen die neuen Mobilisierungszwänge dazu zu führen, dass Menschen kaum noch mit stabilen Strukturen rechnen können und schrittweise ihre festen Bezugspunkte verlieren. Das freigesetzte Individuum sei nicht mehr fähig, eine stabile Persönlichkeit zu entwickeln (vgl. Sennett 1998, S. 159ff). Man markiert kulturelle Vereinheitlichungstendenzen und sieht die „lokal situierten Identitäten" durch globale Mobilitätsbewegungen gefährdet. Die Ursachen der Zerfallserscheinungen und der Fragmentierungen werden häufig auf die globalisierungsbedingte Rekonfiguration lokaler Orte zurückgeführt. Eine „Verfallssemantik" (Sighard Neckel) bestimmt also die Wahrnehmungsweise der Stadt. Die Verfechter dieses Paradigma sehen den Zusammenhalt der Stadtgesellschaften unter diesen veränderten Bedingungen zunehmend gefährdet und fordern mehr Besinnung, mehr Solidarität und mehr disziplinierende Maßnahmen.[2]

Der konstruktivistisch-postmoderne Blick: Im Gegensatz zum traditionell-strukturbezogenen Blick wird hierbei die Dynamik der Stadtgesellschaften in den Vordergrund gerückt (vgl. Bukow in diesem Band). Die Menschen erleben sich zunehmend in einer Fülle gänzlich unterschiedlich gerahmter Alltagssituationen. Sie arrangieren sich damit je nach Situation – je nachdem, ob eher formale Dinge, eher persönliche Einstellungen oder eher Verständigungsprozesse dominieren. Aus dieser Sicht besteht die Gesellschaft primär aus kleinen alltäglichen Erzählungen, dann aus einem urbanen Horizont und danach aus einem größeren regionalen Rahmen, aber ganz zum Schluss eben auch aus einer Weltgesellschaft. Krisen treten auf, wenn sich die vielen kleinen und ihrem Inhalt nach sicherlich sehr unterschiedlichen Erzählungen nicht mehr reimen, also die soziale Grammatik des urbanen Zusammenlebens nicht mehr funktio-

---

2 Dass die (post)modernen Entwicklungen automatisch mit „Desintegration" und „Zerfall" in Verbindung gebracht werden, ist darüber hinaus kein neues Phänomen. Auch der Modernisierungsprozess (wie Individualisierung und Ausdifferenzierung) wurde von bestimmten Kreisen von Anfang an als Gefahr für das Zusammenleben gesehen. Durch die Modernisierung sah man die lokalen Identitäten bedroht. Sie wurde als Entsolidarisierung und Anomie interpretiert (vgl. Durkheim 1996, S. 135ff).

niert – zum Beispiel weil formal notwendige Situationen („Systeme") zu wenig leisten, der angestrebte Lebensstil vielleicht diskriminiert wird oder man aus den immer wieder notwendigen Verständigungsprozessen ausgeschlossen bleibt.

Aus konstruktiv-postmoderner Perspektive kommt es nicht auf eindeutige und endgültige Lösungsstrategien an. Stattdessen werden zeitlich wie räumlich begrenzte und kontextspezifische Restrukturierungsprozesse hervorgehoben, die unter neuen Bedingungen selbst wieder transformiert werden können (Beck u.a. 2001, S. 49). Für die Verfechter dieses Paradigmas geht es eher um die neuen Integrationsleistungen der Stadtgesellschaften als metropolitane Gesellschaft, wo Integration eher „Inklusion", Inklusion durch Systeme meint (Nassehi 2000). So werden die Transformationsprozesse als „Befreiungsprozess der Differenzen" (Vattimo 1992, S. 21) interpretiert und man plädiert für ein radikal perspektivisches Verständnis im Umgang mit der Stadtgesellschaft (Alfred Schütz). Aus dieser Sicht gibt es keinen Werteverfall oder Normenverlust, sondern ganz normale strukturelle, kulturelle und politische Konfliktlagen, die als Chance zur Neugestaltung der Stadtgesellschaft betrachtet werden. Umbrüche und Krisen sind in dieser Perspektive ein integraler Bestandteil der Stadtentwicklung.

Wenn man nach „Schattenseiten" aktueller Entwicklungen sucht, wie es aus der „normativen" Sicht der Fall zu sein scheint, findet man sie auch. Wenn man umgekehrt einen konstruktiven Zugang wählt und nach den „positiven" und lebenspraktischen Momenten des Zusammenlebens in den Stadtgesellschaften fragt, wird man ebenso fündig. Es geht hier also um das Problem der Fragerichtung. Das heißt, dass der Horizont der Fragestellung bereits Antwortmöglichkeiten impliziert und andere Alternativen außer Acht lässt (Nassehi 1999, S. 29). Die Konzentration auf die als „Schattenseiten" der Modernisierung wahrgenommenen Phänomene führt dazu, dass die anderen Dimensionen des Zusammenlebens im Alltag notwendigerweise aus dem Blickfeld verdrängt oder gezielt ignoriert werden. Diese Untergangsprognose hat ihre Wurzeln nicht in der antizipierten Wahrnehmung neuer Kräfte, die durch die neuen Transformationsprozesse freigesetzt werden – was immer wieder behauptet wird – sondern eher in der pessimistischen Einschätzung der Menschen in den Stadtgesellschaften. „Apokalyptiker" (Umberto Eco) äußern sich polemisch gegen die Alltagspraxis, der unterstellt wird, „durch aktivistische Programme die Reflexionskräfte abzulenken und aufzuzehren" (Eco 1984, S. 24). Man kann sich des Eindrucks kaum erwehren, dass sich viele Kritiker der Stadtgesellschaft in ihren Positionen fest eingerichtet haben, anstatt die konkreten Bedingungen, in denen sich Menschen bewegen, zur Kenntnis zu nehmen, und dass ihre negative Haltung an einem „Vor-Bild" geschult zu sein scheint, welches das Alltagsleben

12

grundsätzlich ausblendet, oder zumindest als defizitär wahrnimmt. Diese realitätsresistente Umgangsweise scheint eher „Erwartungen gegen empirische Widerlegungen zu stabilisieren" (Reese-Schäfer 1999, S. 435) und die mögliche Revision ihrer Theorien durch die Praxis zu fürchten.

Bei genauer Betrachtung handelt es sich hier um eine Krise der Mythen, die ihre Glaubwürdigkeit und gesellschaftsprägende Kraft und damit ihren Machtanspruch im globalen Zeitalter zunehmend verlieren. Lyotard (1986) spricht in diesem Zusammenhang von „Meta-Erzählungen", die ihre Prägekraft in der Postmoderne eingebüßt hätten. „Apokalyptiker" versuchen ihre Mythen, die durch globale Entwicklungen in die Krise geraten sind, zu retten, weil hinter der Krise der Mythen mehr steckt, als zugegeben wird. Die Krise der Mythen, historischer Wahrheiten und der Meta-Erzählungen geht einher mit der Krise einer Systematik und einer ganzen Kultur. „Die festen Verbindlichkeiten erlöschen" (Eco 1984, S. 118). In der postmodernen Stadtgesellschaft zerfallen die objektiven Symbole, auf denen die klassische Moderne mit ihrem Normalitätsbild basierte. Stattdessen beobachten wir eine Pluralisierung und Individualisierung symbolischer Bedeutungen. Das urbane Leben wird kontingent. Diese Entwicklung stellt die Vorstellungen von einer absoluten Originalität und Authentizität in Frage. Das Individuum in der Stadtgesellschaft des globalen Zeitalters entspricht dem traditionellen Bild nicht mehr. Ob besser oder schlechter, es ist jedenfalls anders, und auch seine biographischen Entwürfe und Wege sind andere. Der Mensch wird „modular", wie Zygmunt Bauman (2000, S. 225ff) konstatiert hat.

Hier stellt sich die Frage, wozu diese – in der Öffentlichkeit oft dominierende – kultur-pessimistische und normativ orientierte Perspektive führt. Zumindest scheinen durch diese von Zerfallssemantik geprägte Wahrnehmung die Möglichkeiten und Chancen, die die „global gerahmten" Stadtgesellschaften für die Einzelnen bieten, aus dem Blick geraten zu sein. Es versteht sich von selbst, dass globale Entwicklungen auch negative Seiten haben.[3] Es gibt keinen Gewinn ohne Verlust (Benhabib 1999, S. 70; Yildiz 2002, S. 33ff). In diesem Zusammenhang hat Umberto Eco (1984) zu Recht darauf hingewiesen, dass „jede Veränderung kultureller Werkzeuge in der Menschheitsgeschichte eine tiefreichende Krise des überkommenen oder geltenden ‚Kulturmodells' auslöst" (S. 38). Es kommt jedoch darauf an, ob die Krise als Chance für etwas Neues oder ausschließlich als Risiko gesehen wird. Es geht also um eine angemessene,

---

3 Wir beobachten beispielsweise, wie der Versuch unternommen wird, die Stadtgesellschaften zur Beute individueller Machtinteressen zu degradieren, was Machtkämpfe, Vernachlässigung von städtischen Quartieren und ungleiche Entwicklungen zur Folge hat. Die französischen Vorstädte sind eindeutige Belege für solche Entwicklungen (dazu Lapeyronnie 2001, S. 227ff; Kür 2001, S. 77ff).

13

sinnadäquate und verantwortungsvolle Sicht. Moderne Gesellschaften sind alternativlos Stadtgesellschaften. Dies wird ein interessantes Licht auf differente Einschätzungen der zukünftigen Gestaltbarkeit unserer Stadtgesellschaften werfen.

Ein weiterer Aspekt ist, dass Krisenphänomene oft genug im Einwanderungskontext diskutiert werden. Man spricht immer wieder von Abschottung und ghettoähnlichen Zuständen in den Stadtgesellschaften und warnt vor dem Entstehen von „Parallelgesellschaften". Und so beschrieb jüngst auch das Nachrichtenmagazin *Der Spiegel* vom 4.3.2002 das Problem heutiger Gesellschaften:

„Das wahltaktische Gezerre um das neue Zuwanderungsgesetz verdeckt das wahre Problem: Mitten in Deutschland leben Millionen von Immigranten in blickdichten Parallelwelten nach eigenen Regeln von Recht und Ordnung."

Dass Konfliktsituationen wie selbstverständlich mit der Einwanderungsfrage in Verbindung gebracht werden, ist ein genereller Trend und bestimmt zunehmend auch den Umgang mit den eingewanderten Minderheiten und deren Nachkommen in den Stadtgesellschaften. So wird Diskriminierung und Rassismus in bestimmten Kontexten zu einer Routineangelegenheit (Gomola/Radtke 2002).

Ob die multikulturelle Stadt für gescheitert erklärt oder sogar als Erfolgsstory präsentiert wird, hängt ganz erheblich von der Perspektive ab, von der aus das urbane Zusammenleben beobachtet wird. Je nachdem, welchen Zugang man wählt, entscheidet sich, wie mit der Urbanität umgegangen wird, wie Krisen gedeutet und verortet werden, wie darauf reagiert wird und welche Interventionsmaßnahmen konzipiert werden. Man kann die Quartiere, in denen sich mehrheitlich Einwanderer niedergelassen haben, als „kulturelle Brennpunkte" oder als „Parallelgesellschaften" beschreiben, die es zu vermeiden gilt oder man kann solche Quartiere als eine Erfolgsgeschichte präsentieren, die nachhaltige Unterstützung rechtfertigt. Wie solche Einwandererquartiere wahrgenommen werden, wird in Zukunft den Umgang mit diesen Quartieren bestimmen (vgl. den Beitrag von Bukow/Yildiz in diesem Band).

Wenn man die aktuellen Entwicklungen nicht von vornherein als „an sich schlecht" betrachtet und nicht routinemäßig nach den Zerfallserscheinungen fragt, wie „Apokalyptiker" es tun, sondern nach den alltagspraktischen und funktionierenden Kontexten in den Stadtgesellschaften, sieht man sich mit einem völlig anderen Bild konfrontiert (vgl. Keupp/Höfer u.a. 2001, S. 165f). Es werden gerade in solchen Situationen, wo „viel passiert", Konturen einer *sozialen Grammatik des urbanen Zusammenlebens* sichtbar, die weder schlecht

14

noch gut, sondern einfach anders ist (Nikodem/Schulze/Yildiz 2001, S. 209ff), eine soziale Grammatik, die das alltägliche Leben stabilisiert und positioniert.[4] Ein adäquater Umgang mit der Stadtgesellschaft setzt offenbar voraus, dass man die Logik der Kontexte, in denen sich Menschen bewegen, nicht ignoriert, sondern dass man sie zum Ausgangspunkt weiterer Überlegungen macht. Statt sich in imaginäre, von bestimmten Kreisen inszenierte Konstellationen zu vertiefen, sollte man die „Alltagsrealität" zunächst so nehmen, wie die Menschen sie selbst lebenspraktisch erfahren. Auf diese Weise würde die Diskussion die Ebene der Mythen verlassen und zu einer sinnadäquaten Beschreibung und Interpretation konkreter Alltagssituationen gelangen. Erst wenn die Dynamik der sozialen Grammatik richtig rekonstruiert wird, kann es gelingen, sichtbar werdende Desintegrationserscheinungen und Verwerfungen richtig zu verorten, angemessen zu beurteilen und entsprechend damit umzugehen. Wenn städtische Entwicklungen „sachlich" analysiert und dargestellt werden, können Umgangsformen und Kompetenzen sichtbar gemacht werden, die für die Dynamik der Stadtgesellschaft von Relevanz sind und daher aufgegriffen und weiterentwickelt werden müssen.

Vor diesem Hintergrund stellt sich die Frage: Ist das Modell der multikulturellen Gesellschaft – wie in der öffentlichen Diskussion oft behauptet – gescheitert oder wird die Vision der multikulturellen Gesellschaft im globalen Zeitalter zu einem Erfolgsmodell? Genau an diesem Punkt setzt der vorliegende Band an und geht aus verschiedenen Perspektiven dieser Frage nach. Auch Risiken und Krisen, die die aktuellen Transformationsprozesse verursachen, werden zum Gegenstand der folgenden Beiträge. Auch wenn jeweils unterschiedliche Dimensionen des urbanen Zusammenlebens in den Vordergrund gerückt und diskutiert werden, ist jedoch allen Beiträgen in diesem Buch eine kritische Auseinandersetzung mit der einleitend beschriebenen „normativen" Orientierung gemeinsam, die die Richtung vieler stadtsoziologisch orientierter Beiträge zur Urbanität bisher bestimmt hat.

Zum Inhalt

Im ersten Teil wird zunächst die Frage der Zukunft der Stadtgesellschaften aus unterschiedlichen Blickwinkeln diskutiert. So beschreibt *Wolf-Dietrich Bukow*

---

4   Auch Goffman fragt in seinen alltagssoziologisch orientierten Studien nach den Regelstrukturen von Interaktionsprozessen im Alltag. Goffman überträgt die Frage nach der Möglichkeit von Ordnung auf die Mikroeinheiten und stellt die Frage: wie kann die Ordnung in face-to-face-Interaktionen aufrechterhalten und wiederhergestellt werden. Sein zentrales Anliegen ist es, die Regelstrukturen, die soziale Grammatik der Kontexte, in denen sich das Leben abspielt, ausfindig zu machen.

15

in seinem Beitrag, wie sich die Dynamik der Stadtgesellschaft entfaltet und wie diese Dynamik in manchen Kontexten von außen torpediert werden kann. Er geht davon aus, dass die Stadt der vorherrschende Referenzrahmen allen sozialen Handelns, der Prototyp einer „metropolitanen Gesellschaft" und damit der entscheidende „Zurechnungshorizont" der gesellschaftlichen Konstruktion ist. Ihm zufolge ist die metropolitane Stadtgesellschaft in der Postmoderne strategisch neu konzeptualisiert und besitzt die wichtigsten Instrumente, um Globalisierungs- und Individualisierungsprozesse auf lokaler Ebene miteinander zu verzahnen. So hat sich eine „neue" soziale Grammatik entwickelt, die für das urbane Leben von höchster Relevanz ist. Wie die soziale Grammatik funktioniert, welche Kompetenzen die Menschen entwickelt haben und wie diese Grammatik durch Intervention von außen zerstört wird, diskutiert Bukow exemplarisch an einem von Heinrich Böll beschriebenen Kölner Quartier. An diesem Beispiel zeigt er, wie wichtig die soziale Grammatik für die Funktionsfähigkeit der metropolitanen Stadtgesellschaft ist. Es wird anschaulich, wie im Rahmen von bestimmten Interventionsmaßnahmen städtische Quartiere und ihre Kontexte ausgehebelt und damit die ungleichen Verhältnisse weiter fortgeschrieben werden können. Oft wirkt dabei die Außenintervention der kommunalen Akteure und Experten kontraproduktiv und führt eher zur Stabilisierung der bestehenden ungleichen Verhältnisse.

Anschließend übt *Thomas Krämer-Badoni* in seinem Text eine grundsätzliche Kritik methodischer Art an stadtsoziologischen Theorien aus, die sich mit der Integrationsthematik der Migranten im städtischen Kontext befassen. Zunächst geht er in der Auseinandersetzung mit Häußermanns These zum Versagen der „Integrationsmaschine Stadt" der Frage nach, wie die Stadtsoziologie überhaupt zu dieser „normativen" Annahme kommt. In der Stadtsoziologie wird die Stadt oft als eine „soziale Einheit" beschrieben, auf die die Integrationsprozesse bezogen werden. Diese normativ orientierte Vorstellung ist für Krämer-Badoni empirisch nicht haltbar, weil sich Integrationsprozesse in einer ausdifferenzierten Gesellschaft nicht auf eine soziale Einheit Stadt beziehen, sondern auf die „Mehrdimensionalität des gesellschaftlichen Lebens". Auch Heitmeyer, der wie Häußermann von der sozialen Einheit Stadt ausgehend nach Desintegrationstendenzen in den Stadtgesellschaften sucht, macht für Krämer-Badoni den gleichen Fehler, weil er auf diese Weise andere Elemente des Zusammenlebens nicht in seine Betrachtung mit einbezieht. Daher macht Krämer-Badoni zu Recht darauf aufmerksam, dass das Bild einer zerfallenden Gesellschaft „eine grobe Überzeichnung und das Produkt einseitiger, ideologiegeleiteter Recherche" ist.

Stephan Lanz kritisiert in seinem Aufsatz vor allem den aktuellen Diskurs über die europäische Stadt. In diesem zunehmend durch Verfallssemantik

16

geprägten Diskurs werden nicht selten die amerikanischen Verhältnisse als Referenzrahmen herangezogen. Er spricht von zwei „Rettungsstrategien", die auf unterschiedliche Modelle der europäischen Stadt Bezug nehmen. In den letzten Jahren wird immer wieder vor einer „Verslumung" europäischer Städte gewarnt. Dabei tauchen Schlagworte wie Verwahrlosung, Drogensucht, Kriminalität, Ausländeranteil und Armut auf. So werden bestimmte Quartiere vor allem deswegen als „benachteiligt" definiert, weil sie durch anomische Zustände von der „Dominanzkultur" abweichen würden. Die Fokussierung auf Probleme und Konflikte in einzelnen Quartieren blendet die Konstitutionsbedingungen aktueller Stadtentwicklung aus und liefert daher ein verzerrtes Bild städtischer Realitäten. Ein weiteres Problem ist für Lanz der „exotische Ghetto-Blick", weil er kontraproduktiv ist und noch dazu „politisch hochgradig problematische Wirkungen" zur Folge hat. Die aktuell geführte Diskussion über „Ausländerghettos" und „Parallelgesellschaften" und die damit zusammenhängende Forderung, den so genannten Ausländeranteil in bestimmten Stadtteilen zu reduzieren, weist in diese Richtung und legitimiert eine „Mischungsideologie", die historisch gesehen nicht unproblematische Konnotationen aufweist. Auch die aktuellen Stadterneuerungsprogramme für benachteiligte Stadtteile orientieren sich nicht selten an dieser Ideologie.

Im zweiten Diskussionsblock stehen die Transformationsprozesse in den einzelnen Quartieren im Vordergrund. Es werden drei empirische Quartierstudien vorgestellt, die sich auf unterschiedliche Aspekte des Wandels des urbanen Zusammenlebens beziehen. Zuerst beschreiben *Wolf-Dietrich Bukow* und *Erol Yildiz* die Veränderungsprozesse in einem Kölner Quartier, in dem sich im Laufe der Zeit mehrheitlich Einwanderer türkischer und kurdischer Herkunft niedergelassen haben. Die Keupstraße, um die es hier geht, sei in Köln allgemein als „Türkenghetto" verrufen. Die meisten Leute hielten die Straße für einen Problemfall, ohne sie eigentlich zu kennen. Bukow und Yildiz gehen in ihrem Beitrag der Frage nach, ob dieses in der kommunalen Öffentlichkeit vermittelte Bild über die Keupstraße der Alltagsrealität der Betroffenen entspricht. Die Autoren stützen sich in ihrem Beitrag teils auf eigene teilnehmende Beobachtung, teils auf intensive Feldstudien mehrerer Mitarbeiter. Anhand historischer und aktueller Entwicklungen beschreiben die beiden Autoren, wie sich die Keupstraße in mehreren Phasen aus einem Arbeiterquartier zu einem postmodernen Dienstleistungsviertel formiert.

Joachim Schroeder konzentriert sich auf die Schulentwicklung in einem Hamburger Stadtteil. Sein Ausgangspunkt ist, dass gerade in den Schulentwicklungskonzepten die soziale Grammatik des Zusammenlebens sichtbar gemacht werden kann. Bezugnehmend auf die Ergebnisse eines Forschungsprojektes über unterschiedliche Aspekte der geschichtlichen und aktuellen

17

Schulentwicklung werden einige Regeln dargestellt, die im Hamburger Stadtteil Wilhelmsburg den Rahmen für die Schulentwicklung bilden. Die Studie zielt vor allem darauf herauszuarbeiten, wie die Wilhelmsburger Schulen auf Prozesse der Einwanderung und Verarmung reagierten und welche Strategien dabei sichtbar werden. Schroeder beschreibt drei „Ausnahmen" in der Organisation der Schullandschaft, die von den konventionellen Regeln der Schulentwicklung abweichen. Davon ausgehend, dass die spezifischen Interessen von Minderheiten in die bisherigen Schulkonzepte kaum Eingang gefunden haben, wird in diesen drei Entwürfen der Versuch unternommen, die Bildungsbedürfnisse von Minderheiten in die Schulorganisation einzubeziehen. Diese punktuelle Berücksichtigung der Bildungsbedürfnisse der Minderheitenbevölkerung in Wilhelmsburg ist für Schroeder nicht ausreichend. Er fordert eine regelhafte Anerkennung spezifischer Bildungsansprüche sprachlicher, ethnischer und sozialer Minderheiten in der Schulentwicklung.

Das Hauptanliegen von *David May* besteht darin, „Konflikte und deren Ethnisierung" in der Dortmunder Nordstadt zu beschreiben. Als empirische Grundlage werden biographische Interviews herangezogen. Nachdem May zunächst den konflikttheoretischen Rahmen der Studie und die Dortmunder Nordstadt vorgestellt hat, beschreibt er die Erwartungen zur Form ethnisierter Konflikte anhand von Interviewpassagen. In diesem Zusammenhang verweist er auf die Korrelation zwischen den Erwartungen der Stadtteilbewohner und der Wahrnehmungsweise von Konflikten. Anschließend wird eine Typisierung der von den Informanten beschriebenen Konflikte vorgenommen. Hieraus kristallisieren sich drei Konfliktlinien, die von May analysiert werden: Status- und Anerkennungskonflikte, Ressourcen- und Interessenkonflikte sowie Wertekonflikte. Zum Schluss wird der „Modus Vivendi der Nordstadt" unter den Bedingungen der Ethnisierungsprozesse diskutiert.

Im dritten Diskussionsblock geht es um kommunale Reaktionen auf die Quartiere, die sich zwischen Zerfall und Erneuerung bewegen. *Viktoria Waltz* rückt in ihrem Aufsatz das Thema Zuwanderung als ein wesentliches Element der Stadtentwicklung in den Mittelpunkt. Sie kritisiert, dass das Thema Zuwanderung immer wieder im Zusammenhang mit „benachteiligten" Stadtteilen und somit mit Konfliktsituationen diskutiert wird. Aus diesem Blickwinkel bleiben die Kompetenzen und Fertigkeiten (interkulturelle Erfahrungen, Zweisprachigkeit etc.), die die Menschen mit Migrationshintergrund haben, ungenutzt, ja werden sogar zu „Integrationsproblemen" degradiert. So wird die Chance, ein erfolgreiches „Quartiermanagement" zu betreiben, vertan. Waltz bezieht sich in ihrem Beitrag vor allem auf Studienprojekte, die sie in verschiedenen Stadtteilen in Nordrhein-Westfalen durchgeführt hat. Hier fasst sie ihre Erfahrungen und Erkenntnisse als „best practice"-Beispiele zusammen, die auch für andere

18

Städte von Belang sein können. Interessant erscheint in ihren Ausführungen, dass Migration nicht als ein isoliertes Phänomen betrachtet wird, das es zu überwinden gilt, sondern als ein integraler Bestandteil, ein „konstitutives Merkmal" urbaner Gesellschaften. Vor diesem Hintergrund werden drei Konzepte in Bezug auf die interkulturelle Stadtteilentwicklungspolitik vorgestellt.

Rolf Keim nimmt zwei so genannte „Problemquartiere" ins Visier. In erster Linie geht es um die Ressourcen, die solche Quartiere bieten, die aber bislang nicht sichtbar waren. Er charakterisiert die Situation in den „Problemquartieren" durch eine „spannungsreiche Gleichzeitigkeit von Ausgrenzung und Empowerment", bei der es sich um einen Prozess gesellschaftlicher „In-Wert-Setzung" handelt. Vor diesem Hintergrund versucht er herauszuarbeiten, wie sich solche Prozesse auf die Entwicklung der Problemquartiere und die Ressourcen ihrer Bewohner zur Bewältigung ihrer zumeist schwierigen sozialen Lage auswirken. Die Frage, die sich für ihn dabei stellt, ist die Bedeutung des Quartiers als Ressource für die gesellschaftliche Integration verschiedener Gruppen. Untersucht wurden zwei Kasseler Stadtteile. Seiner Meinung nach werden diese Stadtteile zu Problemzonen zum einen dadurch, dass die kommunalen Ämter sie als solche einstufen und zum anderen sind diese Quartiere kontinuierlich mit negativen Zuschreibungs- und Stigmatisierungsprozessen von außen konfrontiert. Von innen betrachtet sind diese Quartiere sehr viel differenzierter als im lokal-öffentlichen Diskurs wahrgenommen wird, wie Keim in seiner Studie bestätigt. Man werde den Alltagswirklichkeiten dieser Quartiere nicht gerecht, wenn man sie von vornherein als defizitär darstellt und dabei die Vorstellung der Mehrheitsgesellschaft vom „richtigen" Leben zum Referenzrahmen macht. Vor diesem Hintergrund wirke die städtische Politik, die das Quartier pauschal als „defizitär" wahrnimmt, eher kontraproduktiv.

Alp Otman diskutiert Konzepte, die die Integration der Menschen mit Migrationshintergrund zum Ziel haben. Wie wichtig die Integration der eingewanderten Minderheiten ist und wie dieser Prozess organisiert werden kann, verdeutlicht er exemplarisch am Konzept des Interkulturellen Büros Darmstadt. Integration wird als ein wechselseitiger Prozess definiert. Dafür seien die Öffnung der Migranten-Communities zum einen und die Öffnung der Mehrheitsgesellschaft zum anderen erforderlich. Wenn die Integration dieser Bevölkerungsgruppen nicht gelingt, könnte es zur Perpetuierung der ethnischen Unterschichtung der Gesellschaft über Generationen hinweg kommen. Er unterscheidet zwischen der strukturellen, der sozialen und der kulturellen Integration, wobei die strukturelle Integration für ihn Priorität vor den anderen Formen hat. Am Beispiel der Stadtteilarbeit in Kranichstein-Süd zeigt er, welche Konsequenzen es haben kann, wenn ein Stadtteil von außen besonders negativ wahrgenommen und skandalisiert wird. Es wird aber deutlich, dass das

Zusammenleben zwischen einheimischen und eingewanderten Bevölkerungsgruppen in diesem Stadtteil eigentlich gut funktioniert, auch wenn in der kommunalen Öffentlichkeit das Gegenteil behauptet wird.

Im vierten und letzten Diskussionskontext wird das Spannungsfeld zwischen Marginalisierung und selbstreflexiver Interkulturalität im urbanen Kontext thematisiert. In den ersten Beiträgen geht es gezielt um Positionierungsprozesse von Jugendlichen in der Stadt. Zum Schluss folgt eine Auseinandersetzung mit dem „Hybriditätskonzept", das vor allem in der postkolonialen Theorie entwickelt wurde. *Sven Sauter* beschreibt die Positionierungsprozesse von Jugendlichen aus Immigrantenfamilien in Frankfurt am Main. In Bezug auf die Adoleszenz von Jugendlichen aus Immigrantenfamilien konstatiert er einen „doppelten Übergangsraum". Um diesen „doppelten Übergangsraum" zu beschreiben, greift Sauter auf empirisches Material zurück, das er im Rahmen seiner Forschung zu adoleszenten Ablösungsprozessen von Jugendlichen aus Immigrantenfamilien erhoben hat. Dabei handelt es sich um junge Frauen und junge Männer aus einer türkischen Folkloregruppe, mit denen er Einzel- und Gruppengespräche geführt hat. Aus der Studie geht hervor, dass sich bei den „deutsch-türkischen" Jugendlichen in Bezug auf das Selbstbild eine sehr reflektierte Haltung gegenüber Themen der eigenen Verortung zeigt. Was ihre Vorstellungen von „Heimat" betrifft, verweisen diese Jugendlichen auf eine gewisse „Ortlosigkeit". Dabei handelt es sich um das Phänomen des Entwurzeltseins, was vor allem von den postmodernen Theoretikern als Kennzeichen der Postmoderne interpretiert wird. In diesem Kontext verweist Sauter auf die Konstruktion eines „neuen Fremdheitskonzepts". Seiner Meinung nach könne man nicht von einem „Leben zwischen zwei Kulturen" sprechen, wie es der gängige Interkulturalismusdiskurs tut. Die Jugendlichen fügen vielmehr verschiedene kulturelle Elemente zusammen und entwickeln etwas „Neues". Diese Kompetenz bezeichnet Sauter als „selbstreflexive Ethnisierung". Dabei bezieht er sich auf das Hybriditätskonzept von Homi K. Bhabha aus dem Umfeld der *cultural studies.*

Werner Lindner schildert anschließend zum einen die in der Öffentlichkeit erzeugten „Devianz(-Phantasien)" und zum anderen „urbane Kompetenzen" von Jugendlichen, die durch diese Phantasiekonstruktionen entweder aus dem Blick geraten oder uminterpretiert werden. Dabei verweist er auf die in den letzten Jahren zunehmend verselbständigte Sicherheitsdebatte in der Öffentlichkeit, in der solche Phantasien immer wieder erzeugt bzw. legitimiert werden. Dass es in diesen aktuellen Sicherheitsdebatten vordergründig um Jugendliche geht, ist für ihn kein neues Phänomen. Lindner macht darauf aufmerksam, dass das Thema „Jugend" und „Stadt" oft unter einer „problem-, devianz- oder präventionsorientierten Perspektive" gesehen und auch entsprechend behandelt wird. Aus

20

dieser „kriminalisierenden" Sicht würden urbane Kompetenzen, die Jugendliche entwickelt haben, aus dem Blickfeld verdrängt. Stattdessen orientiere man sich an „höchst diffusen Normalitätsvorstellungen. Auch bei den präventiven Maßnahmen spielen diese Vorstellungen eine wesentliche Rolle. So wird die Wirklichkeit durch Präventionsstrategien konstruiert. Nach Lindner gehören die Phänomene, die in der präventiv konstruierten Wirklichkeit als „Bedrohung" wahrgenommen werden, zu den wesentlichen Lebensbedingungen im urbanen Kontext.

Im letzten Beitrag setzt sich *Wolfgand Riedel* mit der Konstruktion hybrider Identitäten auseinander und beschreibt zwei diametral entgegengesetzte Traditionen im urbanen Kontext: Auf der einen Seite stände eine „Differenztradition" von Urbanität – Städte seien danach Orte der Differenz – und auf der anderen Seite gäbe es auch eine „Homogenitätstradition", die sich auf eine Art mitgedachter Differenz beziehe. Übertragen auf die heutigen Verhältnisse, findet man diese Traditionslinien wieder. Diejenigen, die für die Anerkennung der Differenz plädieren, sprechen von „Multikulturalität", „Transkulturalität", „Hybridität". Diejenigen, die eher zur Überwindung der Differenz neigen, verweisen auf „Leitkultur", „Integration", „Anpassung" etc. Auch das aktuelle Zuwanderungskonzept in der Bundesrepublik Deutschland bleibt in dieser Tradition und ist ein gutes Beispiel dafür, wie eine solche „Homogenitätstradition" rechtlich legitimiert und gepflegt wird. Im weiteren wird die theoretische Perspektive mit der Praxis konfrontiert. Riedel diskutiert zunächst die „Hybriditätstheorie" von Homi K. Bhabha, der mit seinem Entwurf eines „dritten Raumes" in Zusammenhang gebracht wird (siehe auch Sauter in diesem Band). Dieser dritte Raum, indem „hybride Identitäten" erzeugt werden, symbolisiert einen Zwischenraum zwischen verschiedenen Kulturen und sei daher immer ambivalent und „antiessentialistisch". Im Gegensatz dazu sehe die Alltagspraxis aber ganz anders aus. Die soziale Wirklichkeit der ethnischen Minderheiten in London, in Birmingham usw. spricht eine andere Sprache. Die ethnischen Minderheiten seien in allen gesellschaftlichen Bereichen tagtäglich mit Diskriminierung, Marginalisierung und Rassismus konfrontiert. So gesehen ist der „dritte Raum", von dem Homi K. Bhabha spricht, kaum sichtbar. Das eigentliche Problem ist, dass die Grundbedingung für den Dialog der Kulturen nicht vorhanden ist. Dazu gehöre vor allem die rechtliche und politische Anerkennung des Anderen, die innerhalb des *Homogenitätsdiskurses* nicht vorgesehen ist.

Literatur

Bauman, Zygmunt (2000): Die Krise der Politik. Fluch und Chance einer neuen Öffentlichkeit. Hamburg.

Beck, Ulrich/Bonß, Wolfgang/Lau, Christoph (2001): Theorie reflexiver Modernisierung – Fragestellungen, Hypothesen, Forschungsprogramme. In: Beck, Ulrich/Bonß, Wolfgang (Hrsg.): Die Modernisierung der Moderne. Frankfurt am Main, S. 11-59.

Benhabib, Seyla (1999): Kulturelle Vielfalt und demokratische Gleichheit. Politische Partizipation im Zeitalter der Globalisierung. Frankfurt am Main.

Der Spiegel Nr. 10/4.3.2002.

Durkheim, Emile (1996): Über soziale Arbeitsteilung. Studie über die Organisation höherer Gesellschaften. Frankfurt am Main.

Eco, Umberto (1984): Massenkultur und „Kultur-Niveaus". In: Eco, Umberto: Apokalyptiker und Integrierte. Zur kritischen Kritik der Massenkultur. Frankfurt am Main, S. 37-58.

Gomolla, Mechtild/Radtke, Frank-Olaf (2002): Institutionelle Diskriminierung. Die Herstellung ethnischer Differenz in der Schule. Opladen.

Keupp, Heiner/Höfer, Renate/Anil Jain/Wolfgang Kraus/Florian Straus (2001): Soziale Landschaften in der reflexiven Moderne – Individualisierung und posttraditionale Ligaturen. In: Beck, Ulrich/Bonß, Wolfgang (Hrsg.): Die Modernisierung der Moderne. Frankfurt am Main, S. 160-176.

Kür, Judith (2001): Die Banlieue, eine ausgegrenzte Vorstadt? In: Karpe, Helmut/Ottersbach, Markus/Yildiz, Erol (Hrsg.): Urbane Quartiere zwischen Zerfall und Erneuerung. Köln, S. 77-98.

Lapeyronnie, Didier (2001): Die Formung des Formlosen. Der Rassismus in Frankreich und seine gesellschaftliche wie politische Bedingtheit. In: Bukow, Wolf-Dietrich/Nikodem, Claudia/Schulze, Erika/Yildiz, Erol (Hrsg.): Auf dem Weg zur Stadtgesellschaft. Die multikulturelle Stadt zwischen globaler Neuorientierung und Restauration. Opladen, S. 227-240.

Lyotard, Jean-François (1986): Das postmoderne Wissen. Ein Bericht Jean-François Lyotard. Wien.

Nassehi, Armin (1999): Fremde unter sich. Zur Urbanität der Moderne. In Nassehi, Armin: Differenzierungsfolgen. Beiträge zur Soziologie der Moderne. Opladen, S. 227-240.

Nassehi, Armin (2000): Minarette in Oberbayern. Beide, Erfinder wie Kritiker der Leitkultur, irren sich. In: Die Zeit 49/2000.

Nikodem, Claudia/Schulze, Erika/Yildiz, Erol (2001): Die soziale Grammatik des urbanen Zusammenlebens. In: Bukow, Wolf-Dietrich/Nikodem, Claudia/Schulze, Erika/Yildiz, Erol (Hrsg.): Auf dem Weg zur Stadtgesellschaft. Die multikulturelle Stadt zwischen globaler Neuorientierung und Restauration. Opladen, S. 209-226.

Reese-Schäfer, Walter (1999): Die seltsame Konvergenz der Zeitdiagnosen: Versuch einer Zwischenbilanz. In: Soziale Welt, Heft 4/99, S. 433-449.

Sennet, Richard (1998): Der flexible Mensch – Kultur des neuen Kapitalismus. Berlin.

Sennet, Richard (2001): Der flexible Mensch und die Uniformität der Städte. Stadt ohne Gesellschaft. In: Le Monde diplomatique vom 16/2/2001.

Vattimo, Gianni (1992): Die transparente Gesellschaft. Wien.

Yildiz, Erol (2002): Die politische Ethik multikultureller Gesellschaften im globalen Kontext: Multikulturalismusverständnis Seyla Benhabibs. In: Neubert, Stefan/Roth, Hans-Joachim/Yildiz, Erol (Hrsg.): Multikulturalität in der Diskussion. Neuere Beiträge zu einem umstrittenen Konzept. Opladen, S. 33-62.

22

Zukunft der Stadtgesellschaft

Wolf-Dietrich Bukow

Zur Dynamik der metropolitanen Stadtgesellschaft

Trotz aller Globalisierung, trotz einer zunehmenden und längst transnationalen Mobilität und trotz der sich immer weiter ausbreitenden und schon virtuell anmutenden Kommunikation erscheint die Stadt nach wie vor – sogar mehr denn je – als der dominierende Bezugsrahmen allen sozialen, ökonomischen, politischen und kulturellen Handelns. Mögen sich die Vorstellungen über die Stadt auch unterscheiden, mag der Einzelne seinen Lebensmittelpunkt vielleicht sogar bewusst „auf dem Land" gewählt haben, letztlich jedoch ist es immer die Stadt, die einen orientiert und bestimmt. Und das ist kein Zufall. Es hat damit zu tun, dass sich die Stadt heute nachhaltig und unumkehrbar als Basismuster gesellschaftlicher Wirklichkeit durchgesetzt hat. Insoweit ist die Stadt längst repräsentativ für Gesellschaft überhaupt.

Man kann diese Stadt deshalb heute sicherlich als Prototyp einer „metropolitanen Gesellschaft" bezeichnen. Die Stadt ist nicht nur repräsentativ für die moderne Gesellschaft, sondern sie ist als Stadtregion identisch mit der modernen Gesellschaft. Die städtischen Regionen bilden zunehmend den entscheidenden Zurechnungshorizont gesellschaftlicher Wirklichkeit, auch wenn sie sich ihrerseits in größere Zusammenhänge einbetten und bei genauerer Betrachtung durchaus in kleinere Einheiten zerfallen. Es ist diese Stadt, die gewissermaßen das kleinste gemeinschaftliche Vielfach bildet.[1] Man orientiert sich an ihrem Horizont, ausgehend davon, dass sie genau das bereit stellt, was für das Alltagsleben erforderlich ist – nicht mehr und nicht weniger –, und zwar auch dann, wenn sie immer wieder in Schwierigkeiten gerät. Entscheidend ist, dass sie sich

---

[1] So wenig eine Gesellschaft früher mit dem Nationalstaat deckungsgleich war, ist heute die metropolitane Gesellschaft mit der politischen Größe einer Stadt identisch. Wenn hier von Stadt geredet wird, ist jeweils eine in sich vernetzte Stadtregion gemeint, eine Region, die aus einem Oberzentrum und weiteren Mittelzentren und peripheren Gemeinden bestehen kann. Die metropolitane Stadtgesellschaft stellt ein zentriertes Netzwerk dar, das sich insbesondere in den lokalen Beziehungen sozialer, ökonomischer und kultureller Art ausdrückt. Intern mag das Netzwerk durchaus funktional differenziert sein, aber von außen betrachtet erscheint es mehr oder weniger „vollständig".

25

trotz aller Probleme kontinuierlich fortentwickelt. Diese Fähigkeit, die Probleme immer wieder zu überwinden, das ist ihr entscheidender Pluspunkt. Das macht ihre Attraktivität und Bedeutung aus.

Wenn man die Stadt als den entscheidenden Zurechnungshorizont einer gesellschaftlichen Konstruktion betrachtet, argumentiert man bereits konstruktivistisch. Aus einer solchen Perspektive erscheint eine Stadtregion als ein „lebendes System"– als ein System, das letztlich genau das ermöglicht, was man „schon immer" gewollt hat (Bukow u.a. 2001, S. 13f). Wenn man es wert findet, sich auf sie einzulassen, wenn man dazu gehören will, wenn man sie sich einerseits aneignen und andererseits von ihr anerkannt werden will, so belegt das nur, dass wir es hier mit einer „emergenten" Einheit zu tun haben, eben mit einem einfach „zuhandenen" weil wohlumgrenzten und gut vertrauten, attraktiven lebenden System. Genau dies macht die Stadt jedoch auch zum Objekt der Begierde. Sie wird zum Fluchtpunkt neuer Formen der Mobilität: Man geht in die Stadt, man zieht in die Stadt, man lebt in der Stadt. Sie gerät aber auch immer wieder in die Gefahr zur Beute individueller Interessen zu werden (Ronneberger/Lanz/Jahn 1999, S. 88ff). Die Folge sind Machtkämpfe, Vernachlässigung von Quartieren, Ghettobildung und ungleiche Entwicklung innerhalb der Stadt. Um diese Dynamik zu erfassen, reicht deshalb ein Blick auf die Stadt als Gesamthorizont nicht aus. Man muss sie auch als Ensemble, als ein einzelne Quartiere und Zonen umfassendes und interessenorientiertes zentriertes Netzwerk sehen.

1. Eine robuste Basis

Wenn die Stadt genau das umgrenzt, was man in einer fortgeschrittenen Industriegesellschaft für das Alltagsleben braucht, und wenn die Stadt dadurch geradezu definiert wird, dann heißt das auch, dass sich alle wichtigen gesellschaftlichen Ressourcen und Entwicklungspotentiale genauso wie entsprechende gesellschaftliche Verwerfungen und mögliche Risikopotentiale im metropolitanen Alltag wiederfinden. Wenn sie sich zeigen, dann zeigen sie sich hier. Das macht im übrigen Stadtlandschaften wie das Ruhrgebiet mit London, New York oder Mexiko City zum Verwechseln ähnlich. Allenfalls unterscheiden sich da noch größere Stadtlandschaften von kleineren Zentren, weil in kleineren Zentren nicht immer alle Effekte gleichermaßen hervortreten.

Jedenfalls finden wir nirgends anders so klar wie in der Stadt die Auswirkungen von jetzt gut 200 Jahren Industrialisierung. An keinem anderen Ort sind so deutlich die Spuren der gesamten wirtschaftlichen, politischen wie kulturellen Entwicklung abzulesen. In der Stadt haben sich die Segmente der

26

althergebrachten sozialen Schichten manifestiert, wenn sie heute auch durch neue Milieus allmählich überlagert werden. Im Augenblick können wir in der Stadt die Auswirkungen einer noch zunehmenden transnationalen Mobilität und die Folgen der ökonomischen Globalisierung genauso wie die Ergebnisse eines weltweiten Ausbaus der Kommunikation beobachten. Spätestens seit der Industrialisierung entwickelten und verdichteten sich in der Stadt neue Formen des Arbeitens, Lebens und Handelns und der Kommunikation. Traditionelles Leben ist dabei nicht einfach verschwunden, sondern im städtischen Leben aufgegangen und ist unter dem Einfluss der Moderne zu neuen Orientierungsmustern geronnen. Was einst galt, ist keineswegs mumifiziert worden und auch nicht zum bloßen Appendix städtischen Lebens degeneriert. Die alten Gewohnheiten und vorindustriellen Lebensformen, aber auch die gründerzeitlichen industriellen Lebensweisen, dann die bourgeoisen und proletarischen Einstellungen und Manifestationen, die Kriege und deren Auswirkungen finden sich weiterhin in der Stadt. Nur erscheinen sie heute – wie alles in der postmodernen Gesellschaft – in kleinere Teile zerlegt, individualisiert und nur noch gewissermaßen in der Form von Zitaten ausgearbeitet. Das metropolitane Leben fügt die Dinge eben anders zusammen. Nicht mehr die große Homogenität ist das ohnehin nie erreichte Ziel, sondern ein Flickenteppich ist gefragt, wo jeder – auch der Einwanderer – erstmals die Chance hat, sich an einer Stelle, eben wirklich individuell wiederzufinden. Die metropolitane Gesellschaft orientiert sich längst anders. Sie zielt auf strategische Verdichtung, inhaltliche Ausdifferenzierung und sozio-kulturelle Pluralisierung.

Mit dieser strategischen Neukonzeptionalisierung bei gleichzeitiger Verdichtung des Alltagshandelns haben sich besonders die überkommenen Vorstellungen vom Zusammenleben und von dem, was eine Gesellschaft insgesamt ausmachen mag, inhaltlich verflüssigt und sind zu kontingenten Mythen oder kleinen Erzählungen geronnen. Die alten großen Bilder haben damit ihren hegemonialen Anspruch scheinbar endgültig eingebüßt. Auch dabei zeigt sich die metropolitane Gesellschaft in einem deutlich postmodernen Gewand[2]. Nicht nur die großen Vorstellungen über das Zusammenleben, auch die Vorstellungen über die Stadt selbst, die „Europäische Stadt" sind zusammengefallen und die daran orientierten Lebensweisen haben heute Legitimationsprobleme[3]. So erging es nicht nur der „Europäischen Stadt", sondern auch der „Charta von Athen" und der Rede von der „funktional differenzierten Stadt" (Frankfurt). Und genauso dürfte es auch der Vision einer „Dienstleistungsmetropole" (Berlin) oder der Erlebnisstadt (Köln) ergehen. Die großen Mythen haben sich

---

2   Vgl. Zima 2001, S. 36ff; Bauman 1999.
3   Siehe den Beitrag von Lanz in diesem Band.

überlebt, auch wenn nach wie vor an urbanen Leitbildern gezimmert wird[4]. Und auch, was zur Zeit im Rahmen der aktuellen Leitbilddiskussion formuliert wird, bleibt Lyrik und vermehrt bloß die Zahl längst bedeutungsloser Mythen.

Die Stadt besteht im Kern längst nur noch aus einem strategischen Muster, das sich unter dem Horizont einer sich zunehmend vernetzenden Weltgesellschaft immer wieder neu ausdifferenziert. Die Stadt lebt dabei wie alle anderen lebenden Systeme von ihrer Assimilations- und Akkommodationsfähigkeit. Durch dieses Wechselspiel von innen/außen entlang den Grenzen des strategischen Musters Stadtregion wird sie fähig, sich nach innen gegenüber der Bevölkerung und nach außen gegenüber der Weltgesellschaft immer wieder neu auszutarieren und fortzuentwickeln. Und das macht sie erstaunlich robust. Sie hat die Zerstörung durch den Krieg und die noch größeren Zerstörungen durch das Wirtschaftswunder überlebt. Sie mag unter den Hochhaussiedlungen genauso wie den monostrukturierten Plattenbauten und der Konzentration von „Armen, Ausländern, Alten und Arbeitslosen" leiden. Überholte Mythen mögen sie immer wieder bedrohen. Und es gibt immer wieder Leute, die sie sich individuell dienstbar machen wollen. Aber dennoch setzt sich die Stadt als integrierende Alltagswelt offenbar immer wieder durch, ja gewinnt als metropolitane Gesellschaft sogar erneut scharfe Konturen. Was also nach der Auflösung der großen urbanen Konzepte und Erzählungen geblieben ist, ist sicherlich nicht ein „allerletzter" Rest von urbanem Alltag, sondern etwas tendenziell immer wieder Neues und offenbar eben durchaus Durchschlagendes: Die Stadtregion stellt eine effektive metropolitane Konstruktion von gesellschaftlicher Wirklichkeit dar.

Nicht weil die Stadt untergeht, sondern weil sie sich als sehr robust erweist, nicht deshalb, weil wir sie retten müssten, sondern weil es wichtig ist, sie in ihren Stärken zu fördern, damit mehr Menschen an der Entwicklung der Stadt teilhaben können, deshalb wird die metropolitane Gesellschaftskonstruktion zu einer wirklichen Herausforderung. Und allmählich spricht sich ja herum, dass die vielen Leitbilder, die im Verlauf der Zeit formuliert wurden, sich in der Regel als kurzlebig – weil untauglich – erwiesen haben und sich die Stadt nicht wegen, sondern trotz dieser Leitbilder gehalten, ja entwickelt hat. Dies gilt im Großen wie im Kleinen. Ein beredtes Beispiel dazu ist die Keupstraße in Köln, die wir in einem besonderen Bericht dokumentiert haben.[5]

Die Stadt wird zu einer echten Herausforderung. Diese besteht einfach darin, die Stadt endlich „lesen" zu lernen und jenseits der immer wieder angebotenen Leitbilder zu verstehen, was die Robustheit der Stadt, was ihre in-

---

4   Das betont immer wieder Dangschat. Ders.: 2001, S. 215.
5   Vgl. Bukow/Yildiz in diesem Band.

28

tegrative Kraft ausmacht und diese entsprechend zu unterstützen. Nur dann kann es auch gelingen, die immer wieder auftretenden Desintegrationserscheinungen zunächst einmal richtig einzuordnen, dann angemessen zu verstehen und schließlich auch entsprechend zu bearbeiten und ihnen endlich erfolgreich zu begegnen.

Um die Brisanz dieses Gedankens an einem Beispiel deutlich zu machen: Wenn Robertson schon vor Jahren zu Recht darauf hinweist, dass der moderne Fundamentalismus nur im engen Zusammenhang mit der Globalisierung zu deuten ist, und dass er wie eine religiös artikulierte Antwort auf die Globalisierung zu lesen ist, dann wird die Bedeutung einer metropolitanen Stadtgesellschaft erst richtig plastisch (Robertson 1992, S. 166ff). Die metropolitane Gesellschaft stellt sich nämlich zwischen die Globalisierung einerseits und die Verinselung des Subjekts andererseits und bietet auf diese Weise eine ungeheuer wichtige lokale Plattform, auf der die Bevölkerung sich in ihrer Individualität so organisieren kann, dass sie der Globalisierungsdynamik nicht mehr hilflos ausgeliefert ist, sondern sie konstruktiv, nämlich urban einbeziehen kann. Mit anderen Worten: die metropolitane Gesellschaft besitzt die entscheidenden Instrumente, um Globalisierungs- und Individualisierungsbestrebungen immer wieder miteinander zu vermitteln. Das setzt freilich eine wirklich ausgewogene und alle Bevölkerungsgruppen strategisch einschließende metropolitane Gesellschaft voraus, in der auch kleine Gruppen ihre Chancen erhalten. Die metropolitane Gesellschaft muss verhindern, dass einzelne Gruppen ausgeschlossen werden und sich dann genötigt sehen, sich abzuschotten und fundamentalistische Konzepte zu entwickeln, einfach um Unrechtserfahrungen verarbeiten zu können. Es ist mehr als ärgerlich, wenn in der Forschung immer wieder so getan wird, als würden Vorstellungen wie der Fundamentalismus gewissermaßen im luftleeren Raum erzeugt, gelebt und tradiert, und als würden solche Vorstellungen sich blindlings und unentrinnbar in der Wirkungsgeschichte des Koran durchsetzen (Bukow 1999, S. 267ff). Ohne ihren aktuellen lebensweltlichen Bezug lassen sich auch solche Bewegungen wie der Fundamentalismus niemals angemessen verstehen. Er spiegelt tatsächlich exakt die lebensweltliche Situation, in der sich die Menschen befinden, die ihn artikulieren.

Es kommt jetzt darauf an, der „heimlichen Logik" dieser durchaus robusten Stadt nachzuspüren, um sie zu fördern. Dazu ist eigentlich eine komplizierte Spurensuche notwendig, die hier freilich nur kurz rekapituliert zu werden braucht, weil sie bereits an anderer Stelle ausführlich dargestellt wurde.

2. Die soziale Grammatik des Zusammenlebens

Um das strategische Muster des lebenden Systems Stadt, ihre konstruktiven Fertigkeiten wirklich zu begreifen, muss man sich den Kernprozessen der Stadt rekonstruktiv annähern. Was dies immer wieder schwierig macht, ist, dass automatisch nach dem Wesen der Stadt bzw. nach Bildern, die dieses Wesen versprechen, gesucht wird. Ein lebendes System wie die Stadt, die als komplexe metropolitane Gesellschaft arbeitet, folgt aber eben keinem Wesen oder Leitbild, wie das in einer dörflichen Gesellschaft gewesen sein mag, sondern folgt wie alle sich selbst eingrenzenden lebenden Systeme stattdessen einer Leit*differenz*, die das lebende System austariert und damit nach innen wie nach außen unterscheidbar macht.

Wir müssen, wie gesagt, endgültig die Vorstellung von der Stadt als einem mehr oder weniger exakten Abbild einer Idee, etwa der europäischen Stadt, aufgeben. Stattdessen muss man den konstruktiven Charakter des Urbanen in den Vordergrund stellen, wo wie bei allen lebenden Systemen nicht nach Bildern, sondern im Rahmen einer entsprechenden Leitdifferenz nach besonderen grammatischen Regeln gelebt wird, die gerade nicht – weder insgesamt noch teilweise, noch in nuce – identisch mit dem sind, was im Alltag realisiert wird, sondern ganz anders dazu dienen, aus der Vielfalt der Möglichkeiten genau die kenntlich zu machen und auszuzeichnen, die zulässig sein sollen. Eine so ausgerichtete soziale Grammatik regelt dann die Auswahl sozialer Praktiken und definiert deren Verwendung für ein komplexes Zusammenleben unter den Bedingungen einer metropolitanen Gesellschaft.

Diese soziale Grammatik wird völlig selbstverständlich (taken-for-granted) praktiziert und ist Bestandteil des im Rahmen der Sozialisation, also im Vollzug des Alltags erworbenen Wissensbestandes über das Alltagsleben. Aus diesem Wissensbestand heraus orientiert sich der Einzelne als Mitglied dieser Wissensgemeinschaft. Er eignet sich im Erleben sozialer Situationen die in diesen Situationen zugebilligten typischen Eigenschaften, die urbane Wirklichkeit an, um sich damit im Alltag zu platzieren, und trägt damit schließlich zur „Fortschreibung" der metropolitanen Gesellschaft bei.

Die soziale Grammatik bestimmt die Wertigkeit von Situationen. Das klingt kompliziert und ist für die Forschung offensichtlich nur schwer zu rekonstruieren, aber genauso offensichtlich einfach zu handhaben. Denn es wird dabei auf Sozialtechniken rekurriert, die seit langem vertraut und weit verbreitet sind. Dass eine Situation je nach Kontext ihre eigenen Regeln und Wertigkeiten aufweist, lernen Kinder schon in der primären Sozialisation. Sie wissen früh, dass man sich im Kindergarten anders als in der Familie oder bei Freunden zu verhalten hat, dass entsprechend dem Kontext jeweils andere Regeln, Wertigkeiten, Rollen, *mitunter sogar typisch unterschiedliche Sprachen und Moralia* gelten. Neu ist nur, das die metropolitane Grammatik hier in der Nachfolge der Moderne stringenter sortiert als bisher bzw. sonst, nämlich entschiedener als in der vormodernen und in tribalen bzw. feudal organisierten Gesellschaften.

Die soziale Grammatik nötigt vor allem zu einer radikalen und nachhaltigen Unterscheidung zwischen zweckrationalen, wertrationalen und diskursiven

30

Kontexten.[6] Es gibt einen sehr instruktiven Beleg für diese Kontextualiserung und die zunehmende Entschiedenheit bei der Sortierung von Situationen. Dieser Beleg findet sich in einer Beschreibung, die Heinrich Böll formuliert hat, um die besondere Qualität eines Kölner Stadtteiles herauszustreichen. Das Beispielhafte dieses Quartiers besteht nach Böll darin, dass es hier besonders radikal gelungen ist, ein komplexes metropolitanes Zusammenleben wie selbstverständlich, also völlig alltäglich zu organisieren, obwohl es sich um ein Quartier handelt, dass nach landläufigen Vorstellungen nicht ganz unproblematisch erscheint. Es handelt sich um eine urbane Zone, in der eine Mischung aus Groß- und Einzelhandel, gehobenen Dienstleistungen und Prostitution, aus Arbeiten und Wohnen, aus Alteingesessenen und Einwanderern existiert. In diesem Quartier funktioniert dennoch die formale Seite genauso wie die private Seite und wie die wechselseitige Verständigung. Hier haben sich Kompetenzen eingespielt und veralltäglicht – Kompetenzen, die für Böll ein Erfolgsmodell urbanen Zusammenlebens darstellen, die es nicht zu zerstören, sondern weiter auszubauen lohnte. Er notiert:

„... Jahrhunderte lang oft wohnen ganze Sippen in Straßen wie dieser, verbergen ihren Reichtum, verbergen ihre Armut, pflegen ihre Kranken, ihre Krüppel in immer derselben Wohnung. Fremde werden aufgenommen, mögen sie Stanislaus, John oder Luigi heißen, Jan oder Sven; es gibt nur eine einzige Münze für Haben und für Soll: Treue und die Anerkennung der Gesetze, die niederzuschreiben unmöglich wäre, deren Größe und Härte in ihrer Ungeschriebenheit besteht..." (Böll 1958, S. 3)

Böll geht bei seinen sicherlich dichterisch überpointierten Überlegungen – er illustriert sie übrigens primär durch eine Fülle von Fotodokumenten – von einer urbanen Situation im Kontext des formalen Umgangs miteinander aus und behandelt sie als urbanen Prototyp. Sein Ausgangspunkt ist – sozialwissenschaftlich formuliert – die Platzierung in formalen Systemen: Auf der Straße gilt ein distanzierter Umgang miteinander, bei dem man sich nicht zu nahe kommt und die Unterschiedlichkeit der Menschen hintanstellt. Es ist aber nicht so, dass die Leute auf der Straße deshalb auch gleich unmenschlich oder asozial wären. Nein, im privaten Zusammenhang pflegen sie sehr wohl ihren speziellen Lebensstil und kümmern sich intensiv umeinander. Und Böll geht noch weiter und behauptet: Der distanzierte Umgang im formalen Zusammenhang, der engagierte Umgang im privaten Bereich wird durch Routine gesichert, die aber nicht blind eingehalten wird, sondern aktiv anerkannt und gepflegt wird: Im

---

6 Ich folge hier Max Webers Beobachtungen im Blick auf die Unterscheidung von zweckrationalem und wertrationalem Handeln und radikalisiere sie konstruktivistisch unter Rückgriff auf die von Alfred Schütz vorgetragene Kritik an Max Weber im Blick auf die Eigenständigkeit des Deutens als einem – wie man heute sagen würde – „diskursiven" Akt des Einfügens in Schemata der Erfahrung (vgl. Schütz 1974, S. 309f).

31

lokalen urbanen Diskurs wird das Zusammenleben eigens gesichert. Böll misst dem zuletzt genannten dritten Segment des Alltags sogar eine ganz besondere Bedeutung zu. Damit werden drei Situationstypen, bzw. drei Kontexte unterstellt, in denen das Alltagshandeln, je nach seiner Zuordnung, jeweils eine entsprechende Einfärbung annimmt. Wie sich genauso an anderen Quartieren zeigen lässt, ist es für die metropolitane Gesellschaft typisch, dass man sein Alltagshandeln „automatisch" einem der drei Kontexte mit entsprechenden Folgen zuordnet.

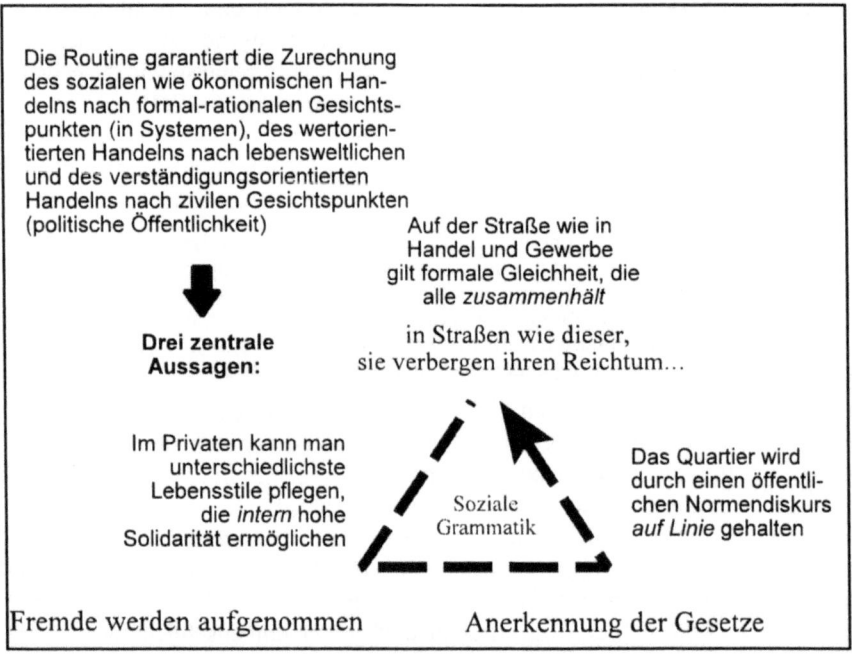

Abb. 1: Soziale Grammatik des urbanen Lebens

Die soziale Grammatik ist also für das Funktionieren der metropolitanen Gesellschaft unabdingbar. Sie trägt offenbar ganz entschieden dazu bei, den Alltag und damit die urbane Entwicklung insgesamt „in der Spur" zu halten. Diese Spur ist – um im Bild zu bleiben – so breit angelegt, dass sich die formalen Systeme entsprechend der allgemeinen Entwicklung ausdifferenzieren und zugleich die individuellen Lebensstile weiter ausfächern können, ohne sich wechselseitig zu behindern und an den formalen Strukturen zu reiben – wenn und solange es eine entsprechend belastungsfähige Zustimmung gibt.

32

Die soziale Grammatik funktioniert dabei nach einer deutlichen Abfolgelogik oder einem „Karawaneneffekt": Formale Systeme differenzieren sich aus, das freilich nur, wenn die Bevölkerung zusätzlichen Spielraum erhält und sich somit die Folgen der Ausdifferenzierung bewähren. Entscheidend ist demnach die Qualität der formal-rational gerahmten Situationen. Sie ist Voraussetzung dafür, dass sich die Bevölkerung lebensweltlich arrangieren kann, was wiederum die Voraussetzung dafür ist, dass die Gesamtkonstellation alltagspolitisch oder zivilgesellschaftlich Zustimmung erfährt. Es kommt also erst in dritter Linie – last but not least – auf die diskursiven Situationen an, in denen die Relation der formalen Systeme und deren Effekte im Quartierensemble qua Zustimmung abgesichert werden müssen. Die soziale Grammatik impliziert eine letztlich *synchrone* Entwicklung (Bauman 1999, S. 286).

Die soziale Grammatik lässt sich allerdings leicht aushebeln. Böll beschreibt die Effekte jener eigentlich selbstverständlich gehandhabten sozialen Grammatik nämlich nur, weil er sie bedroht sieht, bedroht durch eine das Quartier zerstörende Baumaßnahme, einer quer durch das Quartier projektierten sechs-spurigen Durchgangsstraße, die dann später tatsächlich auch gebaut wurde und der das Quartier zum Opfer gefallen ist. Es ist also keine Nostalgie, die ihn motiviert, sondern die Erkenntnis, dass sich hier urbane Umgangsformen entwickelt haben, die es auch für die Zukunft zu bewahren und fortzuentwickeln gilt, weil sie einen kunstvollen und hocheffektiven Aufbau der metropolitanen Welt sichern. Im Quartier hat sich etwas eingespielt, was für andere Quartiere genauso wie für eine Stadt insgesamt beispielhaft sein kann, nämlich eine Form des Zusammenlebens, die mit der urbanen Entwicklung, bzw. – sozialwissenschaftlich formuliert – mit der modernen Ökonomisierung und Globalisierung des Alltags bislang erfolgreich Schritt gehalten hat. Es geht also nicht um ein individuelles Interesse, sondern um ein allgemeines Interesse, wenn der Einzelfall als Prototyp urbanen Lebens gedeutet wird.

Festzuhalten bleibt vor allem zweierlei:

a) Ein erfolgreicher Alltag ist dreidimensional konstruiert („soziale Grammatik"), wobei die drei Dimensionen in einer spezifischen Abfolge stehen („Karawaneneffekt"). Die zunehmende Ausdifferenzierung der formalen Systeme, die wachsende Multikulturalität des Quartiers und die Bereitschaft zu einer nachhaltigen Unterstützung eines Allgemeinen, sind wichtige Mechanismen des alltäglichen Zusammenlebens (siehe Abb. 2).

Abb. 2: Abfolgelogik

33

b) Wenn Probleme auftreten, handelt es sich oft um Konflikte, die quer zu den Dimensionen des Alltagshandelns verlaufen und häufig eine Folge externer Interventionen sind. Sie gefährden oft zunächst nur die Dynamik eines Quartiers. Im vorliegenden Fall unterminieren sie, treiben einen Keil zwischen das Quartier und die Stadt als Ganzes. Die Konflikte entstehen also nicht zwischen den Stadtteilen, sondern zwischen der Stadtregion als lebendem System und einzelnen Teilen dieses Systems, indem Subsysteme in ihrem Subkontext aus dem Gleichgewicht gebracht werden.

3. Intervention und Machtverlust, ungleiche Verhältnisse und ungleiche Entwicklung

Probleme sind für die Stadt samt ihren Quartieren kaum zu erwarten, solange die Entwicklung grammatisch „korrekt" verläuft, alle relevanten Aspekte „angemessen" synchronisiert werden und die Rahmenbedingungen stimmen. Probleme entstehen vor allem, wenn die innere Dynamik des Gesamtensembles Stadtregion durch Interventionsmaßnahmen aus dem Tritt gebracht wird und wenn dabei das selbstverständlich praktizierte, wohlwollend distanzierte, nach innen wie außen synchronisierte Zusammenleben in bestimmten Bereichen, und hier wohl besonders einzelnen Quartieren, fraglich wird.

Eine typische Problemkonstellation beschreibt bereits Böll. Die berichteten Interventionsmaßnahmen gefährden die im lokalen Rahmen arbeitenden Systeme, Lebensstile und Diskurse, weil sie nicht mehr „wie gewohnt" funktionieren können, einfach, weil ihnen die erforderlichen Realisierungsmöglichkeiten genommen werden. Das bedeutet zugleich auch, dass sie im urbanen Gesamtzusammenhang nicht mehr effektiv sein können. Die strukturelle Koppelung zwischen den quartierinternen und umgebenden Segmenten des Gesamtzusammenhanges „Stadt" zerfällt (siehe unten Abbildung 3). Im vorliegenden Fall zielt die Intervention der Verwaltung zwar nur auf ein Teilsystem, trifft aber damit die quartierinterne Dynamik und stellt damit indirekt die in der internen Dynamik erreichte strukturelle Koppelung aller ihrer Bestandteile im Gesamtensemble der Stadt in Frage.

Ausgangspunkt für ungleiche Verhältnisse ist danach noch nicht einmal die Benachteiligung eines Quartiers insgesamt, sondern nur die Gefährdung eines zentralen Quartiersegments, was dann das effektive Zusammenspiel der Systeme unter Einschluss der quartierspezifischen Teilsysteme, ein erfolgreiches Einfügen von lokalen Lebensstilen und Milieus und die Wirksamkeit des lokalen Diskurses als Teil eines kommunalen Diskurses in Frage stellt. Voraussetzung dafür ist, dass dem speziellen Quartier, selbst wenn es prosperiert, keine eigenständige Entscheidungsmacht zugebilligt wird. So kann es seine Interessen nicht wahren und seine Platzierung im urbanen Gesamtensemble nicht steuern. Die zentrale Frage innerhalb der Entwicklung der metropolitanen Gesellschaft ist danach die Regulierung des Verhältnisses zwischen seinen Teilen und den Teilen als Bestandteile eines Ganzen. Bei der vorliegenden Intervention der kommunalen Verwaltung gegenüber dem einzelnen Quartier sind diese Verhältnisse ungleich; es drohen einerseits ungleiche Entwicklung und andererseits Machtverlust, was dann wiederum Raum für weitere Interventionsmaßnahmen schaffen dürfte.

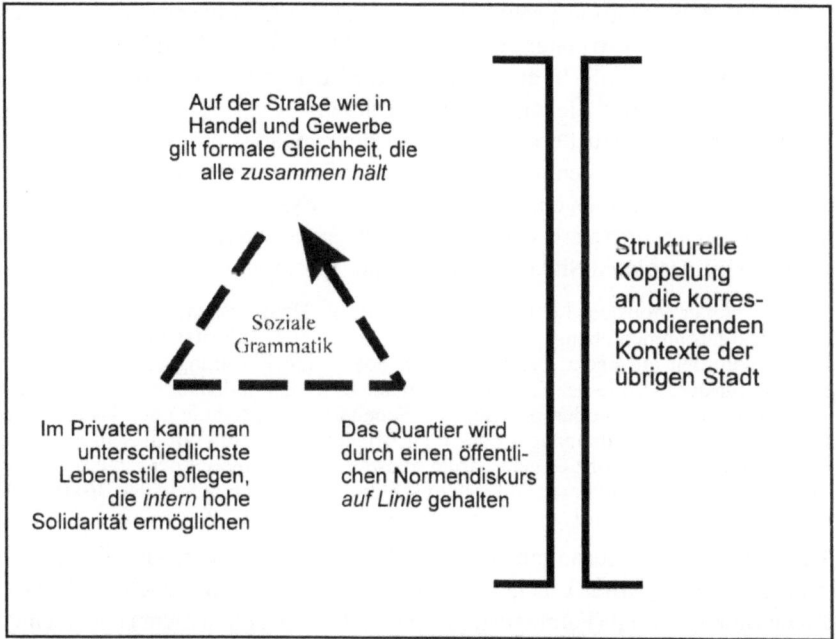

Auf der Straße wie in Handel und Gewerbe gilt formale Gleichheit, die alle *zusammen hält*

Soziale Grammatik

Strukturelle Koppelung an die korrespondierenden Kontexte der übrigen Stadt

Im Privaten kann man unterschiedlichste Lebensstile pflegen, die *intern* hohe Solidarität ermöglichen

Das Quartier wird durch einen öffentlichen Normendiskurs *auf Linie* gehalten

Abb. 3: Strukturelle Koppelung des Quartiers ans urbane Gesamtensemble

Im Beispiel von Böll handelt es sich nur um einen Eingriff in die verkehrliche Infrastruktur, über die das Zusammenleben erst einmal konkret im Quartier gefährdet wird. Dies ist jedoch in der Regel eine vergleichsweise einfache Gefährdung des Quartiers. Im vorliegenden Fall freilich handelt es sich um einen gravierenden Einschnitt, weil die Maßnahme den Abriss der Substanz des Quartiers bedeutete. In jedem Fall folgenreicher ist es, wenn in die ökonomische Infrastruktur (Arbeitsmarkt) eingegriffen wird. Pierre Bourdieu analy-

35

siert ein Quartier, wo genau dies passiert, weil der Arbeitsmarkt wegbricht (Bourdieu 1977, S. 21ff). Es geht dabei um ein französisches Quartier, das als eine jener monströsen Siedlungen für die Arbeiter eines Industrieparks entstanden war, und das zunächst durchaus funktionierte – eben bis in den 90er Jahren die Industrie verlagert wird und ein kollektiver Niedergang des Quartiers einsetzt.[7] Dieser kollektive Niedergang schlägt sich schließlich sogar im individuellen Niedergang der Quartierbewohner nieder. Als sich entsprechend desolate Verhältnisse ausbreiten, beginnt das „Referat für Stadtteilerneuerung" (DSQ) die Siedlung zu sanieren, einige der Hochhäuser abzureißen und durch kleine Doppelhausreihen zu ersetzen. Geändert hat das freilich an der Krisensituation nichts; die Reproduktionsprobleme und damit die Quartierprobleme bleiben nämlich. Die letzten Arbeiter verlieren schließlich ihren Job und wissen nicht, was danach werden soll. In dieser extremen Situation beginnen die Erwachsenen zu resignieren und die Kinder zu revoltieren.

Die Bewohner selbst erkennen die Zusammenhänge und sehen, wie ihnen die Existenzmöglichkeiten wegbrechen. In der Deutung dieser Situation durchleben die Bewohner noch einmal ihren gesamten Zyklus von der einst erfolgreichen Einwanderung (als die Familien noch etwas galten) bis zur nunmehr hoffnungslos desolaten Situation ihrer Kinder (programmiertes Scheitern):

„... Und wenn er Monsieur Leblond recht gibt, der als Hauptursache für die Schwierigkeiten des Zusammenlebens den Verfall der häuslichen Autorität in den maghrebinischen Familien ausmacht, bemüht er sich doch, eine Erklärung oder auch Rechtfertigung für die Revolte der Einwandererkinder zu finden, indem er sich auf die schulischen Enttäuschungen oder, präziser, das Scheitern in der Schule oder das Scheitern von erfolgreichen Schulabgängern auf dem Arbeitsmarkt beruft. In diesem Sinne gebührt ihm das letzte Wort: es geht darum, diese Zwangsläufigkeit der Unterbeschäftigung, die von den bevorzugten Opfern des schulischen Scheiterns und der Diskriminierung doppelt erfahren wird, zu bannen..." (Bourdieu 1997, S. 30)

Die Grammatik des Zusammenlebens funktioniert nicht mehr, weil die Systeme keine Inklusion (Arbeit) mehr erlauben, folglich der individuelle Lebensstil keinen Sinn mehr hat (Familienstrukturen helfen auch nicht mehr) und auch ein konstruktiver politischer Einfluss nicht mehr möglich ist, allenfalls noch eine Revolte (wofür man denn auch Verständnis hat, obwohl das den eigenen Vorstellungen eigentlich zutiefst widerspricht, einfach weil sich dies konsequent aus der Situation ergibt). Hier zeigt sich besonders deutlich, wie die Bevölkerung bis zuletzt an der sozialen Grammatik des Quartiers festhalten möchte,

---

7 Ähnliche Krisentendenzen, wenn auch nicht in diesem Maße, beschreiben Harth/Herlyn/Scheller/Tessin (2000, S.125ff) in Wolfsburg nach der VW-Krise in den Jahren 1992/93.

36

obgleich die Grundlagen dafür längst torpediert wurden. Noch beschwört man die „guten alten Regeln" des Zusammenlebens.

In dem Statement von Bourdieu wird zweierlei deutlich: Erstens hat das Quartier durch die ökonomische Intervention (Entindustrialisierung) eine zentrale systemische Basis und damit die strukturelle Koppelung an die Gesamtregion von der Arbeit über die Bildung bis zur Politik verloren und zweitens wirken sich diese desolaten Verhältnisse bis in die Familien hinein verheerend aus. An zivilen Möglichkeiten bleibt nur die Resignation oder die Revolte. Damit wird plastisch, wie schnell aus Intervention ungleiche Verhältnisse und aus ihnen eine ungleiche Entwicklung wird, und dass es letztlich darum geht, wie die Macht im Ensemble der Stadtregion verteilt ist. Ähnlich dramatisch sind die Befunde von Dubet und Lapeyronnie (1994, S. 87). Es erstaunt nicht, wenn davon gerade ein Einwandererquartier betroffen ist. Im Beispiel von Böll war es freilich nur ein Teil des alten Bahnhofsviertels. *Eine gravierende Intervention ist überhaupt nur denkbar, ungleiche Verhältnisse können sich nur entwickeln, eine ungleiche Entwicklung kann sich überhaut nur durchsetzen und Quartiere können sich nur dann aus dem urbanen Gesamtensemble herauslösen, wenn die Quartierbewohner im urbanen Machtzusammenhang benachteiligt sind.* Der Prototyp für eine solche Konstellation sind Einwandererquartiere. Macht wird danach offensichtlich immer wieder neu und ggf. auch ungleich verteilt. Politische Intervention und Machtverlust, Ungleichheit und ungleiche Entwicklung gehen Hand in Hand.

Der Zusammenhang zwischen politischer Intervention und Machtverlust, Ungleichheit und ungleicher Entwicklung ist nicht neu. Er ist nur, wie ein Blick in die Geschichte der europäischen Stadt belegt, immer wieder neuen Veränderungen unterworfen: Ungleichheit begann *vertikal* und bestand zunächst zwischen Stadt und Land und innerhalb der Stadt zwischen der Zitadelle und den Ständesektoren sowie der Unterstadt und innerhalb der Haushalte nach patriarchalischem Muster. Sie wandelte sich jedoch erheblich mit der Entstehung der bürgerlichen Gesellschaft und im Verlauf der Industrialisierung bis zum Ende des 19. Jahrhundert. Jetzt entstehen ganze Quartiere mit einer jeweils typischen Bevölkerung gemäß den jeweiligen Arbeits- und Lebensbedingungen. Aus der Unterstadt wird das Bahnhofsviertel, aus der Zitadelle entwickeln sich Verwaltungszentren einerseits und die großbürgerlichen Quartiere andererseits. Und dazwischen fügen sich Arbeiterviertel und Absteigerquartiere. Diese noch tendenziell vertikal bestimmte aber schon horizontal ausgefüllte Ungleichheit wird mit dem Ausbau der modernen Mobilität und der Kommunikation grundsätzlich neu geordnet. Die moderne Stadt wird dabei in drei Wellen *horizontal* reorganisiert. Zunächst wird bis in die 20er Jahre das Umland eingemeindet, dann werden nach dem zweiten Weltkrieg die Zentren funktional ausdifferenziert und schließlich werden in der Zeit des Wirtschaftswachstums die urbanen Zonen in umfassender Weise „gereinigt" und neu ausgerichtet. Zentrumsnahe Industriezonen werden beseitigt. Der gehobene Handel und die gehobenen Dienstleistungen werden endgültig ins Zentrum geholt, die Infrastruktur auf die Zentren konzentriert. Zusätzlich werden semiperiphere Zentren geschaffen, die ihrerseits niedrige Dienstleistungen, niedrigen Handel usw. aufnehmen. Undifferenzierter Massenkonsum, Anlagen zur Massenproduktion, Massenvergnügungen und Massenquartiere (Gartenstädte und Plattenbauten) werden endgültig an die Peripherien verlagert.

Heute werden die alten vertikalen und die neuen horizontalen Strukturen wirkungsvoll miteinander kombiniert und der schon skizzierten neuen metropolitanen Ungleichheitslogik unterworfen. Zunächst konnte der Widerstand der Bevölkerung – die Bürgerinitiativen seit den 70er Jahren – und die Einwanderung, die neue Verhältnisse schuf, diese Tendenzen noch bremsen. Vollständig verhindern können sie sie nicht. Neuerdings wird die Entwicklung sogar der lokalen Politik entzogen. Man privatisiert die Intervention oder nimmt sich Quartiere vor, wo Einwanderer ohne Bürgerrechte wohnen. Was die Entwicklung tatsächlich dennoch immer wieder stoppt, sind entweder innere Widersprüche[8] oder Druck von außen[9]. Die moderne Ungleichheit und die dadurch erzeugte ungleiche Entwicklung lassen sich nach der bisherigen Skizze in drei Punkten zusammenfassen:

a) Intervention und die damit verknüpfte Ungleichheit werden zunehmend auf den systemischen Kontext und hier schließlich auf deren „harten" Kern, wirtschaftlich relevante Sektoren, konzentriert.

b) Intervention und die damit verknüpfte Ungleichheit werden zunehmend nach einer gestuften Zentrum-Peripherie-Logik organisiert, in der traditionelle Formen der vertikalen Ungleichheit und moderne Formen der horizontalen Ungleichheit aufgehen.

c) Interventionen werden neuerdings entpolitisiert und zunehmend "subpolitisch" organisiert.

---

8   Das klassische Beispiel ist der Zusammenbruch des Individualverkehrs, der der Ausdifferenzierung einen Strich durch die Rechnung macht.

9   Das entsprechende Beispiel ist hier der Agendaprozess, der den Städten neue Formen der Partizipation aufzwingt (vgl. dazu die interkulturelle Stadtpolitik Essen und Waltz in diesem Band).

Machteffekt: Interventionsziele:	vertikale (überkommene traditionelle) Ungleichheit	horizontale (moderne funktionale) Ungleichheit	metropolitane (postmoderne, Zentrum-Peripherie-gestufte) Ungleichheit
die Systeme *Gefährdung der Inklusion*	Polarisierung	Vernachlässigung	Die strukturelle Kopplung wird aufgekündigt
die Lebensstile *Gefährdung der Anerkennung*	McDonaldisierung	Diskriminierung	Ethnisierung und Kriminalisierung von Krisen
die zivilen Diskurse *Gefährdung der Beteiligung*	Klüngel	Paternalismus	Die Bevölkerung verliert allen öffentlichen Einfluss

Abb. 4: Verknüpfung von vertikalen und horizontalen Ungleichheitsstrategien

Die heutige Ungleichheit weist zwar nach wie vor die eher traditionelle vertikale und die der modernen funktionalen Differenzierung geschuldete horizontale Dimension auf. Aber sie wandelt sich im Augenblick in Richtung auf eine Form von Ungleichheit nach der Zentrum-Peripherie-Logik und erstreckt sich damit schließlich auf alle Kontexte des Alltags. Betrachtet man von dort aus die Situation, so ergibt sich ein recht aussagekräftiges Schema (Therborn 2001, S. 455).

Wenn sich heute in dieser Weise Ungleichheit einstellt, so sind vier Einschränkungen zu machen. Erstens entstehen durch eine straffe Zentrum-Peripherie-Logik fließende Übergänge, die nur dort noch erkennbar werden, wo Vertreter entfernter Quartiere direkt zusammentreffen, z. B. Obdachlose in den neuen Erlebniszonen. Ansonsten verwischen sich die Übergänge. Zweitens treten an die Stelle der sozialen Brennpunkte Einwandererquartiere, die die überkommenen sozialen Brennpunkte beerben („Unterschichtung"). So werden aus „sozialen" Brennpunkten, die kriminalisiert wurden, allmählich „kulturelle" Brennpunkte und die Probleme werden nunmehr zunehmend ethnisiert. Drittens wird die fortschreitende Individualisierung langfristig dazu beitragen, dass sich auch Ungleichheit individualisiert und nicht mehr unbedingt an Quartieren ablesbar ist, womit dann die vertikale und die horizontale Ungleichheit endlich „optimal" miteinander verschmolzen wären. Noch aber ist nicht mit einer so deutlichen „Virtualisierung" der Ungleichheit zu rechnen. Sie wird aber an der Grundkonstellation nichts nachhaltig ändern, im Gegenteil, erst die „Virtualisierung" dürfte sie „zur Vollendung" führen. Und viertens kann natürlich auch im Rahmen einer urbanen Gesamtentwicklung nicht gänzlich verhindert werden, dass im globalen Kontext entstandene Ungleichheit in die Stadt unterschiedlich einwirkt. In der Regel werden damit aber nur bereits bestehende innerstädtische Ungleichheiten verstärkt. In diesem Fall käme es ganz besonders darauf an, die Gewichte innerhalb der Stadtgesellschaften schleunigst neu zu verteilen.

Die Stadtregion bildet trotz dieser Einschränkungen mehr denn je ein dichtes Ensemble. Im Rahmen der formalen Systeme, wo es sich um den Markt, die Arbeit, die Infrastruktur, die Bildung usw. dreht, geht es um das Dabei-Sein, also um „Inklusion". Im Rahmen der Lebensstile, mit denen die Bewohner ihre individuelle Lebensführung organisieren wollen, geht es um die „Anerkennung" und im Rahmen der urbanen Diskussion, der öffentlichen Auseinandersetzungen darum, seine Interessen mit einzubringen, also um „Beteiligung". Im Rahmen von Interventionsmaßnahmen werden diese Kontexte ausgehebelt. Dabei werden oft verschiedene Mechanismen kombiniert.

Es ist sicherlich noch kein so gravierendes Problem, wenn nur im Blick auf einzelne Aspekte Ungleichheiten entstehen würden, also für die einen Arbeit oder Bildungschancen ungleich verteilt oder andere Menschen weniger anerkannt werden und wiederum andere weniger beteiligt sind. Wie das Beispiel der geschlechtsspezifischen Bildung oder Arbeit zeigt, prägen sich solche Ungleichheiten kaum im Stadtbild aus und lassen sich deshalb noch angehen. Ein erhebliches Problem entsteht, wenn diese Ungleichheit systematische Züge annimmt, also in allen drei Kontexten und innerhalb der Kontexte auf allen Ebenen kombiniert verfahren wird und ganze Quartiere en bloc vernachlässigt werden, indem ihr internes Zusammenspiel angegriffen wird. Dann bilden sich binnen kurzem vernachlässigte Quartiere und die einzelnen Ungleichheitsfaktoren beginnen sich wechselseitig zu verstärken. Diese negativen synergetischen Effekte tragen dann zur Ausbildung so genannter Brennpunkte bei, die sich in der Struktur der Stadtgesellschaft nachhaltig verankern.

Es ist also eigentlich nicht so einfach, ein Quartier als Ensemble insgesamt zu treffen. Es bedarf dazu einer gezielten Intervention, einer Konzentration auf den Kern des Quartiers. Gravierend wird die Problemlage, wenn horizontale und vertikale Ungleichheit kombiniert und an einem Quartier geschlossen abgearbeitet werden. Dann entstehen abgesonderte Zonen mit eigenen Systemen, mit besonderen Milieus und wenn es überhaupt noch zu Widerstand, zu politischen Kundgaben kommt, dann kommt es allenfalls noch zu Protest und Revolte. Eine weitere Steigerung kann noch dadurch geschehen, dass auch die innere Dynamik des Quartiers zerstört wird, sich also die polykontextuelle Dynamik auflöst und jeder gegen jeden antritt. Freilich ist keineswegs ausgemacht, dass sich ein solches Quartier tatsächlich im Chaos auflöst, selbst wenn die ungleiche Entwicklung endgültig negativ erscheint, wenn die Situation

40

zunehmend aussichtslos wirkt. Denn gerade, wenn die „sozialen Brennpunkte" eine spezifische Eigendynamik entwickeln und wenn die Kompetenzen der Bevölkerung in sinnlose Bahnen, in „Endlosschleifen" gelenkt werden, können am Ende auch „autonome Zonen" oder „Gegengesellschaften" entstehen, nämlich wenn es gelingt, die eigenen lokalen Interessen „machtvoll" zur Geltung zu bringen. Dann geht es allerdings schon nicht mehr um Zerfall und Chaos, sondern auch um eine selbstgesteuerte Konsolidierung. Die negative Integration (Luhmann 1997, S. 630) transzendiert sich selbst. *Am Ende einer solchen Entwicklung kann durchaus ein prosperierendes Quartier stehen, dass sich mit Hilfe eigener Ressourcen stabilisiert und mitunter erfolgreicher sein mag, als das Umfeld, das es vernachlässigte und die Macht für sich okkupierte.*

4. Zur Dynamik ungleicher Entwicklung

Es gibt keine gradlinige Dynamik der Stadtentwicklung. Es gibt, idealtypisch betrachtet, zwei „Grenzszenarien" – eines, in dem sich die robuste Stadtentwicklung immer wieder durchsetzt, und eines, in dem Ungleichheit zunehmend dominiert und ungleiche Entwicklung forciert wird. Und dazwischen existiert eine Fülle von Zwischenstadien mit spezifischen Übergängen.

Um diese Dynamik zu verstehen, muss man sich auf die Machtverteilung und die damit verknüpften Interventionsmaßnahmen sowie Interventionsunterlassungen konzentrieren. Eine angemessene Machtverteilung kann eine robuste Stadtentwicklung fördern, eine einseitige Machtverteilung kann Ungleichheit bewirken und kann sie – ganz wörtlich genommen – so *lokalisieren*, dass daraus eine ungleiche Entwicklung eines ganzen Quartiers werden kann. Ich betone dies noch einmal ganz deutlich, weil es nicht ausreicht, zur Vermeidung einer ungleichen Entwicklung eine soziale Stadt zu fordern. Zum einen orientiert sich eine solche Forderung noch an dem alten national orientierten Sozialstaatsmodell und nicht an den Erfordernissen der metropolitanen Gesellschaft als einem lebenden System. Die soziale Stadt müsste unter diesem Vorzeichen neu durchdacht werden. Und zum anderen wird das Pferd vom Schwanz her aufgezäumt, weil, wenn man sich auf die Hilfebedürftigkeit der Familien oder auf soziale Konflikte konzentriert, nicht die Ursachen der Problematik eines Quartiers angegangen werden. Es geht um Systemdefekte, die es der Bevölkerung unmöglich machen, sich mit ihren Kompetenzen in die Arbeit, Bildung, soziale

Sicherheit usw. einzuklinken und anzukoppeln.[10] Es geht darum, wie das lebende System Stadt ausgesteuert wird und welches Szenario sich dabei jeweils durchsetzt. Um diese Dynamik geht es.[11]

Wie wird nun das lebende System Stadt ausgesteuert? Die großen Rahmenbedingungen einer fortschreitenden Globalisierung und Ökonomisierung dürften sich in den jeweiligen Szenarien kaum unterscheiden, da man beide Szenarien nebeneinander beobachten kann. Demnach muss man genauer hinschauen. Das Beispiel von Bourdieu enthält hier einige wichtige Hinweise:

Schon auf den ersten Blick wird plastisch, dass Interventionsmaßnahmen und Machtverteilung in der Regel primär an (ökonomisch ertragreichen) Strukturmaßnahmen, an – im weitesten Sinn – Beton exekutiert werden. In der Zeit des Wirtschaftswunders waren es öffentliche Baumaßnahmen (Straßenbau hier und öffentliche Förderung von Industrieansiedlungen dort), die dem einen Vorteile und dem anderen Nachteile bescherten. Heute, nach dem Ende des öffentlichen Reichtums, sind es an ihrer Stelle private Maßnahmen (Investmentmodelle hier und Verlagerung von Arbeit dort)[12], die diese Funktion übernehmen und die zum Beispiel dem einen Quartier Vorteile und dem anderen Nachteile bringen. *Dahinter stehen jeweils bestimmte Akteure, die die Macht handhaben.* Geändert hat sich nur deren Besetzung, weil an die Stelle der kommunal-politischen Akteure neuerdings private Akteure treten, an die Stelle der Kommunalpolitik die ökonomische Sub-Politik rückt, weil sie nicht nur „billiger" ist, sondern auch noch den „Vorteil" hat, die öffentliche Diskussion zu erübrigen. „Beton" im weitesten Sinn ist letztlich also auch ein Indikator dafür, wer die Akteure in einer Stadtregion sind. Er ist zugleich eine Chiffre für die dahinter steuernden Gewinnfaktoren, angefangen beim Bodenrecht (Indu-

---

10 Vgl. dagegen z. B. Hanesch (1999, S. 85ff). Zum Schluss muss er freilich selbst eingestehen, dass es sich hier um eine Frage der urbanen Machtspiele handelt. Vgl. dazu auch Baumans Plädoyer für ein Grundeinkommen (1999, S. 257).

11 Es ist schon erstaunlich, wie schnell man bei Konzepten für „Stadtteile mit besonderem Erneuerungsbedarf" vom Thema Arbeit zum Thema Kultur umschwenkt. Wird zunächst völlig zu Recht der Abbau von Arbeitsplätzen beklagt, werden anschließend eine Fülle von Maßnahmen diskutiert, die das Zusammenleben und Zusammenwohnen verbessern sollen. Dabei verschiebt sich die Problemdefinition unversehens von der Arbeitsproblematik zu einer sozio-kulturellen Problematik (Kulturkonflikte usw.). So zu beobachten etwa an den entsprechenden „Integrierten Handlungskonzepten der Stadt Köln".

12 Die Konstruktion mit dem Investor dient dazu, die öffentliche Diskussion auszuhebeln. Damit wird die Öffentlichkeit insgesamt, aber natürlich auch die hier involvierte Quartieröffentlichkeit, wirksam unterlaufen. Dieser Punkt wird im folgenden Abschnitt noch einmal aufgenommen (vgl. Schulte 2000, S. 33ff).

strieansiedlung, Wohnbebauung, Mieten) und endend bei den neuerdings privatisierten kommunalen Dienstleistungen (Müll, Wasser, Strom, Telefon).[13]

Auf den zweiten Blick wird deutlich, dass in der urbanen Dynamik ganze Quartiere schnell zum Sub-Ensemble einer Entwicklung degradiert werden können. Nicht ein spezifisches Milieu schädigt das Quartier, wie das angesichts der Einwanderung der letzten vierzig Jahre immer wieder behauptet wird[14]. Vielmehr entstehen ungleiche Verhältnisse, wenn im Quartier die formalen Systeme (Arbeit, Wohnen, Bildung, Infrastruktur) verfallen. *Wenn dann Experten eingreifen und das Quartier sanieren, so zementieren sie oft nur die ungleichen Verhältnisse.* So betreiben sie zum Beispiel über die Köpfe der Bevölkerung Wohnumfeldverbesserung, weil sie an der falschen Weichenstellung der Akteure nicht rütteln. Die Experten wirken oft so, als stünden sie in einem in die falsche Richtung fahrenden Zug von ihrem Platz auf und liefen einfach durch die Abteile zurück, statt den Zug bei nächster Gelegenheit zu verlassen. Die Aktionen der Experten haben oft eine magische Konnotation, die zwar öffentlichkeitswirksam sein mag, dem Quartier aber nur dann etwas nützt, wenn sie gewissermaßen kontrainduzierte Effekte auslöst. Da sich die Experten selten nach der Logik des Quartiers richten, kann es natürlich sein, dass sie zufällig oder intuitiv eine Maßnahme ergreifen, die der Entwicklung dient. Wir haben das an dem Fall der Keupstraße beschrieben.[15] Vieles deutet darauf hin, dass die Optionen für das eine oder das andere Szenario sehr direkt einerseits mit der Rolle der kommunalen Akteure und andererseits mit der Rolle der Experten einer Stadtregion zusammenhängen, wobei letztere die ungleichen Entwicklungen eher noch zu forcieren scheinen.

Die Frage nach der Machtverteilung lenkt den Blick auf die Akteure und Experten. Sie organisieren offenbar die Macht in der metropolitanen Gesellschaft. Und sie entscheiden darüber, ob auch das politische Engagement der Bürger(innen) sowie das Expertentum der breiten Bevölkerung zum Zuge kommen oder diejenigen Gruppen und „Sub-Politiker", die über Geld und Netzwerke verfügen, die alleinigen Akteure bleiben und sich die Experten der Verwaltungen und Verbände hier anhängen.

---

13 Die Problematik soll hier nur angedeutet werden. Ich gehe auch darauf unten noch einmal kurz ein. Wichtig ist, dass sich heute nicht nur die nach wie vor ungelöste Bodenfrage, sondern mit der Privatisierung der kommunalen Dienstleistungen noch eine weitere Frage auftut. Wie zentral diese beiden Fragen sind, demonstrieren nicht zuletzt die Korruptionsfälle in Frankfurt, Hannover, Wuppertal und jüngst in Köln.

14 Die hier beschriebene Problematik wird in der Segregationsdiskussion meist übersehen (vgl. dazu Bremer 2000, S. 180f).

15 Vgl. Bukow/Yildiz in diesem Band.

Die Frage nach der Dynamik bzw. der Aussteuerung des lebenden Systems Stadt lenkt den Blick auf das politische System einerseits und den metropolitanen Diskurs andererseits. Wir bekommen damit einen spezifischen Ausschnitt aus der System-Lebenswelt-Diskursdynamik, der sozialen Grammatik des urbanen Zusammenlebens in den Blick. Es gibt, idealtypisch betrachtet, tatsächlich zwei „Grenzszenarien" – eines, in dem sich die robuste Stadtentwicklung immer wieder durchsetzt, und eines, in dem Ungleichheit zunehmend dominiert und ungleiche Entwicklung forciert wird: Die urbane Dynamik schwankt zwischen einem Szenario, in dem die Bevölkerung ihre Kompetenzen in der Lebenswelt aktiviert, über den metropolitanen politischen Diskurs einbringt und durch das politische System mit ihren Experten angemessen verwalten lässt und einem Szenario, in dem einzelne Interessengruppen oder Investoren ihre individuellen Kompetenzen nutzen, im metropolitanen Diskurs durchziehen und sich dafür des politischen Systems in der Form des Stadtparlamentes und der Stadtverwaltung samt ihrer Experten bedienen.

Um das erste Szenario im Interesse einer robusten Stadtentwicklung zu stärken, muss den Kompetenzen der Bevölkerung breiter Raum gegeben werden. Und sie muss die Chance haben, auf der Basis ihrer Kompetenzen lokale Politik zu betreiben. Dieser Gedanke, der sich zum Beispiel auch hinter der Idee einer kommunalen Agenda verbirgt, ist keineswegs neu, sondern das Kernanliegen der modernen Zivilgesellschaft, jetzt aktualisiert für die metropolitane Gesellschaft, und er geht davon aus, dass die Bevölkerung der eigentliche Akteur der metropolitanen Gesellschaft ist.[16] Wenn jedoch das zweite Szenario gewollt wird, sind ständig Interventionsmaßnahmen erforderlich, weil jede einseitige Bedienung der sozialen Grammatik des urbanen Zusammenlebens Kompensationsmaßnahmen verlangt, damit die gewünschten Effekte längerfristig gesichert werden können. Für die Organisation solcher Kompensationsmaßnahmen bietet sich die metropolitane (postmoderne, Zentrum-Peripherie-gestufte) Organisation von Ungleichheit an. Und so beschleunigen die Kompensationsmaßnahmen dann die Entstehung ungleicher Quartiere und ungleicher Entwicklungen. Hier wird die Stadt tatsächlich zur Beute einer bestimmten Gruppe.

Am Ende stellen sich zwei Problemfelder heraus, die weiter verfolgt werden müssen, um die Dynamik der Stadtentwicklung zu sichern:

a) Die Rolle der Akteure und Experten: Der Diskurs der kommunalen Akteure kann schnell in Widerspruch zu dem politischen Willen der Bürgerschaft gera-

---

16 Das ist die Idee, die auch immer wieder Michael Krummacher und Viktoria Waltz verfolgen (vgl. 2000, S. 215ff).

44

ten (Göschel 2002, S. 18), und die Positionen der professionalisierten Experten können leicht in Widerspruch zu dem Expertentum der Bevölkerung treten. Dieses Problemfeld lässt sich weiter verfolgen, indem man sich zum Beispiel genauer mit Ämterhäufung, Filz und Korruption befasst (Bukow 1996, S. 129ff).

b) Die Bewältigung bereits "lokalisierter" ungleicher Entwicklung: Nach wie vor geht es auch darum, eine besondere Aufmerksamkeit auf vernachlässigte Quartiere zu richten (Bukow/Yildiz 2001, S. 145ff), weil die Festigung einer robusten Stadtentwicklung und die Bewältigung ungleicher Entwicklung zwei verschiedene Aufgaben bleiben. Man kann nämlich aus Überlegungen zu einer robusten Stadtentwicklung nicht einfach auf Maßnahmen für problematische Quartiere schließen.

An dieser Stelle konnte es freilich nur darum gehen, die Probleme zu skizzieren. Es sind weitere Arbeiten nötig, um die ungleiche Entwicklung genauer abzuklären.

Literatur

Baumann, Zygmunt (1999): Die Krise der Politik. Fluch und Chance einer neuen Öffentlichkeit. Hamburg.

Böll, Heinrich (1958): „Unter Krahnenbäumen". Bilder aus einer Straße von Chargesheimer mit einem Text von Heinrich Böll (Hrsg.). Köln.

Bourdieu, Pierre (1997): Narzissenweg. In: Bourdieu, Pierre et al.: Das Elend der Welt. Zeugnisse und Diagnosen alltäglichen Leidens an der Gesellschaft. Konstanz, S. 21-30.

Bremer, Peter (2000): Ausgrenzungsprozesse und Spaltung der Städte. Opladen.

Bukow, Wolf-Dietrich (1996): Alltägliche Verfilzungen in fortgeschrittenen Industriegesellschaften. In: Kokot, Waltraud/Drackli, Dorle (Hrsg.): Ethnologie Europas. Berlin, S. 129-154.

Bukow, Wolf-Dietrich/Yildiz, Erol (2001): Der Wandel von Quartieren in der metropolitanen Gesellschaft am Beispiel Keupstraße in Köln. In: Karpe, Helmut/Ottersbach, Markus/Yildiz, Erol (Hrsg.): Urbane Quartiere zwischen Zerfall und Erneuerung. Köln, S. 145-182.

Bukow, Wolf-Dietrich/Nikodem, Claudia/Schulze, Erika/Yildiz, Erol (2001): Die multikulturelle Stadt. Von der Selbstverständlichkeit im städtischen Alltag. Opladen.

Bukow, Wolf-Dietrich (1999): Die Alltagssituation allochthoner Jugendlicher. In: Bukow, Wolf-Dietrich/Ottersbach, Markus (Hrsg).: Der Fundamentalismusverdacht. Opladen, S. 267-287.

Bukow, Wolf-Dietrich (1996): Alltägliche Verfilzungen in fortgeschrittenen Industriegesellschaften. In: Kokot, Waltraud/Dracklé, Dorle (Hrsg.): Ethnologie Europas. Berlin, S. 129-154.

Bukow, Wolf-Dietrich/Nikodem, Claudia/Schulze, Erika/Yildiz, Erol (2001): Die multikulturelle Stadt zwischen globaler Neuorientierung und Restauration. In: Bukow, Wolf-Dietrich/Nikodem, Claudia/Schulze, Erika/Yildiz, Erol (Hrsg.): Auf dem Weg zur Stadtgesellschaft. Die multikulturelle Stadt zwischen globaler Neuorientierung und Restauration. Opladen, S. 9-22.

Dangschat, Jens S. (2001): Ein Kommentar: Leben statt wohnen? In: Feldtkeller, Andreas (Hrsg.): Städtebau: Vielfalt und Integration. Stuttgart/München, S. 214-221.

Dubet, Francois/Lapeyronnie, Didier (1994): Im Aus der Vorstädte. Stuttgart.

Göschel, Albrecht/Schuleri-Hartje, Ulla-Kristina (2002): Integration und Desintegration in der Stadt. 25 Jahre Difu Zukunftswerkstatt. Berlin.

Hanesch, Walter (1999): Strategien für die soziale Stadt. In: Mirbach, Thomas (Hrsg.): Entwürfe für eine soziale Stadt. Amsterdam. S. 85ff.

Harth, Annette/Herlyn, Ulfert/Scheller, Gitta/Tessin, Wulf (2000): Wolfsburg: Stadt am Wendepunkt. Eine dritte soziologische Untersuchung. Opladen.

Krummacher, Michael/Waltz, Viktoria (2000): Dieses Ruhrgebiet: Migration und Stadtentwicklung in einer altindustrialisierten Region. In: Schmals, Klaus M. (Hrsg.): Migration und Stadt. Opladen, S. 215ff.

Luhmann, Niklas (1997): Die Gesellschaft der Gesellschaft. Frankfurt am Main.

Robertson, Roland (1992): Globalization. Social Theory and Global Culture. London.

Ronneberger, Klaus/Lanz, Stephan/Jahn, Walther (1999): Die Stadt als Beute. Bonn.

Schulte, Axel (2000): Zwischen Anspruch und Wirklichkeit der Demokratie. In: Schmals, Klaus M. (Hrsg.): Migration und Stadt. Opladen, S. 33ff.

Schütz, Alfred (1974): Der sinnhafte Aufbau der sozialen Welt. Eine Einführung in die verstehende Soziologie. Frankfurt am Main.

Therborn, Göran (2001): Globalization and Inequality. In: Soziale Welt 4 (2001), S. 449ff.

Zima, P.V. (2001): Moderne, Postmoderne (2. Auflage). Tübingen.

Thomas Krämer-Badoni

Urbanität und gesellschaftliche Integration[1]

1. Einführung[2]

Es gibt in wissenschaftlichen Auseinandersetzungen nur wenige Themengebiete, die so vermint sind wie „Integration ausländischer Migranten", „Multikultur", „ethnische Segregation" usw. Dies liegt wohl vor allem daran, dass hinter bestimmten Standpunkten schnell politisch rechte Positionen vermutet werden. Wer z.B. räumliche Segregation von Migrantinnen und Migranten oder die Bildung ethnischer Kolonien nicht von vornherein ablehnt, läuft Gefahr, in die rechte Ecke gestellt oder gar als politisch rechtsextrem denunziert zu werden – wie dies kürzlich Wilhelm Heitmeyer in seiner Auseinandersetzung mit Walter Siebel demonstriert hat (Heitmeyer 1998, S. 454).

Wo gesellschaftskritische Positionen einen so starken Konsensdruck entwickeln, dass abweichende Meinungen mit Anfeindung rechnen müssen, ist die Gefahr besonders groß, dass man es mit den wissenschaftlichen Grundlagen der konsentierten Positionen nicht mehr so genau nimmt. Aber gerade dort, wo fast alle einer Meinung sind, weil sie aus politischen Motiven einer Meinung zu sein haben, kommt es auf die Genauigkeit der zugrundeliegenden Analysen an. Gerade weil alles so selbstverständlich auf der Hand zu liegen scheint, ist eine offene und politisch nicht vorentschiedene Auseinandersetzung nötig. Eine solche Diskussion ist allerdings nur dort möglich, wo Thesen und Positionen wissenschaftlich und nicht politisch begründet werden. Deshalb ist die Auseinandersetzung mit Häußermanns Thesen zum Versagen der „Integrationsmaschine Stadt" lohnender als jene mit Heitmeyers politisch motivierten Ausführungen. Im Folgenden geht es daher um eine Auseinandersetzung mit den wissen-

---

1   Klaus Kuhn und Werner Petrowsky von der ZWE Arbeit und Region in Bremen sowie Martin Kronauer und Berthold Vogel vom Sozialwissenschaftlichen Forschungsinstitut in Göttingen bin ich für die ausführliche Diskussion der ersten Entwürfe dieses Artikels zu großem Dank verpflichtet. Diese Diskussionen haben mich genötigt, an vielen Stellen präziser und deutlicher zu formulieren. Es versteht sich aber von selbst, dass sie nicht für die von mir hier vertretenen Positionen verantwortlich sind. Diese sind allein vom Autor zu vertreten.
2   Dieser Text wurde bereits an anderer Stelle veröffentlicht: Deutsche Zeitschrift für Kommunalwissenschaften (ehemals Archiv für Kommunalwissenschaften) Heft 1, 2001.

47

schaftlichen Begründungen der genannten Thesen, nicht um die Fragen, mit welchen politischen Mitteln die Integration von Ausländern bewerkstelligt wird oder welche Rolle die Segregation und Binnenintegration dabei spielen könne. Dass hier mehr getan werden muss, steht außer Frage. Was allerdings getan werden kann, ist eine empirische Frage, die von Quartier zu Quartier unterschiedlich wird beantwortet werden müssen (vgl. hierzu auch Kronauer/Vogel 2000).

2. Zur These von der „Krise" der „Integrationsmaschine Stadt"

„Großstädte" – so beginnen Hartmut Häußermann und Ingrid Oswald (1997, S. 9) ihr Editorial zum kürzlich erschienenen Sonderband „Zuwanderung und Stadtentwicklung" des Leviathan: „entstehen und wachsen durch Zuwanderung. Zuwanderung ist konstitutiver Bestandteil von Stadtentwicklung. Ohne Zuwanderung gibt es nicht nur kein Bevölkerungswachstum, selbst Stabilität der Bevölkerung würde es in Großstädten ohne Zuwanderung nicht geben".

Dieses Zitat sei an den Beginn der folgenden Ausführungen gestellt, weil in ihm hinsichtlich Zuwanderung noch nicht differenziert wird: die Zuwandernden werden noch nicht in Ausländer und Deutsche, in EU- und andere Ausländer, in Aus- und Übersiedler eingeteilt; und das ist gut so, denn dies erlaubt es, die Frage nach dem Verhältnis von Stadt und gesellschaftlicher Integration weiter als nur auf ausländische Migrantinnen und Migranten bezogen zu fassen, wie dies üblicherweise getan wird. Damit steigt auch die Chance, mit dieser erweiterten Perspektive zu anderen Antworten zu kommen. Gleichwohl wird letztlich die Unterscheidung zwischen ethnischer Migration und der Land-Stadt-Migration des 19. Jahrhunderts wieder aufgegriffen werden müssen.

Aus diesem allgemeinen Zusammenhang von Stadtwachstum und Zuwanderung ist auch das Bild von der „Stadt als Integrationsmaschine" entstanden, das Hartmut Häußermann in verschiedenen Veröffentlichungen entworfen hat. Wichtig im Kontext der folgenden Argumentation ist allerdings weniger dieses Bild als die in der Folge entwickelte These, dass die Stadt heute nicht mehr als Integrationsmaschine funktioniere. Die Krise der „europäischen Stadt", so Häußermann, komme durch das Zusammenwirken demographischer, arbeitsmarkt- und wohnungsmarktbezogener Prozesse zustande.[3] Diese Thesen seien zunächst kurz erläutert:

Demographische Entwicklung

Hier zählt nicht nur die Zunahme des Ausländeranteils in den Städten, sondern vor allem die Veränderung der Wanderungsmotive. Die Zuwandernden „sind nicht angeworben, nicht eingeladen, sondern werden durch ihre eigene Lebenssituation (zur Zuwanderung) veranlaßt" (Häußermann 1998, S. 164).

Arbeitsmarkt

Hier dominiere der Prozess der Tertiarisierung. Während die Zahl der industriellen Arbeitsplätze – vor allem im Bereich der unqualifizierten Arbeit – abnimmt, wächst zwar die Zahl der Dienstleistungsarbeitsplätze, die aber die Arbeitsplatzverluste in der Industrie nicht kompensieren können. In dieser Situation gebe es „im Grundsatz zwei Alternativen: einerseits die Möglichkeit, dass sich die Tätigkeiten nach Qualifikation und Verdienst innerhalb der Beschäftigung polarisieren (das ‚amerikanische Modell'), andererseits die Möglichkeit, dass die Spaltung zwischen Arbeitsplatzbesitzern und Arbeitslosen zunimmt, sich also die Polarisierung zwischen dem Segment der Beschäftigten und dem Segment der dauerhaft Arbeitslosen herausbildet (...). Gegenwärtig dominiert in Deutschland die Tendenz zu einer Spaltung zwischen ‚drinnen' und ‚draußen'" (Häußermann, S. 165 f).

Wohnungsmarkt

Hierauf bezieht sich das wichtigste Argument. Der Abbau des sozialen Wohnungsbaus, die Privatisierung der aus der Sozialbindung entlassenen Wohnungen sowie die Sanierung des innerstädtischen Altbaubestands führe dazu, dass nicht nur immer weniger billige Wohnungen zur Verfügung stehen; der immer noch vorhandene Bestand an Mietwohnungen im sozialen Wohnungsbau sei hauptsächlich in den peripheren Großwohnanlagen in Großsiedlungen zu finden. Dies führe dazu, dass sich die Zuwanderung auf jene stadträumlichen Bereiche konzentriert, die von ihrer Lage und infrastrukturellen Qualität be-

---

3   Zuletzt in Häußermann/Kapphan (2000). Wenn ich richtig sehe, verwendet Häußermann inzwischen den Begriff „Integrationsmaschine" nicht mehr, jedenfalls taucht er in dem mit Kapphan verfassten Buch über Berlin nicht auf. Wenn sich auch in der Sache selbst dadurch nichts geändert hat, so ist die Darstellung durch den Verzicht auf die „Integrationsmaschine" weniger plakativ. Vgl. auch unten Anm. 4.

nachteiligt sind – und dies berge tatsächlich die Gefahr einer Entstehung von Ghettos nach amerikanischem Vorbild in sich:

„Dadurch wird die sozialräumliche Struktur der Städte selbst zu einer Determinante von gesellschaftlichen Formationen. Die Frage ist, ob wir uns wieder sozialräumlichen Strukturen nähern, die wir aus der Stadt des 19. Jahrhunderts kennen." (Häußermann, S. 169)

Diese Entwicklungen, vor allem die auf den Märkten, versteht Häußermann als das Scheitern der „systemischen" Integration, die auf ökonomischem Wachstum, Arbeitsteilung und sozialer Sicherung beruhe:

„Wenn ein wachsender Teil der Bevölkerung ökonomisch, sozial und räumlich ausgegrenzt wird und wenn einem wachsenden Teil der Stadtbevölkerung die Hoffnung geraubt wird, ein menschenwürdiges Leben führen zu können, dann nimmt sich die Stadt insgesamt den sozialen Frieden ... Einem städtischen Raum, in dem der latente Bürgerkrieg herrscht, ist die Stadtkultur verloren gegangen. ‚Urbanität' ist nicht nur eine Frage der Sozialpsychologie, sondern setzt eine Integration auch der marginalisierten Teile der Stadtbevölkerung über eine Existenzsicherung voraus, bei der die Sicherheit der Wohnung eine herausragende Bedeutung hat." (ebenda, S. 170)

Unter welchen Voraussetzungen kommt die Stadtsoziologie zu diesen Annahmen, welches sind die Prämissen des Bildes von der „Stadt als Integrationsmaschine"? Sieht man genauer hin, so scheint der Terminus „europäische Stadt" des 20. Jahrhunderts in Häußermanns Argumentation eigentlich für die Stadt in den ersten etwa 25 Jahren bundesrepublikanischer Entwicklung zu stehen.[4] Denn nur in dieser Phase war die Stadtentwicklung vor allem durch eine quantitativ bedeutsame Verwirklichung des sozialen Wohnungsbaus (entstanden war dieser ja schon in der Weimarer Republik) Ausdruck einer sozial ausgleichenden Gesellschaftspolitik. Eine vergleichsweise soziale Durchmischung der Stadt, wie sie der soziale Wohungsbau der 50er- und 60er-Jahre im Rahmen des sich rasant entfaltenden Fordismus in der Bundesrepublik Deutschland bewirkt hat, hat es in dieser Ausprägung meines Wissens weder in Großbritannien noch in Frankreich oder in Italien gegeben, obgleich auch dort Formen des sozialen Wohnungsbaus entwickelt wurden. Das Kaiserreich um die Jahrhundertwende und die Weimarer Republik, in deren Kontinuität Häußermann die bundesrepublikanische Entwicklung sieht, können meines Erachtens lediglich vom sozialen Anspruch der reformorientierten Minderheit der Gesellschaft her in diese Kontinuität einbezogen werden. Gerade die systemische Integration hat in der Weimarer Republik nur sehr begrenzt funktioniert, so begrenzt, dass die Nationalsozialisten nicht die geringsten Schwierigkeiten hatten, die nicht funk-

---

4 Noch genauer betrachtet und auf die Hauptphase der Migration in die Bundesrepublik bezogen, handelt es sich nur um die 15 Jahre von 1960 bis 1975, aber zunächst geht es um die Rolle des sozialen Wohnungsbaus, noch nicht um die Migration von Ausländern.

50

tionierende systemische Integration durch eine rassenfeindliche Ideologie zu ersetzen. Die mit Letzterer verbundene Integration funktionierte tatsächlich, und zwar auf der Basis der Ausgrenzung und Ermordung der Juden (und anderer „Minderheiten"), der Verfolgung und Vernichtung alles Fremden. Dieser Bruch macht es schwer, eine historisch kontinuierliche Entwicklung hin zu einer sozialen Stadt zu sehen.

Auch wenn Häußermann den Terminus „europäische Stadt" hauptsächlich zur Abgrenzung einer sozialdemokratisch/sozialistisch mitbestimmten Stadtentwicklung von der immer schon sozial stark segregierten und gerade nicht sozialistisch beeinflussten amerikanischen Stadt verwendet, erscheint es mir angemessener, nicht pauschal von der Krise der europäischen Stadt zu sprechen, sondern sich auf die Entwicklungen der deutschen Stadt im 20. Jahrhundert zu beziehen und sich die Frage zu stellen: In welcher Phase haben die Städte tatsächlich als „Integrationsmaschinen" funktioniert? Dass sie dies in den ersten 45 Jahren des 20. Jahrhunderts nicht taten, scheint mir offensichtlich. Zwar ist der soziale Wohnungsbau in der Bundesrepublik ohne die Entstehung des Genossenschaftswesens in den 20er-Jahren nicht vorstellbar, aber von einer systemischen Integration sind die 20er-Jahre noch weit entfernt. Um es zu wiederholen: Die einzige im Sinne von Häußermann wirklich herausragende Phase sind die 25 Jahre von 1950 bis 1975; unter der Migrationsperspektive ausländischer Migrantinnen und Migranten sogar nur die 15 Jahre von 1960 bis 1975.

Über diese zeitliche Einschränkung der Stadtentwicklungsdynamik auf einen relativ kurzen Zeitraum hinaus muss aber auch grundsätzlicher gefragt werden: Sind es tatsächlich die Städte, die eine Integrationsleistung erbringen?[5] Die Voraussetzung all jener Positionen, die der Stadt Integrationsleistungen zusprechen, liegt in der Verselbstständigung der Stadt zur „sozialen Einheit" – ein Prozess, der zwar der Stadtsoziologie selbstverständlich erscheint, der aber – wie ich zu zeigen hoffe – sehr problematische Konsequenzen hat. Stadt als „soziale Einheit" impliziert die Vorstellung, die Stadt habe sozial zu sein, und sozial bedeutet gerecht, und gerecht bedeutet: Chancengleichheit für alle. Dieser normativen Vorstellung sind zwei Argumente entgegenzuhalten:

• Seit der Auflösung der Stadt als politischer Einheit ist es der Nationalstaat mit seiner politisch ausformulierten und rechtlich sanktionierten Gesellschaftspolitik, der über die politischen Formen der Integration entscheidet.

---

5 Ich möchte in meiner Argumentation auf die Wortschöpfung „Integrationsmaschine" wegen deren sozialtechnischer Implikationen gerne verzichten. Sie legt auch die Vorstellung nahe, man könne eine kaputtgegangene Maschine reparieren.

- Integration bezieht sich nicht auf eine soziale Einheit Stadt, sondern auf die Mehrdimensionalität gesellschaftlichen Lebens. Integriert in eine Gesellschaft werden Menschen über ihre Teilhabe an den verschiedenen gesellschaftlichen Funktionssystemen, an Bildung, Gesundheit, Wirtschaft, Familie, Recht und anderen. Es handelt sich um Funktionssysteme, an deren Gestaltung die „Stadt" einen allenfalls marginalen Anteil hat.

Das normativ „aufgeladene" Urbanitätskonzept mit seinem Konstrukt der Stadt als kultureller Einheit, mit der Vorstellung eines harmonischen Miteinanders, mit der Argumentationsfigur der „städtischen Gesellschaft" verschleiert, dass die Stadt keine soziale Einheit ist. Manchmal habe ich den Eindruck, dass wir Stadtsoziologen uns den Erkenntnissen einer Soziologie der modernen Gesellschaft verschließen und statt dessen nostalgisch an einer Vorstellung von Stadtgesellschaft festhalten, die all das besser machen können soll, was die Gesellschaft nicht fertig bringt. Wir hindern uns selbst daran, die Frage nach der Bedeutung der Stadt als Ort so zu stellen, dass sich uns andere Einsichten erschließen. Was wir dafür brauchen, ist ein von Normativität entlasteter Stadtbegriff – das schiere Gegenteil der Urbanitätskonzepte. Darauf komme ich weiter unten zurück.

Auch wenn Hartmut Häußermann mit seiner Konzeption einerseits auf den Markt und demographische Prozesse, andererseits auf eine nicht genau ausgeführte Vorstellung von städtischer Gesellschaft und sozialer Einheit rekurriert, auch wenn man fragen könnte, ob nicht statt Demographie und Markt Wohlfahrtsstaat und Politik versagen –, handelt es sich insgesamt bei Häußermanns Thesen eher um Fragen als um dezidierte Feststellungen, eher um ein Szenario potenzieller Entwicklungen als um die alarmierte Behauptung, wir seien bereits wieder im 19. Jahrhundert angekommen. Allerdings bieten sich solche Szenarien auch den drastischeren Interpreten an, die für sich nicht die nostalgische Vorstellung der Stadtsoziologie geltend machen können. Wilhelm Heitmeyer hat – sich auf Häußermann berufend – unter dem Titel „Versagt die ‚Integrationsmaschine' Stadt?" die Konsequenzen aus der stadtsoziologischen Darstellung gezogen, ohne deren Prämissen selbst kritisch zu beleuchten. Auch auf diese soll hier noch kurz eingegangen werden.

Im letzten Beitrag des von ihm mitherausgegebenen Sammelbandes „Die Krise der Städte" fasst Heitmeyer die vorliegenden Analysen folgendermaßen zusammen:

„Resümiert man nun die aktuellen Beschreibungen zur Zukunft europäischer Stadtentwicklung, dann lassen sich die Analysen auf drei qualitative Aspekte eines Krisenzusammenhangs fokussieren. Es sind dies Hinweise auf die *Desintegration der Stadtgesellschaft, eine Zweckentfremdung des öffentlichen Raums* und eine *Entzivilisierung des Verhaltens* von einzelnen Menschen und Gruppen. Infolgedessen muss das Versagen

52

der bisher funktionierenden ‚Integrationsmaschine' Stadt ins Kalkül gezogen werden."
(Heitmeyer 1998, S. 443, Hervorhebungen im Original)

Dies sei nahe liegend, weil „generell Desintegration als negativ zukunftsträchtiger Begriff in der Debatte" sei (ebenda). In seinem eigenen Beitrag konzentriert sich Heitmeyer auf die residentielle Segregation und deren Folgen. Im Einzelnen verfolgt Heitmeyer die folgenden „Thesen":

- Segregation sei ein „Ausweis von sozialer Desintegration" und wirke sich „zerstörerisch für die Stadtgesellschaft" aus.
- Segregation wirke auch auf das Zusammenleben der Menschen in den segregierten Gebieten zerstörerisch.
- Binnenintegration für ethnische Minderheiten führe zur „Zementierung sozialer Ungleichheit zugunsten der Mehrheitsgesellschaft und zugunsten neuer Abhängigkeiten von religiösen und ethnischen Gemeinschaften".
- Die gesellschaftliche Entwicklung – dies wird als vierte These vertreten – führe zu einer Verstärkung von Segregation (alle vier Thesen ebenda, S. 444).

Dorthin gelangt man, wenn man den Begriff der „Stadtgesellschaft" übernimmt, ohne sich darüber im Klaren zu sein, wie fragil solche Formulierungen sind. Letztere Erkenntnis haben Stadtsoziologen nach jahrzehntelangen Diskussionen über den Gegenstand der Stadtsoziologie so verinnerlicht, dass sie sie nur noch selten explizit formulieren.[6]

Auf der Suche nach gesellschaftlicher Desintegration wird man übrigens immer fündig, weil Gesellschaft nun einmal aus einer komplexen und widersprüchlichen Gleichzeitigkeit von Differenzierung und Entdifferenzierung, von Integration und Desintegration besteht. Eine Soziologie, die nur nach Desintegration forscht, läuft Gefahr, dem Topos der Zeitkritik aufzusitzen, nach dem zu jeder Zeit immer alles schlechter ist als gerade noch zuvor. Tatsächlich aber scheint mir das Bild einer zerfallenden Gesellschaft eine grobe Überzeichnung und das Produkt einseitiger, ideologiegeleiteter Recherche zu sein. Dass Heitmeyer die gesellschaftliche Desintegration in der Stadtgesellschaft sucht und findet, verführt ihn dazu, der Stadt die Formen der Segregation zuzurechnen – ohne das implizite stadtsoziologische Wissen ein stadtsoziologischer Fehlschluss.

Im Folgenden sollen zunächst einige grundsätzliche Bemerkungen zu Migrationsprozessen formuliert werden, um so die Rahmenbedingungen der Integrations-/Desintegrationsdebatte klarer in den Blick zu bekommen. Sodann

---

6   Allerdings wäre es besser, wenn auch die Stadtsoziologie sich ihrer Voraussetzungen häufiger vergewissert.

53

werde ich versuchen zu zeigen, dass historisch gesehen Prozesse der Stadt-entwicklung – und diese basierte zu allen Zeiten auf Migration, erinnert sei hier an die eingangs zitierte Formulierung von Häußermann/Oswald – immer In-klusion und Exklusion gleichzeitig hervorgebracht haben. Neben gelungener gibt es immer auch misslungene Integration. Mit diesen Argumenten sei keines-wegs behauptet, in unserer Gesellschaft sei alles zum Besten bestellt. Politi-schen Strategien zur Verbesserung von Integrationschancen ist allerdings nicht damit gedient, dass die Wissenschaft die einschlägigen Sachverhalte unter der Voraussetzung erhebt, was richtig oder falsch ist, sei bereits entschieden. Viel-mehr gilt es, gesellschaftliche Prozesse unvoreingenommen darzustellen und zu analysieren. Oder anders gesagt: Wissenschaft sollte sich die Gesellschaft, die sie untersucht, nicht vorher zurecht legen.

3. Anmerkungen zur Migration

Hier sei zunächst einmal auf zwei sehr einfache Sachverhalte verwiesen: Auf dem Gebiet der Bundesrepublik gab es 1950 etwa acht Millionen Vertriebene, zwischen 1950 und 1961 kamen nochmals 2,6 Millionen DDR-Übersiedler hinzu (vgl. Datenreport 1999, S. 26). Dies sind – wenn man davon ausgeht, dass nicht alle in der Bundesrepublik blieben – knapp zehn Millionen Menschen (Zuwandernde), die in die bundesrepublikanische Gesellschaft aufgenommen wurden. Die Fremdheit der Zuwandernden, die blieben, löste sich über eher kurz als lang in eine Form nicht bedingter Assimilation auf. Dies unterscheidet diese Gruppe von den ausländischen Migrantinnen und Migranten. Ihre Fremd-heit war nur relativ und stand einer Integration nicht im Wege.

„Zwischen 1961 und 1997 sind insgesamt 23,1 Millionen ausländische Staatsangehörige in das frühere Bundesgebiet bzw. nach Deutschland zugezo-gen, und 17,0 Millionen haben es wieder verlassen." (Datenreport 1999, S. 26) Von den ausländischen Migrantinnen und Migranten sind also weniger als ein Drittel in der Bundesrepublik geblieben, und dies in einem Zeitraum von 36 Jahren. Es ist wichtig, sich diese Daten vor Augen zu führen, weil sie die migra-tionsbezogenen Argumentationen in doppelter Weise begrenzen: Es sind zwar viele ausländische Migrantinnen und Migranten geblieben, es sind aber etwa zweieinhalbmal so viele wieder weggegangen. Darüber hinaus ist auch keines-wegs eindeutig, dass es sich bei diesen gut sieben Millionen um dauerhafte Immigranten handelt. Der Sachverhalt kann also Unterschiedliches bedeuten: Einerseits kann man daraus schließen, dass sich die Frage einer dauerhaften Integration nicht bei allen Migrantengruppen gleich stellt; andererseits ist zu vermuten, dass sich in den hohen Wegzugszahlen nicht nur die Arbeitsmigran-

54

ten, sondern auch solche mit der Erfahrung misslungener Integration finden – ein Phänomen, auf das wir vor allem bei den klassischen Einwanderungsländern wie den USA stoßen und das der Vorstellung einer im Einwanderungsland immer gelingenden Integration doch einen herben Schlag versetzt: „Rund 60 Prozent der Italiener zum Beispiel, die um die Jahrhundertwende in die USA emigrierten, kehrten nach Italien zurück" (Sassen 1996, S. 159). Insgesamt scheint von allen um 1900 nach Amerika Ausgewanderten etwa ein Drittel nach Europa zurückgekehrt zu sein (vgl. Hoerder 1986, S. 9). Schniedewind weist allerdings in Bades Migrationsstudie „Deutsche im Ausland – Fremde in Deutschland" (1992, S. 179ff) darauf hin, dass die Rückwandernden insgesamt vier Gruppen umfassen: Neben den Erfolglosen sind dies die Erfolgreichen, die aber ihren Erfolg in die alte Heimat transferierten; die Innovativen, die neu Erlerntes in der alten Heimat einsetzen wollten, und schließlich diejenigen, die ihren Lebensabend in der alten Heimat verbringen wollten. Dies sollte nicht übersehen werden.

Saskia Sassen hat in ihrer historisch weit ausholenden Untersuchung von Migrationsprozessen auf deren strukturierten Charakter hingewiesen. Nie sei die Mehrheit einer Bevölkerung migriert, immer nur eine Minderheit, trotz großer Armut und selbst in den Zeiten, als es noch keine Grenzkontrollen gab. In den Aufnahmegesellschaften seien die Migrantinnen und Migranten immer eine Minderheit gewesen, und immer seien sie diskriminiert worden, selbst wenn sie der gleichen Rasse und Kultur angehörten. Vor allem aber hat Sassen den systemischen Charakter von Wanderungsprozessen hervorgehoben:

„Aus der Vergangenheit können wir lernen, dass Einwanderungsprozesse in gewissem Maße aus einer Reihe geographisch eingrenzbarer Ereignisse bestehen, die einen Anfang und ein Ende haben und sämtlich von den wirtschaftlichen, politischen und gesellschaftlichen Funktionen und Strukturen der Zielländer abhängig sind." (Sassen 1996, S. 153)

„Die Tendenz zur Anpassung an die Bedingungen der Zielländer – so Sassen – sei immer erkennbar" (ebenda). Und in der Tat zeigt sich, dass die Zuwanderungsprognosen keineswegs so eintreffen, wie sie aufgestellt wurden. Häußermann (1998, S. 145) z.B. berichtet: „Prognosen gehen für den Zeitraum zwischen 1996 und 2000 von einer weiteren Zunahme um 2,2 Millionen aus und für das darauffolgende Jahrzehnt von weiteren 3,7 Millionen". Tatsächlich hat aber die Zahl der Ausländer in der Bundesrepublik von 6 990 510 am 31.12. 1994 auf 7 343 600 am 31.12.1999 und damit lediglich um 353 090 Personen zugenommen. So sehr es im Einzelnen unmöglich ist, die Gründe für diese Entwicklung exakt zu benennen, so sehr lässt sich eines nicht bestreiten: Die Prognosen waren falsch. Und: Es lassen sich unter den Gründen für den Zuwanderungsrückgang mit Sicherheit auch die schlechte Situation auf dem deutschen

Arbeitsmarkt sowie vor allem die unsichere rechtliche Position ausländischer Migrantinnen und Migranten vermuten.

Dies alles sei hier erwähnt, weil die Ergebnisse der Untersuchung von Sassen und die Daten aus der Bundesrepublik zumindest eines bedeuten: „Prozentual und absolut scheint die Zahl der Migranten, die einen dauerhaften Wohnsitz im Zielland wünschen, beträchtlich kleiner zu sein, als die Gesamtzahl der ausländischen Einwohner vermuten läßt" (Sassen 1996, S. 161). Dies aber hat Auswirkungen auf die Frage nach der Ausgestaltung von Integration, auf die Einschätzung von Binnenintegration und Segregation. Denn unter dieser Voraussetzung sind manche Erscheinungsformen von Exklusion (z.B. vom Wohnungsmarkt) und/oder Binnenintegration temporäre und akzeptierte Zustände zugunsten der Maximierung des in die Heimat transferierbaren Einkommens.[7]

4. Stadtentwicklung und Migration im 19. Jahrhundert

Die Urbanisierung hat sich seit der Mitte des 19. Jahrhunderts, vor allem aber zwischen 1870 und 1910, rapide entwickelt: „Hatten zur Zeit der Reichsgründung erst acht Städte mehr als 100 000 Einwohner, waren es 40 Jahre später bereits 48. Der Anteil ihrer Bevölkerung an der gesamten Reichsbevölkerung stieg von 4,8 Prozent auf 21,3 Prozent (...)" (Reulecke 1985, S. 68). Es ist die Zeit, für die die städtischen Wohnverhältnisse des zuziehenden Proletariats in den schwärzesten Farben geschildert wurde (statt vieler Niethammer 1976). Menschenunwürdige Wohn- und Lebensverhältnisse, Arbeitsverträge von kürzester Dauer sowie der Mangel an geeignetem Wohnraum führten zu zirkulärer Migration. Häufig wanderten die Arbeitskräfte auch nur für begrenzte Dauer in die Stadt, um den Rest der Zeit wieder in der eigenen ländlichen Heimat zu verbringen.

Man muss nicht auf Engels Beschreibung der Lage der arbeitenden Klasse in England zurückgreifen, um zu ahnen, dass der Urbanisierungsprozess keine bruchlose und zeitgleiche Aufwärtsentwicklung aller sozialer Klassen bedeutete. Not, Hunger, Krankheit, soziale Desorganisation, Alkoholismus, frühzeitiger Tod und anderes müssen als die treuen Begleiterscheinungen der Urbanisierung wahrgenommen werden. Gerade diese Stadt des 19. Jahrhunderts meint Häußer-

---

7   An dieser Stelle muss im Übrigen auch darauf hingewiesen werden, dass Migrantinnen und Migranten nach den Kriterien, aufgrund derer sie in den Zuwanderungsgesellschaften zu den neuen Unterschichten gezählt werden, in ihren Heimatländern völlig anders positioniert würden.

56

mann, wenn er die Frage stellt, ob die heutige Stadt zurück auf dem Weg ins 19. Jahrhundert sei: die Stadt mit einer neuen wanderungsbedingten Unterschichtung und sozialräumlicher Segregation. Und doch ist diese Stadt des 19. Jahrhunderts auch zugleich jene, die eine ungeheure Integrationsleistung zustande brachte. Sie hat Integration gerade durch die Unterschichtung der Zuwandernden erreicht. Um es klar und deutlich zu formulieren: Erst von dem Augenblick an, in dem die Zugewanderten der städtischen Gesellschaft als unterste Schicht eingegliedert worden waren, konnte sozialer Aufstieg zu einer verfolgbaren Perspektive werden. Anders als Häußermann werte ich also diese Phase und den Prozess der Unterschichtung als eigentliche Integrationsleistung der Städte, auch wenn der soziale Aufstieg für viele eine unerfüllte Hoffnung blieb. Nicht alle, aber doch der größte Teil dieser Zugewanderten waren Deutsche.

Auch für die Zuwanderung in die USA und für die dortige Stadtentwicklung lassen sich die gleichen Prozesse feststellen und analog interpretieren. Selbstverständlich ist die Zuwanderung von Fremden in ein Einwanderungsland etwas anderes als die ländliche Zuwanderung in die deutschen Städte des 19. Jahrhunderts. Aber bezogen auf die Frage der Integrationsleistung der Stadt sind die beiden Sachverhalte durchaus vergleichbar. Auch hier sei nochmals auf das Verhältnis von Zuwanderung und Stadt verwiesen, wie es im Eingangszitat von Häußermann/Oswald zum Ausdruck kommt: Stadtwachstum kommt durch Zuwanderung und nur durch Zuwanderung zustande. Anders als in Deutschland waren es in Amerika immer ethnisch Fremde, die zuwanderten; und je länger die ursprünglich Fremden im Land waren, als desto fremder wurden die neuen Einwanderer angesehen.

Man kann für die USA davon ausgehen, dass vor allem zwei Gruppen die Slums bewohnten: Teile der neu Zugewanderten und die Afroamerikaner, die aus dem ländlichen Süden der USA als Arbeitskräfte in die nordamerikanischen Städte geholt worden waren (vgl. D'Eramo 1996). Der 1894 gedruckte „Seventh Special Report of the Commissioner of Labor" trägt den Titel: „The Slums of Baltimore, Chicago, New York, and Philadelphia". In diesem Regierungsbericht wurden zwar nur kleinere Slumbezirke mit insgesamt 83 852 Einwohnern detailliert untersucht, aber: „The districts selected by no means contain the whole slum population of the cities included in the investigation. According to the best estimates the total slum population of Baltimore is about 25,000; of Chicago, 162,000; of New York, 360,000; of Philadelphia, 35,000." (Wright 1894, S. 12). Legt man die Einwohnerzahlen aller „Borroughs" zugrunde, die ab 1898 zu New York gehörten (1890 wären das 2,5 Millionen gewesen), dann bedeutete dies, dass immerhin rund 14 Prozent der Bewohnerschaft in Slums wohnten. Bezieht man aber, was wahrscheinlich zutreffender ist, die 360 000 Slumbewohner auf die 1,5 Millionen Einwohner des bis 1898 eigentlichen New Yorks (Manhattan und Teile der Bronx), so sind es sogar etwa 24 Prozent der Bewohnerschaft, die in Slums wohnten (zu den Einwohnerzahlen vgl. Jackson 1995). Aber selbst die kleinere Zahl macht deutlich, in welchem Umfang die Urbanisierung auch in den USA Inklusion und Exklusion hervorbrachte, obgleich insgesamt die Integrationsleistung gar nicht hoch genug eingeschätzt werden kann. Dennoch: Die Geschichte New Yorks im 19. Jahrhundert ist eine Aneinanderreihung von Unruhen und „Riots", von denen neben den rassistischen Auseinandersetzungen oder jenen zwischen Immigrantengruppen nicht wenige auch Armuts- und Hungeraufstände waren (vgl. Jackson 1995, S. 1006 f.; Burrows/Wallace 1998).

An diesen beiden Beispielen aus dem 19. Jahrhundert wird deutlich, als was Stadt – sofern man sie von dem ganzen normativen Ballast befreit – verstanden werden sollte. Stadt war im 19. Jahrhundert, als Industrialisierung und Urbanisierung zu eng miteinander verknüpften, parallelen Prozessen wurden, der Ort der Entstehung der modernen Gesellschaft, gerade nicht mehr der Ort unterschiedlicher Stadtgesellschaften; der Ort, an dem – im Unterschied zum Land und dessen agrarischer Produktionsweise – sich die industrielle Produktionsweise durchsetzt und mit ihr die Interaktionsformen und Individualisierungsstrategien des modernen Individuums (vgl. Krämer-Badoni 1991, S. 17). Die Stadt ist der Ort, an dem ein Überschuss an Möglichkeiten den Individuen die Integration in die verschiedenen Dimensionen der modernen Gesellschaft überhaupt erst ermöglichte. Beide Bestandteile der Stadt des 19. Jahrhunderts zählen auch heute noch: Für viele Zuwanderer sind die Städte die Orte der Berührung mit Modernität, für alle Zuwanderer sind sie die Orte, an denen sich ein Überschuss an Möglichkeiten konzentriert.

5. Fazit

Auch wenn in diesem Beitrag nur einige wenige empirische Hinweise gegeben werden konnten, dürfte deutlich geworden sein, dass Zuwanderung und Stadtentwicklung im 19. Jahrhundert immer zugleich Inklusion und Exklusion hervorgebracht haben. Die Frage lautet daher eigentlich: Wieso fand und findet Zuwanderung trotz der Gleichzeitigkeit von Inklusion und Exklusion statt? Was macht die Stadt trotz des für die Migrantinnen und Migranten hohen Risikos des Scheiterns attraktiv?

Diese Frage wird von den hier betrachteten Autorinnen und Autoren so nicht gestellt, ja kann so nicht gestellt werden, weil diese Autorinnen und Autoren die Gleichzeitigkeit von Inklusion und Exklusion im Prozess der Stadtentwicklung nicht zulassen und daher nicht sehen wollen, und weil im

58

Grunde genommen die einzige Phase in der Entwicklung der letzten 150 Jahre, in der es nur ein geringes Ausmaß an Exklusion (bei großem gesellschaftlichem Reichtum) gab – die ersten 25 Jahre der Bundesrepublik – normativ zum Normalfall erhoben wird. Dabei dürfte gerade diese Phase die erklärungsbedürftige Ausnahme sein, nicht der Normalfall, man denke nur an die berühmte Publikation von Burkart Lutz: „Der kurze Traum immerwährender Prosperität" (1984), in der die gleichen 25 Jahre bundesrepublikanischer Wirtschaftsentwicklung als Ergebnis einer nicht wiederholbaren Konstellation ungewöhnlicher Faktoren charakterisiert werden. Rekonstruiert man aus dieser Phase die Standards der systemischen und sozialen Integration, überschätzt man aus systematischen Gründen die Integrationsfähigkeit von Gesellschaften unter „normalen" Entwicklungsbedingungen.

Unter prosperierenden Bedingungen finden mehr Zuwanderer Beschäftigung und Wohnung, dies ist Bestandteil der von Häußermann so genannten systemischen Integration. Mit der Arbeitslosigkeit der 80er- und 90er-Jahre des 20. Jahrhunderts ist es für die unteren Schichten der städtischen Bevölkerung – und zu denen gehören die Migrantinnen und Migranten mit ganz wenigen Ausnahmen immer – sicher schwieriger geworden, eine Beschäftigung zu finden. Allerdings muss man, wenn man bei der ausländischen Arbeitsbevölkerung einen Anteil von 20 bis 30 Prozent Arbeitslosen vorfindet, auch zugleich feststellen, dass 70 bis 80 Prozent von ihnen eine Beschäftigung haben, wobei die Beschäftigung in intra-ethnischen Beziehungsgeflechten hier gar nicht mit erfasst sein dürfte. Bei welchem Prozentsatz – so möchte man hier doch fragen – beginnt eigentlich gesellschaftliche Desintegration?

Häußermann spricht davon, dass einem wachsenden Teil der Stadtbevölkerung die Hoffnung geraubt wird, ein menschenwürdiges Leben zu führen, und sieht darin die Gefahr, dass die Stadt als soziale Einheit zerbricht. Die Stadt war aber seit Beginn der Industrialisierung nie eine soziale Einheit – immer war sie nur die komplexe Struktur, die aufgrund ihres Überschusses an Möglichkeiten das Einleben in die moderne Gesellschaft ermöglichte. Dies geschah fast immer in gegeneinander abgeschotteten, sozusagen binnenintegrativen Bereichen, ohne dass dies per se Integration in die verschiedenen Dimensionen der modernen Gesellschaft behindert hätte; eher ist das Gegenteil der Fall. Stadt hat immer schon aus der gleichzeitigen Existenz von Differentem bestanden, aus der Heterogenität von Tätigkeiten, Individuen, Gruppen und Standorten. Auch heute lassen sich die neuen Formen städtischer Siedlungsstrukturen als ein Nebeneinander von Vielheit begreifen. Und genau darin liegt ihre Stärke für die Zuwanderer: Nur dort, wo es viele Möglichkeiten gibt, viele Tätigkeiten, Ärzte, potenzielle Lebenspartner, Rechtsberater usw., hat das Scheitern in *einer* Dimension nicht gleich kumulative und exkludierende Wirkung in *allen* Dimen-

59

sionen. Und nur dort, wo Immigrantengruppen stark genug sind, um eine eigene Nischenökonomie zu entwickeln, finden weitere Zuwanderer eine zusätzliche Möglichkeit des Überlebens. Meistens geht dies mit räumlicher Segregation einher, diese ist aber keineswegs immer eine Voraussetzung ethnischer Nischenökonomie (vgl. Mingione 1999).

Weil dies so ist, symbolisiert die Stadt für die Zuwanderer auch heute noch genau die gleiche Hoffnung, wie sie des seit Beginn der Industrialisierung getan hat. Die Hoffnung und Chance auf einen sozialen Aufstieg (im Heimatland oder in der Aufnahmegesellschaft) wird immer bleiben, solange es überhaupt sozialen Aufstieg gibt. Anders gesagt: Solange es überhaupt das Segment der Gutverdienenden gibt, wird es auch die Hoffnung geben, dass es einen Weg in dieses Segment gibt. Die Bedingungen, unter denen ausländische Migrantinnen und Migranten diesen Weg finden und gehen können, werden weder von den Städten noch von einer „Stadtgesellschaft" formuliert. Sie sind das Ergebnis nationaler und – zunehmend – supranationaler Kalküle und Politiken.

Literatur

Burrows, Edwin G./Wallace, Mike (1998): Gotham: A History of New York City to 1898. New York, NY u.a.

D'Eramo, Marco (1996): Das Schwein und der Wolkenkratzer. Chicago: Eine Geschichte unserer Zukunft. München.

Häußermann, Hartmut (1998): Zuwanderung und die Zukunft der Stadt. In: Heitmeyer, Wilhelm/Dollase, Rainer/Backes, Otto (Hrsg.): Die Krise der Städte. Analysen zu den Folgen desintegrativer Stadtentwicklung für das ethnisch-kulturelle Zusammenleben. Frankfurt am Main, S. 145-175.

Häußermann, Hartmut/Kapphan, Andreas (2000): Berlin: Von der geteilten zur gespaltenen Stadt? Sozialräumlicher Wandel seit 1990. Opladen.

Häußermann, Hartmut/Oswald, Ingrid (Hrsg.) (1997): Zuwanderung und Stadtentwicklung. Opladen (Leviathan, Sonderheft 17).

Heitmeyer, Wilhelm (1998): Versagt die „Integrationsmaschine" Stadt? In: Die Krise der Städte. Analysen zu den Folgen desintegrativer Stadtentwicklung für das ethnisch-kulturelle Zusammenleben. Frankfurt/Main, S. 443-467.

Hoerder, Dirk (1986): Labor Migration Project. Bremen als Auswandererhafen – Bremen als Forschungsstelle für Wanderungsbewegungen. In: Impulse Nr. 2, Oktober 1986. Bremen, S. 9-13.

Jackson, Kenneth T. (Hrsg.) (1995): The Encyclopedia of New York City. New Haven & London.

Krämer-Badoni, Thomas (1991): Die Stadt als sozialwissenschaftlicher Gegenstand. In: Häußermann, Hartmut u.a., Stadt und Raum. Soziologische Analysen. Pfaffenweiler, S. 1-29.

Kronauer, Martin/Vogel, Berthold (2001): Erfahrung und Bewältigung sozialer Ausgrenzung in der Großstadt: Was sind Quartierseffekte, was Lageeffekte? In: Häußermann, Hartmut/Kronauer, Martin/Siebel, Walter (Hrsg.): Stadt am Rand. Frankfurt am Main (im Erscheinen).

60

Lutz, Burkart (1984): Der kurze Traum immerwährender Prosperität. Frankfurt am Main.

Mingione, Enzo (1999): Symposium: Immigrants and the Informal Economy in Eurpean Cities: In: International Journal of Urban and Regional Research, Vol. 23, Nr. 2 (1999), S. 209-211.

Niethammer, Lutz (mit Franz Brüggemeier) (1976): Wie wohnten Arbeiter im Kaiserreich? In: Archiv für Sozialgeschichte, Band XVI, S. 61-134.

Reulecke, Jürgen (1985): Geschichte der Urbanisierung in Deutschland. Frankfurt am Main.

Sassen, Saskia (1996): Migranten, Siedler, Flüchtlinge. Von der Massenauswanderung zur Festung Europa. Frankfurt am Main.

Schniedewind, Karen (1992): Fremde in der Alten Welt: die transatlantische Rückwanderung. In: Bade, Klaus J. (Hrsg.): Deutsche im Ausland – Fremde in Deutschland. Migration in Geschichte und Gegenwart. München, S. 179-185.

Statistisches Bundesamt (Hrsg.) in Zusammenarbeit mit dem Wissenschaftszentrum Berlin für Sozialforschung und dem Zentrum für Umfragen, Methoden und Analysen, Mannheim (2000): Datenreport 1999. Zahlen und Fakten über die Bundesrepublik Deutschland. Bonn.

Wright, Carroll Davidson (1894): The Slums of Baltimore, Chicago, New York, and Philadelphia. Seventh Special Report of the Commissioner of Labor, Fotomechanischer Nachdruck 1970. New York.

Stephan Lanz

Mythos europäische Stadt – Fallstricke aktueller Rettungsversuche

Die europäische Stadt besitzt, so scheint es, eine starke imaginäre Kraft. Vermehrt setzen seit einigen Jahren sozialwissenschaftliche und politische Diskurse aktuelle gesellschaftliche Entwicklungsprozesse in Bezug zum europäischen Stadtmodell und mobilisieren dabei spezifische, sich oft widersprechende Bilder und Vorstellungen von ihm. Angesichts sozialer Spaltungstendenzen überwiegen Warnungen vor dem Versagen der „Integrationsmaschine Stadt" und dem Zerfall einer spezifisch europäischen Urbanität.

Was aber ist überhaupt unter der europäischen Stadt zu verstehen? Der Soziologe Walter Siebel (2000) benennt folgende Elemente, die sie charakterisieren: Ihre *Gestalt*, geprägt durch den Gegensatz von Stadt und Land, das Gefälle zwischen kompaktem Zentrum und lockerem Stadtrand sowie eine soziale und funktionale Mischung auf engem Raum; und ihre *Urbanität*, verstanden einerseits als differenzierte und distanzierte Lebensweise, als Spannungsverhältnis zwischen Dichte und Fremdheit und andererseits als Hoffnung auf ein besseres Leben. Letzteres ist in der mittelalterlichen Stadt etwa verkörpert durch die bürgerliche Emanzipation aus der Feudalherrschaft, in der Industriestadt des 19. und 20. Jahrhunderts als Versprechen auf einen sozialen Aufstieg und die Möglichkeit der Individualisierung.

Verfolgt man die aktuellen Diskussionen, spielen derartige Feinheiten nur selten eine Rolle. Häufig kontrastiert durch das amerikanische Stadtmodell überwiegen Diskurse über den Verfall europäischer Städte, die darin stets positiv konnotiert sind: Stadtplanerische Debatten beklagen den Niedergang urbaner Zentren und die Entstehung gesichtsloser *„urban sprawls"* oder prangern die Privatisierung öffentlicher Räume und die zunehmend von privaten Developern vorangetriebene Stadtentwicklung an. Sozialpolitische Diskurse wiederum befürchten, dass sich mit der Rücknahme sozialer Filter- und Steuerungsmechanismen – etwa des sozialen Wohnungsbaus – Segregationsprozesse verschärfen und städtische Quartiere verslumen. Amerikanische Verhältnisse stellen dabei in der Regel die Projektionsfolie dar. Dabei erlaubt es die Mehrdeutigkeit des hiesigen Amerikabildes, das gleichermaßen für Traum und Alptraum steht, einander widersprechende Stereotype zu verbinden (vgl. Ronneberger 1998): So stehen etwa gesichtslose suburbane Siedlungsteppiche, von Elend und Kriminalität geprägte Ghettos oder abgeschottete Wohlstandsquartiere für den Horror amerikanischer Metropolen, während eine wettbewerbsorientierte Standortpolitik, eine stärkere Marktförmigkeit oder die technologische Leistungsfähigkeit amerikanischer Stadtregionen als vorbildliche Entwicklungsmodelle gelten.

1. Verfallsdiskurse und Rettungsmythen

In Folge der Verfallsdiskurse konzentrieren sich die Debatten über politische Aktivitäten zur Rettung der europäischen Stadt derzeit auf zwei Strategien, die sich auf völlig unterschiedliche Modelle von ihr beziehen:

a) Zum einen steigt die gründerzeitliche Stadt des 19. Jahrhunderts, bei gleichzeitiger Abwertung aller seitdem entstandenen städtebaulichen Strukturen, wieder zum Leitbild auf. Dabei geht es keineswegs nur um die Rettung der traditionell europäischen Stadtgestalt, sondern auch um den Versuch, die sozialen Träger und wirtschaftlichen Formen der Stadtentwicklung dieser Zeit zu restaurieren. Bezugspunkt ist dabei ein romantisiertes Bild von der bürgerlichen Gründerzeitstadt, die von einer Mischung aller Klassen und Schichten und einer vorbehaltlosen Begegnung mit dem Fremden geprägt gewesen sei (bspw. Strieder 1997).

In Berlin zeigt sich etwa im Rahmen einer Masterplanung, die in der Innenstadt die Errichtung Tausender neuer Wohnungen vorsieht, die Wiederauferstehung der steinernen Stadt. Dieses Planwerk Innenstadt beabsichtigt zudem explizit einen wohnungspolitischen Orientierungswechsel von der Mieter- zur Eigentümerstadt. Der eigentumsfähige Bürger, den der Berliner Senat als „Träger der städtischen Kultur" (Strieder 1998, S.11) imaginiert, soll hierbei im Zentrum der Metropole, subventioniert von der öffentlichen Hand, selbstgenutzten Wohnraum als parzelliertes Kleineigentum errichten. „Erstmals seit der Ausweisung der Bürgerrechte im 19. Jahrhundert", so der Architektursoziologe Werner Sewing, wird hier „der Bürgerbegriff wieder exklusiv an Eigentum gebunden" (1997, S.47). Derzeit diskutiert die urbane Wachstumskoalition Möglichkeiten, Wohngebäude zu realisieren, die sich an in der Gründerzeit „selbstverständlichen Deckenhöhen, Raumgrößen und Ausstattungsstandards" (vgl. Berliner Senat 2000) messen lassen. Diese Art der Restauration der europäischen Stadt setzt nachgefragte innerstädtische Quartiere in Wert und privile-

64

giert vermögende Haushalte, vor allem der begehrten neuen Dienstleistungsklassen. Ihre Aneignung urbaner Lebensformen und Symbole hat eine soziale Ausgrenzung von Bevölkerungsschichten zur Folge, die den Aufwertungsstrategien im Wege stehen. Der französische Soziologe Alain Touraine (1996) hat deshalb die Wiederentdeckung der Bürgerstadt als eine „neomittelalterliche, reaktionäre Stadtideologie" bezeichnet, mit deren Hilfe die vorherrschende Politik der Verdrängung und Ausschließung geradezu geadelt werde.

b) Eine zweite Debatte über die Rettung der Städte, und darauf werde ich mich im weiteren konzentrieren, ist eine sozialpolitische. Sie bezieht sich auf die moderne europäische Stadt des 20. Jahrhunderts, die dem gründerzeitlichen Typus diametral gegenübersteht: Mit Hilfe politischer Steuerungsinstrumente wie dem kommunalen sozialen Wohnungsbau, dem Ausbau der öffentlichen Infrastruktur und der administrativen Begrenzung der Marktkräfte pufferte das moderne Stadtmodell nicht nur die krassen sozialen Ungleichheiten. Auch städtebaulich steht es für den Versuch, gründerzeitliche Strukturen mit ihren schlechten Lebens- und Arbeitsverhältnissen zu überwinden.

Die aktuellen Diskussionen basieren nicht zuletzt auf Erfahrungen der Kommunen, dass sich in ihren Wohnungsbeständen soziale Probleme anhäufen. Auch prominente Stadtforscher(innen) warnen seit einigen Jahren vor Tendenzen einer Spaltung städtischer Gesellschaften und thematisieren eine verschärfte räumliche Konzentration sozialer Probleme in bestimmten Quartieren. Seit einiger Zeit gewinnt vor diesem Hintergrund in Politik und Medien ein Ghetto-Diskurs an Bedeutung, der mit Hilfe einer drastischen Bildermelange vor einer „Verslumung" der deutschen Metropolen warnt. In der Regel erfolgt dabei eine diskursive Verschränkung von Verwahrlosung, Drogensucht, Kriminalität, hohem Ausländeranteil und Armut mit bestimmten städtischen Teilräumen.

Dies schreckte kommunalpolitische Entscheidungsträger auf, die nun neue Strategien einer sozial orientierten Stadtentwicklung einfordern. Dabei stellt eine normative Vorstellung vom Wesen der europäischen Stadt die Folie für politische Interventionsformen dar. Zum zentralen Leitbild steigt die soziale Mischung auf, also das kleinräumige Nebeneinander von Armen und Wohlhabenden einerseits sowie von „Deutschen" und „Ausländern" andererseits. Stets beabsichtigt man, ein allerdings im Diffusen bleibendes soziales Mischungsverhältnis wieder herzustellen, das durch Segregationsprozesse verlorengegangen sei. Eine Mitverantwortung für dieses Leitbild aber auch für stigmatisierende Ghetto-Diskurse tragen jüngere sozialwissenschaftliche Debatten.

65

2. Stadtsoziologie und städtischer Orientalismus

Die öffentlichkeitswirksamsten Vertreter(innen) der deutschen Stadtsoziologie lieferten sich in den letzten Jahren einen Streit um eine alte Frage, die mit der Zunahme sozialräumlicher Polarisierung auch in den europäischen Agglomerationen neu aufgeworfen wurde: Ist Segregation als klassische sozialräumliche Organisationsform von Städten zu verstehen und entsprechend zu akzeptieren, oder soll lokale Politik auf kleinräumige soziale Mischung, d.h. den Abbau von Segregation, hinwirken?

Walter Siebel etwa plädierte 1997 dafür, sich auf die Dialektik von gegenseitiger Abgrenzung und Integration einzulassen, da ihre Leugnung notwendig zu Repression führe. Er bezweifelt, dass eine „Politik forcierter Mischung" im Interesse der Minderheiten sei, da sie informelle Netze zerstöre und die ökonomische, soziale und psychische Stabilität als „Voraussetzung für gelingende Integration" (S. 40) behindere. Ähnlich argumentieren Häußermann/Oswald (1997) gegen die planmäßige Bekämpfung der Bildung „ethnischer Kolonien", die etwa in Berlin mit der Verhängung von Zuzugssperren in bestimmte Quartiere jahrelange Eingriffe in das Grundrecht der freien Wohnortwahl mit sich brachte. Die Autor(inn)en vermuten in der Vorstellung von einer exklusiven Kulturnation, die auf eine Assimilation von Zugewanderten abziele, eine wesentliche Ursache für eine Politik, die Segregation verhindern wolle.

Wilhelm Heitmeyer (1998, S. 465) hingegen wendet sich scharf gegen solche, seiner Meinung nach ideologische Positionen, die letztlich im Interesse von „Migranteneliten" und der „Etablierten in sich herausbildenden Zitadellen" agierten. Für ihn trägt die residentielle Segregation „zur Verstärkung und Zementierung von Benachteiligung" und der Herausbildung von „Parallelgesellschaften" (ebenda, S. 464) bei. Während, seiner Ansicht nach, zwar vorübergehende Abgrenzungsformen schützende Funktionen haben könnten, forciere strukturelle Segregation Desintegrationserscheinungen und Schließungsprozesse nach innen und führe zu „subkulturellen Abweichungen" (ebenda, S. 452), die nicht zuletzt – wie sich am Beispiel USA zeige – Gewalt begünstigten.

Bis dahin bezog sich die Debatte lediglich auf „ethnische Kolonienbildung", berücksichtigte jedoch die Frage der sozialen Mischung innerhalb der Mehrheitsgesellschaft nicht. Mit dem Ergebnis einer empirischen Studie, die für den Berliner Senat die Frage untersuchen sollte, ob sich in der Hauptstadt Armutsquartiere herausbilden, änderte sich dies und damit verschoben sich auch die Positionen. Insbesondere ihr Verfasser Hartmut Häußermann (1999, S. 11) näherte sich nun der These Heitmeyers an, wonach die räumliche Konzentration marginalisierter Minderheiten deren Benachteiligung verschärfe. Er macht dafür

66

unter anderem Quartierseffekte verantwortlich, die „Verhaltens- und Denkweisen" der Bewohner(innen) prägten: Die Nachbarschaft von „Modernisierungsverlierer(n), sozial Auffällige(n) und sozial Diskriminierte(n)" führe zu einer „Dominanz abweichender Normen". Der dadurch entstehende Anpassungsdruck erzeuge letztlich eine „Kultur der Abweichung".

Bei genauer Betrachtung zeigt sich, dass solche Positionen in der Folge von Studien auftreten, die methodisch hoch problematisch sind. So charakterisiert die genannte Berlin-Studie (Häußermann/Kapphan 1998) lediglich auf der Grundlage einer quantitativen Untersuchung „problembehaftete" Stadtgebiete: Die statistisch messbare, selektive Ab- und Zuwanderung verschiedener sozialer Gruppen – wobei etwa die Kategorie „Ausländer" als Problem-Indikator zählte – und die Beobachtungen einiger administrativer Expert(inn)en begründen dabei deren Charakterisierung, die ausschließlich auf negative Begriffe zurückgreift. Die Studie schreibt etwa den öffentlichen Räumen zweier Quartiere folgende Merkmale zu: „Verschmutzung, Drogenszene, Straßenprostitution, Vandalismus" (Schöneberg-Nord) bzw. „ ... Familienclans und Jugendbanden liefern sich Auseinandersetzungen, Delikte werden gewalttätiger, hohes Gewaltpotential" (Neukölln Nord) (Häußermann/Kapphan 1998, S. 55).

Mit einer solchen Verschränkung von Armut, Verwahrlosung, Drogensucht, Sittenverfall und Kriminalität reihen sich derartige Darstellungen in den Labeling-Prozess einer hegemonialen Repräsentation von benachteiligten Quartieren ein: Sie definieren Stadtteile im wesentlichen durch ihre Abweichung von einer an Mittelschichten orientierten Mehrheits-Gesellschaft „als Horte versammelter Regellosigkeit, Abweichung und Anomie" (Wacquant 1998, S. 201). Im Rahmen einer pauschalen Zuschreibung wird die Kultur eines Quartiers – per Vorannahme bzw. Außenbetrachtung durch Expert(inn)en – über ein spezifisches Verhaltensmuster einzelner Bewohner(innen) charakterisiert, das von einer definierten Norm abweicht. Diesen Interpretationsschritt bezeichnet Loic Wacquant in Anlehnung an Edward Said als „städtischen Orientalismus", der mit dem Aushängeschild „underclass" operiere (ebenda, S. 206).

Auch Heitmeyer, der seine Aussagen nicht zuletzt auf die viel diskutierte Studie „verlockender Fundamentalismus" (Heitmeyer u.a. 1997) gründet, agiert aus dem Blickwinkel derartiger Vorannahmen. Hier wird etwa die heterogene Gruppe türkischer Migrantenjugendlicher der zweiten oder dritten Generation als geschlossene Einheit definiert, die sich von der „eigenen" Gruppe durch die Anhängerschaft einer vorgeblich rückständigen Spielart der „anderen" Religion Islam unterscheide (vgl. Lang 1999). Die „hohe Integrationsbereitschaft" (ebenda, S. 149) bzw. die Orientierung gerade dieser Gruppen an Standards und Verhaltensweisen deutschstämmiger Jugendlicher (vgl. Bremer 1999), die andere Autor(inn)en nachweisen, fallen durch das Raster eines solchen Blickwinkels. Die Unterstellung abweichender Normen und Subkulturen in Folge der räumlichen Nachbarschaft sozial Benachteiligter gründet damit auf Konstruktionen eines „Eigenen" – „zivilisierte" Mittelschichten – und eines „Fremden" – „dezivilisierte" Subkulturen.

Solche unhinterfragten Vorannahmen zeigen sich auch in der oft geäußerten Behauptung, dass mit dem Wegzug „integrierter Gruppen (Familien, Erwerbstätige, Qualifizierte)" (Häußermann/ Siebel 2000, S. 134) soziale Kompetenzen verlorengingen, die erforderlich wären, um Verbesserungen einer Quartierssituation durchzusetzen. Diese Aussage lässt Machtverhältnisse und die Interessenlagen der integrierten Mittelschichten außer Acht und stellt sich daher bei genauer Betrachtung häufig als falsch heraus: So zeigt eine Studie, die in sozial unterschiedlich situierten Stadtteilen Hannovers alltägliche Umgangsformen zwischen lokalen Milieus untersuchte, nicht nur, dass Inseln der Ausgrenzung, Isolation und sozialen Konflikte ebenso in besser situierten und sogar privilegierten Stadtteilen existieren, sondern auch, dass Marginalisierte gerade dort mit massiven Abgrenzungen bis hin zu institutionellen Ausgrenzungen konfrontiert sind, da sich das bürgerschaftliche Engagement des dominierenden Milieus teilweise gegen sie richtet (Geiling/Schwarzer 1999).

Um nicht falsch verstanden zu werden: Es ist nicht hinzunehmen, dass sich gerade wohlhabendere Stadtteile zunehmend homogenisieren und damit ohne Gegenleistungen erfolgreich von den sozialen Problemen der Großstadt abgrenzen, wie sich dies etwa für Hamburg (vgl. Dangschat 1997) oder Frankfurt am Main (vgl. Bartelheimer 1997) zeigen lässt. Zurückzuweisen sind allerdings zum einen Aussagen, die eine soziale Benachteiligung mit pauschal zugeschriebenen Verhaltensweisen koppeln und zum anderen Vermutungen, die von einer großflächigen Segregation oder gar Ghettoisierung nach amerikanischem Muster ausgehen: Nicht eine ausgegrenzte und isolierte „Urban Underclass" charakterisiert die aktuelle Stadtentwicklung in der Bundesrepublik, sondern mehrfache Spaltungen des Sozialgefüges, die kleinräumige Polarisierung des sozialen Raumes und vielschichtige Aus- und Abgrenzungsphänomene auf gesamtstädtischer Ebene (vgl. Krätke/Borst 2000). Die Fokussierung auf Probleme und Konflikte in einzelnen Quartieren jedoch blendet die Konstitutionsbedingungen aktueller Stadtentwicklung aus und liefert daher ein verzerrtes Bild städtischer Realitäten.[1]

---

1 Im Gegensatz dazu wählten etwa Nikodem u.a. (1999) für ihre Untersuchung des Kölner Stadtteils Ehrenfeld einen integrierten, „global gerahmten Ansatz", der nicht nur versucht, die Alltagswirklichkeiten der Individuen in den Vordergrund zu stellen, sondern diese auch in den Kontext ihrer systemischen Gegebenheiten, ihrer lebensweltlichen Aspekte und ihrer verständigungsorientierten diskursiven Praktiken zu stellen.

68

Der exotistische Ghetto-Blick erzeugt auch politisch hochgradig problematische Wirkungen. Die Unterscheidung in normale und abweichende Verhaltensweisen ist anschlussfähig an eine gegenwärtig zu beobachtende Sortierung in würdige und unwürdige Arme (vgl. Ronneberger u.a. 1999) und provoziert politische Strategien, die auf eine vermeintliche Normalisierung der Verhältnisse in abweichenden Quartieren abzielen. So bildet die massenmedial produzierte Etikettierung von „Ausländerghettos" und „Parallelgesellschaften" nicht zuletzt die Grundlage für die Forderung nach restriktiven lokalpolitischen Interventionsstrategien, die etwa auf den Stopp eines „ungesteuerten Zuzugs von Ausländern" (vgl. Voscherau 1994) dorthin zielen.

Wichtig wäre für die Untersuchung benachteiligter Stadtteile ein Perspektivenwechsel, der „die Arbeit der kollektiven Selbsterzeugung" (Wacquant 1998, S. 203) analysiert, durch welche Bewohner(innen) ihrer Welt Form, Bedeutung und Zweck verleihen. Dafür sind sie als vernünftig Handelnde zu verstehen, deren Gewohnheiten und Lebensformen nicht nur als Derivate von Zwängen erscheinen, sondern als Produkt der aktiven Auseinandersetzung mit ihrer Umwelt.

3. Wen rettet die europäische Stadt?

Die in den letzten Jahren entstandenen Strategien zur Erneuerung benachteiligter Stadtteile, die 1999 auf Bundesebene in das Programm Soziale Stadt mündeten, verbinden sozialtechnokratische Instrumente, die als europäisch verstandene sozialräumliche Verhältnisse wiederherstellen sollen, mit Interventionsformen, die darauf abzielen, zivilgesellschaftliche Strukturen innerhalb der Quartiere zu stützen.

Die Problematik einer Politik der Desegregation zeigt sich vor allem in wohnungspolitischen Maßnahmen: So versuchen die Kommunen in Großsiedlungen des sozialen Wohnungsbaus, die Bevölkerungsstruktur durch eine massive freiwillige Aufgabe gebundenen Wohnraums und durch eine gezielte Privatisierung von Mietwohnungen zu beeinflussen. In innerstädtischen Quartieren wiederum werden Maßnahmen gegen die Verdrängung benachteiligter Bewohner(innen) wie Milieuschutz-Satzungen oder öffentliche Belegrechte zunehmend durch Eigentumsförderung und Aufwertungsstrategien ersetzt[2].

---

2   In Berlin demonstriert etwa ein politischer Konflikt Ende 1998 den wohnungspolitischen Orientierungswechsel: Während die Baustadträtin des Bezirks Friedrichshain eine Milieuschutzsatzung für ein Quartier erlassen wollte, um steigende Mieten und Eigentumsumwandlungen und damit Verdrängungsprozesse zu verhindern, erklärte der Senator für Stadtentwicklung dieses zum Problemgebiet: Dort müsse man gerade durch die Förderung von

Aufgrund der angestrebten Mischung gilt eine solche Politik nun als soziale Aufgabe, obwohl gerade die dadurch intensivierten Mechanismen des Wohnungsmarktes soziale Ungleichheiten weiter verstärken (vgl. Bartelheimer 1997, 1998). Letztlich beschleunigt eine solche Desegregationspolitik die Öffnung der Schere zwischen dem rapiden Verlust marktferner Wohnungen und der Zunahme von Bevölkerungsgruppen, die darauf angewiesen sind. Zumindest Kommunen, denen diese Problematik bewusst ist, versuchen neue Bindungen in Gebieten zu erwerben, die bislang kaum Sozialwohnungen aufweisen. Allerdings ist dies politisch kaum durchsetzbar, da sich solche Stadtteile – gerade vor dem Hintergrund der Ghettoisierungshysterie – vehement dagegen zur Wehr setzen.

In den benachteiligten Quartieren wiederum strukturieren die Privatisierungsmodelle die Erneuerungspolitik wesentlich mit. Einerseits bewirken sie eine Verdrängung und Verunsicherung von Bewohner(inne)n, die auf lokale Netze und den dort verfügbaren Wohnraum angewiesen sind (vgl. Bareis/Böhnisch 2000). Zum anderen orientieren sich erforderliche Erneuerungsmaßnahmen am Interesse der Privatisierer: Dieses wiederum richtet sich tendenziell gegen benachteiligte Minderheiten, da ein homogenisiertes Umfeld die Vermarktbarkeit und den ökonomischen Wert der Immobilien steigert.

Eine weitere Folge der Mischungsideologie ist eine doppelte Diskriminierung von Migrant(inn)en: Dafür stehen zum einen Versuche, ihre Anzahl in den sozialen Wohnungsbeständen zu beschränken. Die Begrenzungen folgen dabei nicht dem Bedarf verschiedener Migrantengruppen sondern einer als verträglich angesehenen Höchstgrenze, die in der Regel deutlich niedriger liegt[3]. Die Modelle reichen von festgelegten Quoten über ein kleinräumiges Belegungsmanagement bis hin zu Versuchen, Zuzugsbeschränkungen für bestimmte Quartiere zu verhängen (vgl. Waltz 1997). Zum anderen werden Zugewanderte oder ihre Nachkommen auch bei Privatisierungen benachteiligt. Es zeigt sich, dass hauptsächlich Migrant(inn)en, die auf dem Mietmarkt strukturell benachteiligt sind, umgewandelte Eigentumswohnungen in Großsiedlungen nachfragen. Da eine Konzentration von Einwanderern auch in privatisierten Beständen unerwünscht ist, versucht man hier ebenso, willkürliche Höchstgrenzen

---

Wohneigentum den Wegzug einkommensstarker Gruppen vermeiden (vgl. Ronneberger u.a 1999).

3 Die Stadt Frankfurt am Main legte beispielsweise 1993 einen Quotierungsschlüssel für Sozialwohnungen fest, der neben der sozialen Lage auch die nationale Herkunft zum Kriterium für die Bewilligung einer Wohnung machte: Für Neubausiedlungen lag dabei die Höchstquote für Ausländer bei 30% und für Aussiedler bei 10%, obwohl der Anteil nichtdeutscher Wohnungssuchender in der städtischen Wohnungsvermittlungsstelle zur gleichen Zeit ca. 45% betrug (vgl. Ronneberger 1994).

70

zu setzen. Bezeichnenderweise fällt dabei unter den Tisch, dass kaufwillige Migrant(inn)en in benachteiligten Quartieren – wie stets angestrebt – die soziale Mischung „aufbessern" würden.

Das Ziel einer veränderten Zusammensetzung der Bevölkerung richtet sich auch auf deutschstämmige Mieter(innen), die als problematisch eingeschätzt werden. Die Wohnungsbaugesellschaften und zuständigen Ämter versuchen, den Zuzug solcher Bewohnergruppen in benachteiligte Quartiere zu verhindern, um „verträgliche Nachbarschaften" zu gewährleisten. Die Problematik einer solchen vorbeugenden sozialen Kontrolle liegt auf der Hand. Durch eine Vermischung scheinbar objektiver Kriterien wie Armut oder Arbeitslosigkeit mit Fragen der Lebensführung, also etwa Drogengebrauch oder sog. Störverhalten erfolgt eine Sortierung in sozial verträgliche und unverträgliche Mieter(innen), deren Grundlagen nicht zuletzt die Normalitätsmaßstäbe der jeweiligen Sachbearbeiter(innen) sind. Gleichzeitig ist aber nicht von der Hand zu weisen, dass viele Nachbarschaften im Zuge von Anonymität, Resignation oder rassistischen Vorbehalten hochgradig konfliktträchtig sind und teilweise wenige Einzelne ganze Hausgemeinschaften terrorisieren. In besonders problematischen Häusern bestehen mittlerweile hohe Leerstandsraten, weil mobile Bewohnergruppen resigniert abwandern.

Legt man die sozialtechnische Norm einer korrekt gemischten Stadt zur Seite, zeigt sich allerdings, dass für solche Situationen auch Instrumente existieren, die Probleme nicht durch räumliche Verschiebetechniken bearbeiten, sondern benachteiligte Gruppen unterstützen. Beispiele sind sozial betreute Wohnformen für Hilfsbedürftige, Unterstützungsleistungen bei der Alltagsbewältigung von Benachteiligten, eine Verbesserung der Wohnsituation durch bedarfsbezogene Modernisierungsmaßnahmen oder Tauschangebote sowie die Förderung von Strukturen der Selbstorganisation insbesondere marginalisierter Gruppen. Wie sehr strukturell ähnliche Erneuerungsmaßnahmen zwischen einer repressiven Kontrolle und einer Unterstützung von Bewohner(inne)n pendeln können, zeigt etwa das Beispiel von Pförtnerlogen, die gegenwärtig häufig in Wohnhochhäuser der Großsiedlungen eingebaut werden: Hier reicht die Palette von kriminalpräventiven Modellen, die private Sicherheitsdienste mit reinen Kontrollfunktionen beauftragen bis hin zu selbstorganisierten Trägerschaften durch Mietervereine, die von Wohnungsgesellschaften materiell und organisatorisch gestützt werden. Solche Projekte mit einer Servicefunktion für die Mieter(innen) können in günstigen Fällen nicht-repressive Formen der Konflikt-Lösung ermöglichen, durch praktische Hilfen die Alltagsbewältigung erleichtern und auf dem Arbeitsmarkt Benachteiligten Jobs verschaffen.

4. Amerikanische Verhältnisse

Es sind solche Strategien des „empowerments" benachteiligter Bewohner-(innen), mit denen aktuelle Erneuerungsprogramme für benachteiligte Quartiere Neuland betreten. Zur traditionellen, staatlich gesteuerten Sozialpolitik europäischer Städte bestehen dabei nur wenig Gemeinsamkeiten. Vielmehr scheinen sich diese Bestandteile des Programms Soziale Stadt eher am amerikanischen Verständnis von lokalen Gemeinwesen zu orientieren. Im Gegensatz zur europäischen Stadtpolitik des 20. Jahrhunderts, deren Ziel stets eine Angleichung der Lebensbedingungen und eine Beseitigung sozialräumlicher Disparitäten war, gelten diese Ideale in den USA als unnötig oder sogar als „fundamental unamerikanisch, da sie grundsätzlich dem amerikanischen Demokratieverständnis, d.h. der Vorstellung von Selbstherrschaft und Selbstverwaltung widersprechen" (Schneider-Sliwa 1996, S.30).

Im Grunde bedeuten die neuen lokalen Sozialprogramme eine Abkehr von Konzepten räumlicher Homogenisierung auch in der Sozialpolitik, nachdem bereits die in den 80er Jahren einsetzende kommunale Wettbewerbspolitik endogene Potentiale und lokale Unterschiede als Ressourcen für die Standortkonkurrenz entdeckt hatte: Nicht mehr die gleichmäßige infrastrukturelle Ausstattung über den städtischen Raum steht jetzt im Vordergrund, sondern die Betonung unterschiedlicher Bedürfnisse, quartiersbezogener Entwicklungsprogramme und die Aktivitäten lokaler Zivilgesellschaften. Das normative Ideal subkommunaler territorialer Einheiten, dem das Programm Soziale Stadt nachstrebt, ist ein „selbständiges Gemeinwesen" (ARGEBAU 2000) mit bürgerschaftlicher Verwaltung, das möglichst wenig Kosten und staatliche Intervention erfordert. Auffallend verweist das Programm auf die Bedeutung lokaler Gemeinschaften und betont die Absicht, zivile Ressourcen für die Selbsthilfe aktivieren zu wollen: Zivilgesellschaftliche Formen der Solidarität sollen offenbar die fordistischen „Solidaritäten administrativen Typs" (Lipietz) ablösen, welche die Kommunalpolitik europäischer Städte charakterisierten. Nicht zuletzt die Spannweite der Soziale-Stadt-Strategien zwischen der Privatisierung von Sozialwohnungen und der Aktivierung benachteiligter Bewohner(innen) zur Selbsthilfe zeigen den Widerspruch zur staatlich garantierten Daseinsfürsorge für „die breitesten Schichten des Volkes" in der modernen europäischen Stadt.

Sowohl aus der Perspektive einer auf sozialen Ausgleich zielenden Stadtentwicklung als auch im Hinblick auf ihre emanzipatorischen Potentiale verdeutlicht dies die Ambivalenz der Erneuerungsprogramme. Zwar sind Strategien des „empowerment" grundsätzlich positiv zu bewerten. Vor dem Hintergrund der fortschreitenden Eingriffe in die soziale Infrastruktur, der zunehmenden Verknüpfung von Unterstützungs- mit Zwangsmaßnahmen und der man-

72

gelnden finanziellen Ausstattung der Programme ist allerdings zu befürchten, dass dabei nicht zuletzt die neoliberale Logik von der individuellen Verantwortung für das persönliche Schicksal durchschlägt.

So gilt für marginalisierte Personengruppen meist, dass sie ihre Energien mit den Schwierigkeiten der Alltagsbewältigung aufbrauchen und darüber hinaus kaum über brachliegende Potentiale verfügen. Trotzdem erlegen ihnen die Deregulierung öffentlicher Versorgungssysteme wie des sozialen Wohnungsbaus einerseits und die auf Eigeninitiative setzenden Quartiersstrategien andererseits immer neue Zumutungen hinsichtlich ihrer Selbstregulierung auf. Die Entmündigung, die das paternalistische wohlfahrtsstaatliche System der europäischen Stadt betrieben hat, ist von der Linken zu Recht als repressive Normalisierung gebrandmarkt worden. Nicht nur sie jedoch entfällt, wenn alle Sozialsysteme auf Eigeninitiative gepolt werden, sondern auch die von vielen Menschen als notwendig angesehene Entlastung bei ihrer Lebensführung und damit freie Ressourcen für emanzipative Aktivitäten: Die überzogene Betonung der Eigenverantwortung gefährdet damit das Demokratisierungspotential der Erneuerungsstrategien, das in der angestrebten Partizipation gerade auch benachteiligter Gruppen liegt (vgl. Lanz 2000). So ist zu fragen, ob zivilgesellschaftliche Teilhabe und nachbarschaftliche Gemeinschaft nicht vor allem den Abbau sozialer Rechte und materieller Verpflichtungen des Staates kompensieren sollen (vgl. Ehrke 1999).

Dieser Verdacht erhärtet sich durch die Tatsache, dass die Etablierung der Sozialprogramme keineswegs eine Abkehr der wettbewerbsorientierten Modernisierungspolitik auf gesamtstädtischer Ebene bedeutet, welche für die rapide, weiter fortschreitende Verarmung und Ausgrenzung ganzer Bevölkerungsgruppen mitverantwortlich ist. So beantwortete etwa der Berliner Senator für Stadtentwicklung kürzlich seine selbst gestellte Frage, ob das „Ziel der ‚sozialen Stadt' mit dem Verwertungsinteresse vereinbar" sei, folgendermaßen: „Die Verwertungsoptionen bemessen sich an der Attraktivität von Stadt. Hieraus entsteht die Notwendigkeit einer langfristig denkenden sozialen Stadtentwicklung" (Lanz 2000). Soziale Stadt wird hier zum Standortfaktor im kommunalen Wettbewerb degradiert. Auch die kleinräumige Abgrenzung der Erneuerungsgebiete zeigt, dass eine dringend erforderliche Umverteilung von Ressourcen auf gesamtstädtischer Ebene nicht vorgesehen ist. Die geringen Erfolge der kompensatorisch bleibenden Politik einer solchen „innerstädtischen Entwicklungshilfe" (Alisch/Dangschat 1998, S. 181), welche lediglich die schlimmsten Auswirkungen der gesellschaftlichen Restrukturierung auf lokaler Ebene abmildern soll, zeigt sich etwa in Hamburg. Dort konnte trotz des erheblichen Einsatzes finanzieller Mittel „relativ wenig an der Armut verändert werden" (ebenda, S.179).

73

Solange sich die Reformpolitiken für eine soziale Stadt lediglich auf abgezirkelte gesellschaftliche Sektoren, Räume oder Gruppen beziehen und nicht mit anderen gesellschaftlichen Bereichen korrespondieren, können sie trotz positiver Ansätze immer nur zwischen Formen einer aufgeklärten Sozialtechnokratie im guten und einem neoliberalen Kommunitarismus im schlechten Fall pendeln.

5. Solidarische Stadt

„Ob die Differenz der europäischen zur amerikanischen Stadt aufrechterhalten werden soll und kann, ist eine der wichtigsten stadtpolitischen Fragen des 21. Jahrhunderts", vermuten Häußermann/Kapphan (1998, S. 27) und bringen damit die Position vieler Kritiker der neoliberalen Stadt auf den Punkt. Diese Polarisierung zwischen der „guten" europäischen und der „verwerflichen" amerikanischen Stadt ist meiner Ansicht nach falsch. Die normative Orientierung an der europäischen Stadt evoziert Bilder und Strategien, die letztlich das zentrale Ziel hintertreiben, das sie erreichen wollen: zu verhindern, dass bestimmte Bevölkerungsgruppen marginalisiert und ausgegrenzt werden. Darüber hinaus verkennt sie die repressiven Seiten der europäischen Wohlfahrtsstadt fordistischer Prägung, gegen die sich etwa die städtischen sozialen Bewegungen der 70er und 80er Jahre gerichtet hatten. Meiner Ansicht nach ergibt sich der ambivalente Charakter der Programme, die ein als sozial verstandenes europäisches Stadtmodell retten wollen, gerade aus ihrer latenten Orientierung an amerikanischen Verhältnissen: Einerseits bauen sie auf den für Amerikanisierung stehenden neoliberalen Eckpfeilern Deregulierung, Privatisierung und Flexibilisierung auf und versuchen damit gleichsam einen „nachhaltigen Neoliberalismus" (Hirsch 1998) zu etablieren. Andererseits eröffnet die Ausrichtung auf lokale Bedürfnisse, sich selbst regulierende Gemeinden und solidarische Nachbarschaften, die einem eher amerikanischen Verständnis lokaler Gemeinwesen entspricht, aber auch Chancen für emanzipative Formen kommunaler Sozialpolitik.

Im idealtypischen Sinne wären von der europäischen Stadt die Elemente kollektiver Solidarität zu retten, vom amerikanischen Modell aber das zu lernen, was im Englischen „making a living" heißt, also die zumindest prinzipielle Abwesenheit von Dominanzkultur und wohlfahrtsstaatlicher Bevormundung. Dringend erforderlich wäre es, auf gesamtstädtischer Ebene eine diskursive und materielle Solidarität mit Benachteiligten zu garantieren, die auf sozialen Rechten basiert und nicht auf zivilgesellschaftlicher Gnade, sowie in den Quartieren informelle Aktivitäten zuzulassen und solidarischen Netzwerken Bedeu-

74

tung zu verleihen und das heißt vor allem: dafür Ressourcen zur Verfügung zu stellen.

Literatur

Alisch, Monika/Dangschat, Jens (1998): Armut und soziale Integration. Strategien sozialer Stadtentwicklung und lokaler Nachhaltigkeit. Opladen.

ARGEBAU (2000): Leitfaden zur Ausgestaltung der Gemeinschaftsinitiative ‚Soziale Stadt' Berlin.

Bareis, Ellen/Böhnisch, Tomke (2000): Zwei Frankfurter Stadtviertel: Ressource oder Falle. In: Widersprüche, Jg.20, Nr.78, S.57-67.

Bartelheimer, Peter (1997): Risiken für die soziale Stadt. Erster Frankfurter Sozialbericht. Frankfurt/am Main.

Bartelheimer, Peter (1998): Durchmischen oder stabilisieren? Plädoyer für eine Wohnungspolitik diesseits der ‚sozialen Durchmischung'. Manuskript, Frankfurt am Main.

Berliner Senat für Stadtentwicklung (2000): Einladung 49. Architekturgespräch.

Bremer, Peter (1999): Migranten zwischen Integration und Ausgrenzung. In: Nachrichtenblatt zur Stadt- und Regionalsoziologie, 14. Jg, Nr. 1, S. 63-72.

Dangschat, Jens (1997): Reichtum und Wohlstand auf Kosten der Armut. In: Ernst-Ulrich Huster (Hrsg.): Reichtum in Deutschland. Die Gewinner der sozialen Polarisierung. Frankfurt/am Main/New York, S. 321-355.

Ehrke, Michael (1999): Revidierter Revisionismus. Der Dritte Weg und die europäische Sozialdemokratie (Friedrich Ebert Stiftung: Analyseeinheit Internationale Politik).

Geiling, Heiko/Schwarzer, Thomas (1999): Abgrenzung und Zusammenhalt. Zur Analyse sozialer Milieus in Stadtteilen Hannovers (agis-texte 20). Hannover.

Häußermann, Hartmut (1999): Sozialräumliche Struktur und der Prozeß der Ausgrenzung: Quartierseffekte. In: Nachrichtenblatt zur Stadt- und Regionalsoziologie, 14. Jg, Nr. 1, S. 7-18.

Häußermann, Hartmut/Kapphan, Andreas (1998): Sozialorientierte Stadtentwicklung. Gutachten im Auftrag der Senatsverwaltung für Stadtentwicklung, Umweltschutz und Technologie. Berlin.

Häußermann, Hartmut/Oswald, Ingrid (1997): Stadtentwicklung und Zuwanderung. In: Bernhard Schäfers/ Göttrik Wewer (Hrsg.): Die Stadt in Deutschland. Opladen, S.85-102.

Häußermann, Hartmut/Siebel, Walter (2000): Wohnverhältnisse und Ungleichheit. In: Annette Harth/Gitta Scheller/Wulf Tessin (Hrsg.): Stadt und soziale Ungleichheit. Opladen, S.120-140.

Heitmeyer, Wilhelm (1998): Versagt die Integrationsmaschine Stadt? In: Wilhelm Heitmeyer/Rainer Dollase/Otto Backes (Hrsg.): Die Krise der Stadt. Frankfurt am Main, S. 443-468.

Heitmeyer, Wilhelm/Müller, Joachim/Schröder, Helmut (1997): Verlockender Fundamentalismus. Türkische Jugendliche in Deutschland. Frankfurt am Main.

Hirsch, Joachim (1998): Tote leben manchmal länger. Auf dem Weg zu einem nachhaltigen Neoliberalisms. In: Joachim Bischoff et.al. (Hrsg.): Das Ende des Neoliberalismus? Hamburg.

Keim, Rolf/Neef, Rainer (1999): Ressourcen für das Leben im Problemquartier. In: Aus Politik und Zeitgeschichte. Beilage zur Wochenzeitung Das Parlament, B 10-11, S. 30-39.

Krätke, Stefan/Borst, Renate (2000): Berlin. Metropole zwischen Boom und Krise. Opladen.

Lang, Susanne (1999): Zur Konstruktion des Feindbildes „Islam" in der Bielefelder Studie „Verlockender Fundamentalismus". In: Wolf-Dietrich Bukow/Markus Ottersbach (Hrsg.): Der Fundamentalismusverdacht. Opladen, S. 134-158.

Lanz, Stephan (2000): Der Staat verordnet die Zivilgesellschaft. In: Widersprüche, Jg. 20, Nr. 78, S. 39-51.

Nikodem, Claudia/Schulze, Erika/Yildiz, Erol (1999): Städtischer Multikulturalismus. Eine neue Lesart. In: Wolf-Dietrich Bukow/Markus Ottersbach (Hrsg.): Der Fundamentalismusverdacht. Opladen, S. 288-327.

Ronneberger, Klaus (1994). Zitadellenökonomie und soziale Transformation der Stadt. In: Peter Noller/Walter Prigge/Klaus Ronneberger (Hrsg.): Stadt-Welt. Frankfurt am Main/ New York, S. 180-197.

Ronneberger, Klaus (1998): Urban Sprawl und Ghetto. In: Walter Prigge (Hrsg.): Peripherie ist überall. Frankfurt am Main/New York, S. 84-91.

Ronneberger, Klaus/Lanz, Stephan/Jahn, Walther (1999): Die Stadt als Beute. Bonn.

Schneider-Sliwa, Rita (1996): Kernstadt und Modelle der Erneuerung in den USA. Berlin.

Sewing, Werner (1997): Planwerk Innenstadt Berlin. Ein Frontbericht aus der europäischen Stadt. In: Peter Neitzke/Carl Steckeweh/Reinhart Wustlich: Centrum. Jahrbuch Architektur und Stadt 1997-1998. Braunschweig/Wiesbaden, S. 37-43.

Siebel, Walter (1997): Die Stadt und die Fremden. In: Joachim Brech/Laura Vanhué (Hrsg.): Migration. Stadt im Wandel. Darmstadt, S. 33-40.

Siebel, Walter (2000): Wesen und Zukunft der europäischen Stadt. In: DISP Nr.141, S. 28-34.

Strieder, Peter (1997): Belebte Mitte. Innerstädtisches Wohnen und verkehrsgerechte Mobilität. In: Stadtforum, Nr. 25, S. 4-5.

Strieder, Peter (1998): Stadtbürger gesucht. Die Innenstadt als Ort zum Leben. In: Stadtforum, Nr. 30, S.11.

Strieder, Peter 2000: In: Foyer: Die soziale Stadt, Jg. X, Oktober, S. 5-7.

Touraine, Alain 1996: Die Stadt – ein überholter Entwurf? In Arch+, Nr. 132, S. 68-70.

Voscherau, Henning 1994: Die Großstadt als sozialer Brennpunkt – am Beispiel Hamburg. In: Georg Kronawitter (Hrsg.): Rettet unsere Städte jetzt! Düsseldorf/ Wien/New York/Moskau.

Wacquant, Loic 1998: Drei irreführende Prämissen bei der Untersuchung der amerikanischen Ghettos. In: Wilhelm Heitmeyer u.a. (Hrsg.): Die Krise der Städte. Frankfurt am Main, S. 194-210.

Waltz, Viktoria 1997: Soziale Integration und ethnische Identifikation in (benachteiligten) Stadtquartieren. In: Nachrichtenblatt zur Stadt- und Regionalsoziologie,
11. Jg., Nr. 2, S. 31-35.

Zur Grammatik des Zusammenlebens – Quartiere im Wandel

Wolf-Dietrich Bukow/Erol Yildiz

Der Wandel von Quartieren in der metropolitanen Gesellschaft am Beispiel Keupstraße in Köln oder: Eine verkannte Entwicklung?

1. Einleitung

Verfolgt man die öffentliche Diskussion in Köln, so wird man relativ schnell auf den Namen einer Straße in Köln-Mülheim stoßen: die Keupstraße. Sie ist in den Medien und der kommunalen Öffentlichkeit häufig Gegenstand kontroverser Debatten, spätestens dann, wenn das Thema „Ausländer" ins Gespräch gebracht wird. Auffallend ist dabei der durchweg negative Bezug, in dem die Keupstraße immer wieder genannt wird. Auch in Alltagsgesprächen genießt sie einen schlechten Ruf, oft genug bei Menschen, die dieses Viertel nur flüchtig kennen oder überhaupt noch nicht zu Gesicht bekommen haben.

Und so kann man auch in Gesprächen mit Vertreter(inne)n aus Politik, Wirtschaft und Kommune, Stadtteilvereinen, Bildungseinrichtungen etc., die in irgendeiner Weise mit dem urbanen Zusammenleben befasst sind, eine erstaunliche Beobachtung machen: Da wird offen oder zumindest hinter vorgehaltener Hand signalisiert, dass die Straße große Probleme bereite. Hier sei ein richtiges Türkenghetto entstanden. Und „im Vertrauen gesagt" wird auch noch darauf hingewiesen, dass sich hier Kriminalität eingenistet habe und kurdische Drogenhändler ihr Unwesen trieben. Genaueres wird einem in der Regel nicht mitgeteilt, weil das wiederum den Eindruck von „Ausländerfeindlichkeit" erwecken könnte.[1] Andere finden die Straße dagegen in gewisser Weise reizvoll, und gehen dort sogar gelegentlich essen. Aber auch sie verweisen schnell darauf, dass es auf der Straße Probleme gäbe, z.B. Prostituierte und viele Illegale. Auch wollen diese Leute nicht unbedingt ins Licht der Öffentlichkeit geraten, wollen ihre Vorliebe für das „Orientalische" nicht offen zugeben – vielleicht weil sie fürchten, schräg angesehen zu werden. Gelegentlich findet man natürlich jemanden, der sich – vielleicht weil er selbst einen Migrationshintergrund hat – für die Straße einsetzt, ihre Geschichte sogar als

---

1   Es vergeht kaum kein Tag, ohne dass dieses Klagelied angestimmt wird. Sogar das Zentrum für Türkeistudien stimmt mit ein, wenn auch mit dem entschuldigenden Hinweis auf Diskriminierung (Süddeutsche Zeitung vom 1.3.2001).

„Erfolgsstory" präsentiert, auf jeden Fall eine ganze Reihe von bemerkenswerten Entwicklungen zu berichten weiß, aber dann auch schnell auf Anfeindungen und Probleme zu sprechen kommt. Die meisten Leute halten die Straße jedenfalls für einen Problemfall, ohne sie eigentlich zu kennen.

Nun mag man vermuten, die zuständigen Politiker(innen) aus dem Stadtteil selbst wüssten es besser – weit gefehlt. Typisch dafür, wie über die Straße geredet wird, sind gerade auch lokale Politiker(innen) und im Quartier engagierte Expert(inn)en, wie die entsprechenden Diskussionen im Mülheimer Bezirksrat vom Februar 2000 belegen:

Die CDU führt die Sozialberichterstattung von Mülheim an und fragt beschwörend „welche Gefahren für die kulturelle Identität der deutschen Bevölkerung dadurch entstehen, dass sich die Zahl der ausländischen Bevölkerung zwischen 1991 und 1999 um 27 Prozent erhöht hat und nun 16,6 Prozent der Gesamtbevölkerung beträgt."
Es mache vielen Angst, „dass sich Viertel, in denen augenscheinlich kaum noch Deutsche wohnen, ausdehnen und dort eigene Gesetze zu herrschen scheinen..." (gemeint ist die Keupstraße, Verf.).
Die SPD fragt dagegen, ob „Haider in den Köpfen der Mülheimer CDU Station gemacht" habe.[2]

Diese „Omnipräsenz" einer einzigen Straße sowohl in der kommunalen Öffentlichkeit als auch in Medien und Alltagsdiskursen, die Ambivalenz ihrer Darstellung und die Tatsache, dass diese Straße allseits die Gemüter erregt, man könnte fast sagen, „die Wogen hochschlagen lässt" – all das macht sie interessant und rechtfertigt eine eigene Untersuchung. Ist die Keupstraße wirklich ein Skandalon?[3]

Eine nüchterne und unaufgeregte Berichterstattung über die Straße wird man kaum finden. Noch seltener sind Diskussionen, in denen sich jemand aus eigener Anschauung mit der Straße befasst und vielleicht sogar die Argumente der betroffenen Einwanderer mit einbezogen hätte. Und auch in diesem Fall gehen die Wogen schnell hoch. Wir haben es jedenfalls mit einer Straße zu tun, die eine wissenschaftliche Analyse geradezu herausfordert, und dies nicht nur, weil sie die Aufmerksamkeit auf sich zieht, sondern auch, weil sie irgendwie zur Skandalisierung provoziert, die man kaum nachvollziehen kann, sobald man sich einmal dort umgesehen hat. Gerade für eine wissenschaftliche Stellungnahme ist die Thematik also eine echte Herausforderung, zumal über die Straße bereits einiges Material und eine Dokumentation vorliegen, die zu einer kritischen Re-Interpretation durchaus anregen.

---

2   Zitiert nach Vorlage des Kölner Stadtanzeigers vom 16. 2. 2000.
3   Die Skandalisierung von Einwanderern ist ein altes Problem und wurde schon in den 80er Jahren von Micha Brumlik kritisiert.

82

2. Annäherungen an die Keupstraße

Alle negativen Vorstellungen über die Keupstraße basieren in der Regel auf Einschätzungen, die sich oft nur aus Alltagsdiskursen ergeben haben. Deshalb werden zunächst diese alltäglichen Annäherungen an die Straße genauer skizziert und im Anschluss daran sollen sie mit einer wissenschaftlichen Sicht der Dinge kontrastiert werden. Dementsprechend ergeben sich zwei Zugänge, eine alltägliche und eine wissenschaftliche Annäherungsweise.

2.1 Alltagsvorstellungen

Wie entwickeln sich derartige Skandalisierungen? Sie basieren auf Einschätzungen und die wiederum in der Regel auf Beobachtungen. Aber je nachdem, worum es geht, wird auch mal auf eigene Beobachtungen verzichtet und wird statt dessen mehr oder weniger unmittelbar auf „zuhandene" Beschreibungen oder gleich auf sich irgendwie „sozial reimende" Deutungstraditionen zurückgegriffen.[4] Wird eine Gegebenheit in toto skandalisiert, liegt der Verdacht nahe, das man genau das getan hat, nämlich sehr schnell von Beobachtung auf Beschreibung und Deutung „umgeschaltet" hat. Die Straße selbst wird kaum beobachtet, aus eigener Anschauung kennt man sie in der Regel nicht. Vielmehr wird bei den verschiedenen, hier nur grob angerissenen Positionen oder Einschätzungen gezielt auf „geeignet" erscheinende, bereits verfügbare Deutungstraditionen zurückgegriffen. Die Straße „verführt" dazu, statt sie zu beobachten, sie als Ansatz für die Inszenierung eines offenbar besonders attraktiven öffentlichen Diskurses zu nutzen, in dem man Kenntnis, Qualifikation und politische Korrektheit zur Schau stellen kann.

Bei diesem Rückgriff auf den öffentlichen Diskurs geht es um ein Phänomen, das vom sozialen Konstruktivismus mit dem Begriff „kommunaler Diskurs" bezeichnet wird.[5] Hinzu kommt hier allerdings noch – und dazu eignen

---

4 Wir bedienen uns hier eines konstruktivistischen Ansatzes bzw. wissenssoziologischer Überlegungen von Alfred Schütz, die sich in den konstruktivistischen Ansatz gut integrieren lassen (vgl. Schütz 1971).

5 Der Begriff des kommunalen Diskurses wird dem sozialen Konstruktivismus (vgl. Baecker u.a. 1992, S. 116-145) entlehnt. Wie dort soll er hier eine den kommunalen Alltag überwölbende allgemeine Vorstellung bezeichnen, die sich im Verlauf der Zeit aus der Beobachtung und Beschreibung einer lokalen Situation herausbildet, und die ihrerseits auch wieder auf die lokale Situation zurückwirkt. Da freilich noch zusätzlich von außen vielfältige Komponenten einwirken, kann man jedoch nicht von einem echten Kreislauf sprechen. Selbst wenn man davon absieht, lässt sich dieser Kreislauf aus dem Blick der Forschung noch nicht angemessen rekonstruieren, weil er sich über Generationen erstreckt. Die Forschung muss sich mit einer Momentaufnahme begnügen und kann den größeren Zusammenhang nur punktuell erfassen. Behelfsweise wird man sich auf die beiden „Pole", den kommunalen Diskurs und

sich kommunale Diskurse freilich sehr gut – dass die Debatte auf die Gegenstände, die sie thematisiert, keineswegs Rücksicht nehmen muss. So wird der kommunale Diskurs sehr schnell zu einer problematischen Angelegenheit. Er benutzt, ja missbraucht die Straße nur noch als Mittel zur Verankerung seiner längst vorhandenen und verfestigten Deutungen.

Und in der Tat, die aus dem öffentlichen Diskurs über die Straße zitierten Positionen mit ihrer Skandalisierung des Zusammenlebens erscheinen wenig zufällig. Zumindest diejenigen, die in Köln aufgewachsen sind, oder die, welche sich schon länger mit der hiesigen Stadtentwicklung und Einwanderungsfragen befassen, kann diese eigentümliche Diskussion nicht weiter erstaunen. Der „kommunale" Diskurs folgt gewissermaßen lokalem Brauchtum. Es gibt in der Stadt einen typischen Problemdiskurs, der manchmal die Weidengasse[6], manchmal die Keupstraße, manchmal Köln-Porz und manchmal Köln-Chorweiler thematisiert. Die Kölner Öffentlichkeit „liebt" solche Problemdiskurse, die zwar meistens Gebiete aus dem Rechtsrheinischen aufgreifen (vgl. Bukow/Spindler 2000), gelegentlich aber auch linksrheinische Quartiere problematisieren. Die Debatte dreht sich dabei stets um Arbeiterquartiere mit ihren besonderen Milieuzonen, bei denen häufig auch noch spezielle kulturelle, früher konfessionelle und heute etwa ethnische, bzw. religiöse Eigenheiten herausgekehrt werden. In der Regel geht es dabei um religiöse, bauliche, soziale, moralische oder einfach Normalitäts-Standards. An ihnen arbeitet die kommunale Öffentlichkeit seit jeher ihre bürgerlichen Ordnungsvorstellungen ab. Wenn also in traditionellkommunaler Kontrollmanier auf Ordnung und die verschiedensten Facetten von Sauberkeit abgehoben wird (vgl. Die Dokumentation Keupstraße 1999), dann hat das viel mit kommunalen Steuerungsinteressen zu tun. Es geht aber darüber hinaus. In das lokale „Brauchtum" wird nämlich umstandslos die heutige „Ausländerfeindlichkeit" mit eingebunden. Die Problematisierung der Milieus und die Skandalisierung der Einwanderung gehen hier eine unheilvolle Allianz ein und erzeugen geradezu einen synergetischen Effekt, mit dem wir uns gleich noch genauer beschäftigen werden.

Kommunale Diskurse sind zwar weitgehend „beobachtungsresistent" müssen aber deshalb nicht unbedingt problematisieren bzw. skandalisieren. Es kommt auf die Thematik an und darauf, welchen Einfluss ein Diskurs hat, wie „mächtig" er ist und nicht zuletzt, wie stark er interessenbestimmt ist. Je nachdem lassen sich auch andere weniger „legitime" Versionen feststellen. So stößt

---

die Alltagspraxis konzentrieren müssen. So kommt es zu einer besonderen Pointierung einer Sicht von oben („top down") im Gegensatz zu einer Sicht von unten („bottom up").

6   Die Weidengasse hat sich gegen die Skandalisierung erfolgreich gewehrt (vgl. Biskup/Pazarkaya 2001).

84

man bezüglich der Keupstraße gelegentlich auch auf kritische Gegenreaktionen. Diese Gegenstimmen sind zumindest im Umfeld der StadtRevue, einer alternativen Stadtzeitung zu finden. Aber selbst in diesen Kreisen hinterlässt die Skandalisierung der Einwanderung ihre Spuren.[7]

Der kommunale Diskurs verliert natürlich noch mehr an Überzeugungskraft, wenn man direkt in die thematisierte Situation involviert ist. Die im öffentlichen Diskurs kaum berücksichtige Meinung der Bevölkerung sieht die Dinge nämlich durchaus anders. Der öffentliche Diskurs erscheint aus der Sicht der Bevölkerung oft abgehoben von dem, was sich wirklich auf der Straße tut und was sie im Alltag bewegt. Der kommunale Diskurs zeigt mitunter sogar kontrafaktische Züge, wenn er das Quartier durch seine Brille zum sozialen Brennpunkt stilisiert, während sich die Bewohner selbst als Betroffene durchaus mit ihrem Quartier identifizieren und es trotz allem eher positiv bewerten. Auf lokaler Ebene gilt eben eine ganz pragmatische Sicht.

Spannend am vorliegenden Fall ist, dass man vereinzelt die Sache nicht nur eher pragmatisch und damit positiv sieht, sondern dabei durchaus auch auf eigene Traditionen und Deutungen zurückzugreifen vermag. Solche Deutungen sind dann freilich nicht von abstrakten bürgerlichen Vorstellungen über Ordnung und von den vielen Facetten bürgerlicher Sauberkeitsmuster geprägt, sondern schöpfen gelegentlich aus eigenen Quellen, beziehen sich auf solche Sinnsprüche wie „Leben und leben lassen" oder „Jeder Jeck ist anders" (vgl. Bukow u.a. 2001, S. 446ff). Kein anderer als Heinrich Böll (1958) hat diese Alltagsregeln eines der angeblich so problematischen Quartiere dokumentiert, nämlich die Regeln von „Unter Krahnenbäumen" (UKB).

Wie wir sehen, verändert sich das Bild der Straße, sobald wir sie nicht mehr „von oben", sondern „von unten" betrachten. Was aus der Ferne unscharf und mitunter auch unangemessen negativ präsentiert wird, erweist sich aus der Nähe durchaus als attraktiv und angenehm. Natürlich mag es sein, dass die Distanz mehr Kritik zulässt und die Nähe zu mehr Pragmatismus und Wohlwollen verführt. Aber es bleibt bemerkenswert, wie unsensibel der „kommunale" Diskurs im Fall der Keupstraße gegenüber dem ausfällt, was die Straße auszumachen scheint. Sicherlich sehen die Bewohner selbst die Dinge sehr pragmatisch. Aber da sie die Dinge selbst auch nicht einheitlich beschreiben, je nachdem, ob sich Autochthone oder Allochthone zu Wort melden, erscheinen ihre

---

7   In der Stadtrevue, einem kritischen Kölner Monatsblatt wird kräftig „gegengesteuert". Dort dient die Keupstraße auch als Beleg für die Erfolge einer multikulturellen Gesellschaft. Aber schon die Leser ziehen hier keineswegs automatisch mit. Und Stadtteilvereine, auch wenn sie sich „links" verstehen, sprechen ungeniert von der „Verdrängung der Einheimischen durch die Türken".

Vorstellungen – zumindest auf den ersten Blick – genauer, angemessener, besser beobachtet und „näher dran".

2.2 Wissenschaftliche Rekonstruktion

Wenn man sich der Straße sozialwissenschaftlich nähert, also die lokalen Ereignisse und Gegebenheiten methodisch geleitet rekonstruiert, ergibt sich automatisch eine andere Sicht der Dinge, schon weil im Rahmen einer solchen Analyse ja nicht einfach vorliegende Aussagen nur vervollständigt bzw. miteinander abgeglichen werden, sondern weil eigene Erhebungen angestellt werden müssen. Und diese spiegeln, je nach der angewendeten Methode, in jedem Fall theoretische Vorannahmen wider. Hinzu kommt, dass es angesichts dessen, dass wir es bei der Straße mit einem recht kontrovers diskutierten Thema zu tun haben, geboten erscheint, mit entsprechender Vorsicht zu verfahren, d.h. die Straße mit Abstand zu betrachten, aber sich dabei dennoch ein möglichst konkretes Bild von der Sachlage zu verschaffen. Es ist außerdem eine komplexe Zugangsweise geboten, wobei gewissermaßen unterhalb der verschiedenen Diskurse mit der Rekonstruktion des Alltagslebens selbst angesetzt werden muss. Wir haben uns der Straße ethnologisch bzw. ethnomethodologisch genähert, um dann *in einer dichten Beschreibung* Punkt für Punkt all die Aspekte aufzugreifen, die unter der einen oder anderen Perspektive jeweils beobachtet, beschrieben und ggf. auch bewertet werden. Mit diesem Verfahren entgeht man letztlich zwar auch nicht allen Schwierigkeiten, hat aber die Chance, eine qualitativ-hermeneutisch begründete Nähe zum Beobachtungsgegenstand herzustellen. Die Attraktivität einer solchen „dichten Beschreibung" ist beträchtlich. Bei einem entsprechenden – hier leider nicht zur Verfügung stehenden – Mittel- und Arbeitseinsatz ließe sich die Qualität einer „dichten Beschreibung" sogar noch steigern, womit freilich gleichzeitig ihre Grenzen deutlich werden. Diese Grenzen zu sehen, ist wichtig, um die Leistungsfähigkeit der Methode zu verstehen. Die Methode ließe sich noch ausbauen durch

- eine über bloße Beobachtung hinausgehende praktische Teilnahme am Alltagsleben, wobei man dennoch das Besondere einer Situation vor dem Hintergrund des Allgemeinen interpretieren muss, damit es aussagekräftig wird (man also bei aller Konkretion stets einer differenzierten und angemessenen Theorie bedarf, die bei der Deutung auch „durchschlägt"),
- eine über eine kurzzeitige Beobachtung hinausgehende Langzeitstudie, wobei freilich die Forschungsressourcen schnell Grenzen setzen (und auch keineswegs ausgemacht ist, dass sich identifizierte Prozesse noch einmal grundsätzlich verändern und damit den Aufwand lohnen),

86

- eine angemessen komplexe und dem Handlungshorizont der Bewohnerschaft entsprechende Kontextualisierung der Beobachtungen, wobei die Grenzen hier letztlich vom Stand der Erforschung der „Logik urbanen Handelns" bestimmt werden (was beobachtet wird, muss ja immer auch im gemeinten Kontext des Alltags, d.h. angemessen eingeschätzt werden und dabei ist man auf sozialwissenschaftliche Kenntnisse über den Alltag angewiesen).

Was diese drei Punkte betrifft, so haben wir uns teils auf eigene teilnehmende Beobachtung, teils auf intensive Feldstudien mehrerer Mitarbeiter(innen) stützen können. Darüber hinaus orientieren wir uns an dem Konzept einer metropolitanen Gesellschaft, das im Rahmen einer umfangreichen Quartierstudie in einem anderen Kölner Stadtteil entwickelt wurde (vgl. Bukow u.a. 2001).

3. Der Blick von „oben": Die Grundzüge des kommunalen Diskurses

Während man in der Quartierforschung oft genug auf eine mühsame Sammlung und aufwendige systematische Auswertung von öffentlichen Materialien angewiesen ist, ergibt sich hier die günstige Möglichkeit, dass eine lokale Interessengemeinschaft („Interessengemeinschaft Keupstraße") in Verbindung mit dem Interkulturellen Dienst im Allgemeinen Sozialen Dienst der Stadt Köln und mit Unterstützung des (früheren) Ministeriums für Arbeit, Soziales und Stadtentwicklung, Kultur und Sport des Landes NRW eine Dokumentation zur Keupstraße vorgelegt hat (vgl. Die Dokumentation Keupstraße 1999). Diese Dokumentation beansprucht für sich, die wichtigsten Linien zu summieren und kann deshalb als durchaus repräsentativ für den sich mit der Straße verbindenden öffentlichen, kommunalen Diskurs genommen werden.

Eine Durchsicht dieser Dokumentation zeigt, dass es darum geht, den Mikrokosmos Keupstraße in seinen zentralen Aspekten zu erfassen. Dabei wird zugleich der Anspruch erhoben, auch generelle Aussagen zu den Migrationsproblemen der Bundesrepublik und anderer Länder machen zu können. Dies ist nicht unwichtig, weil damit deutlich wird, dass es sich tatsächlich, dem Anspruch nach, um eine allgemeingültige Studie und damit um einen Teil des „kommunalen" Diskurses in unserem Sinn handelt, der eine ebensolche Allgemeingültigkeit beansprucht.

Vom Anspruch ausgehend, das Wesen und die Folgen von Einwanderung zu erfassen, wird die Keupstraße als ein durch Benachteiligung gekennzeichnetes Einwandererghetto beschrieben, das sich in einem bereits traditionell benachteiligten Stadtquartier ausgebildet habe. Von dort aus wird nach der Befindlichkeit der Menschen gefragt, die im Kern mit „Konflikt" beschrieben wird. Dabei unterscheiden die Autor(inn)en zwei Konfliktformen, nämlich offene und verdeckte Konflikte:

a) Als Beispiele für *offene Konflikte* werden Verkehrs,- Lärm- und Müllprobleme genannt, die die Alteingesessenen den Einwanderern zurechnen, weil sie mit ihren Geschäften entsprechende Kunden anziehen würden bzw. ihren Müll auf der Straße entsorgten. Diese Probleme werden sowohl von der Interessengemeinschaft wie auch von den Verfassern der Studie als spezifische Einwandererprobleme betrachtet, obgleich alle drei Problemtypen z.B. auch in der Kölner Südstadt zu beobachten sind, wo ganz überwiegend „alternative" Einheimische wohnen und ihren Geschäften nachgehen.

b) Als Beispiel für *verdeckte Konflikte* wird eine ganze Argumentationskaskade vorgetragen:

1. Schritt:	Die Kurden leben in einer unbefriedigenden politischen wie sozialen Situation und stehen in Auseinandersetzung mit den Türken.
2. Schritt:	Auffallenderweise verzichten die Geschäftsleute jedoch auf kurdische Symbole, um die Türken nicht auszuschließen.
3. Schritt:	Es gibt ein ungeschriebenes Gesetz, die Kurdenkonflikte nicht auszutragen.
4. Schritt:	Die Polizei bestätigt, dass Konflikte nicht offen gezeigt werden.
Resumé:	Die historisch bedingten, unlösbaren Konflikte werden verschleiert.
Folgerung:	Analog stehe es mit weiteren Konflikten: Sie seien vorhanden aber nicht nachweisbar: religiöse Konflikte, Drogenprobleme, Prostitution.

Auch die verdeckten Probleme werden sowohl von der Interessengemeinschaft wie auch von den Verfassern der Studie mehr oder weniger im Gleichklang dargestellt. Dabei irritiert allerdings nicht die Zuschreibung „Einwandererproblem" als vielmehr die Zuschreibung „Kurdenproblem". Es geht also nicht nur darum, dass Drogen-, Religions- und Prostitutionsprobleme einseitig Einwanderern zugeschrieben werden, sondern auch darum, dass sie speziell den Kurden zugerechnet werden, die noch dazu so perfid seien, diese Konflikte zu vertuschen. Auf den ersten Blick sieht es so aus, als ob da jemand wegen der „typischen" Kurdenkonflikte verurteilt würde, die er freilich im konkreten Fall gut versteckt. Auf den zweiten Blick zeigt sich jedoch, dass er verurteilt wird, weil er die Konflikte *verbirgt* und sie somit unsichtbar macht. Mit anderen Worten, die erwarteten, aber fehlenden Konflikte sind das eigentliche Problem.

Der in der Dokumentation skizzierte „kommunale" Diskurs rechnet die im Quartier bestehenden Probleme *erstens* den Einwanderern zu und wirft ihnen dann *zweitens* auch noch vor, dass es so schwer sei, sie ihnen zuzurechnen, weil sie sie verbergen würden. Die inhärente Logik dieser Argumentation ähnelt der,

88

die Michel Foucault (1979, S. 44ff) am Fall der Marter in seiner Arbeit „Überwachen und Strafen" analysiert hat. Die Marter wurde vom Souverän nämlich gegenüber dem „Täter" gerade dann angewendet, wenn man ihm die Tat nicht nachweisen konnte, also gewissermaßen als Strafe für seine vorgebliche Unschuld. Der Souverän sah sich durch die Leugnung in seinem Machtanspruch gefährdet, weil die Leugnung der Tat die durch die Präsentation des Täters eigentlich wiederhergestellte Macht erneut und in einer besonders massiven Weise in Frage zu stellen drohte. Das Problem scheint hier recht ähnlich gelagert: Man kann etwas nicht nachweisen, ist aber auf Grund des „kommunalen" Diskurses sicher, dass es da sein muss. Letztlich ignoriert man denn auch die Nicht-Nachweisbarkeit des Problems, weil es ja bloß auf die Folgerungen ankommt. Bei der Marter – um das Bild von Foucault zu nutzen – ging es darum, den Staatsapparat mit seinem Wahrheitsanspruch zu demonstrieren, hier geht es etwas trivialer darum, einen im kommunalen Diskurs aufgehobenen Vorstellungsapparat mitsamt dem mühsam erarbeiteten Interventionsarsenal (Konfliktmanagement) zu stabilisieren. Und so gleichgültig es damals, nachdem erst einmal jemand zum Täter erklärt war, erschien, ob er die Tat überhaupt begangen hat, so mag es heute auch gleichgültig sein, inwiefern die „Keupstraßen-Kurden" tatsächlich unentrinnbar in ein spezifisches Konfliktgemenge verstrickt sind.

Diese Überlegungen zum kommunalen Keupstraßen-Diskurs können sicherlich nur als erste Annäherung verstanden werden. Wenn man jetzt die Perspektive wechselt, wird sich erst noch zeigen müssen, ob das, was hier als nur nicht nachweisbar behauptet wird, vielleicht doch zu Recht unterstellt wird, oder ob unsere zunächst nur immanente Kritik den richtigen Weg weist.

4. Der Blick von „unten": Vom Arbeiterquartier zum postmodernen Viertel

Wer die Keupstraße aus den 50er-Jahren kennt und sie heute wieder besucht, der wird schon auf den ersten Blick mehrere ihm bereits vertraute Beobachtungen machen. Zum einen zieht über die Jahre hinweg immer der gleiche Abschnitt der Keupstraße die Aufmerksamkeit auf sich, nämlich der zwischen Genovevastraße und Bergisch-Gladbacher Straße (siehe Karte unten). Der Rest der Straße scheint nach wie vor kaum erwähnenswert.

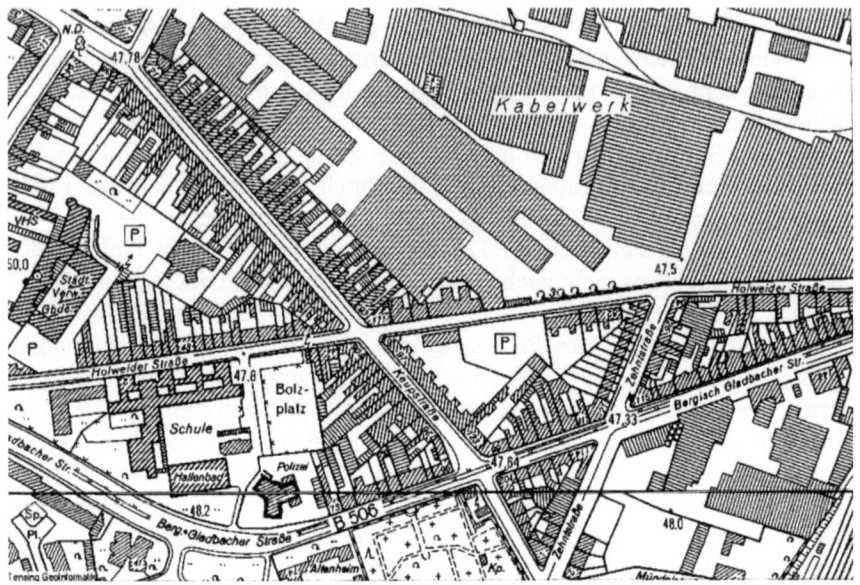

Die Lage der Straße in Köln-Mülheim

Zum anderen ist die Straße von einem ganz spezifischen Geschäftsleben geprägt und dieses unterscheidet sich um einiges von dem vieler anderer Kölner Straßenzüge: Hier findet das Leben noch immer auf der Straße statt und es dominieren die „kleinen Leute". Auffallend sind außerdem die vielen Kneipen, die sich an den Straßenkreuzungen an allen vier Ecken finden und die Vielzahl gastronomischer Betriebe und der kleinen, eher billigen Läden, die den gesamten täglichen Bedarf abdecken. Wie kommt es zu diesem, im Vergleich zu anderen Kölner Stadtteilen, wo sich die Quartiere in den letzten 50 Jahren radikal gewandelt haben, wo beispielsweise durch neue Einkaufszentren 80% der kleinen Geschäfte verschwunden sind, so lebendigen Straßen- und Geschäftsleben? Wie hat sich die Keupstraße im Zuge von Umstrukturierungen und Deindustrialisierung der Stadtteile Mülheim und Kalk verändert, wie haben mehrere Einwanderungswellen, die über den Stadtteil hinweggingen, das soziale Auf- und Ab und schließlich der Bau einer U-Bahn und erfolgreiche Sanierungsmaßnahmen das Stadtbild geprägt? Wie also hat sich die Straße entwickelt und wie sieht sie heute aus?

90

4.1 Die Entwicklung der Straße

Die Keupstraße wurde Ende des 19. Jahrhunderts in dem hier relevanten Abschnitt zusammen mit dem Elektrobetrieb Felten & Guilleaume gebaut (vgl. Prass 1988). Direkt am Rand der Firma wurde die Straße erschlossen, um die ungelernten Arbeiter in betrieblich günstiger Lage unterzubringen. Entsprechend der vorgesehenen Mieter wurden die Häuser klein parzelliert und für eine hohe Wohndichte ausgelegt. Sanitäre Anlagen wurden faktisch nicht vorgesehen, dafür aber Kneipen und Geschäftsräume, damit sich die Arbeiter versorgen konnten. Die gewünschten Industriearbeiter konnten dabei nicht aus der Umgebung rekrutiert werden, sondern mussten bei dem zu dieser Zeit exorbitanten Bedarf an Arbeitern von weit her angeworben werden. Genaue Zahlen und Herkunftsangaben liegen nicht vor, weil fast alle einschlägigen Unterlagen dem Zweiten Weltkrieg zum Opfer fielen.

Historische Untersuchungen bekunden (vgl. Bremer 1934), dass die Straße wegen ihrer proletarischen Bewohnerschaft und des regen Straßenlebens in Mülheim verrufen war. Gleichwohl war sie für die Bevölkerung der Stadt Mülheim sehr attraktiv, weil sie sich bald zur Einkaufsstraße des niederen proletarischen Bedarfs entwickelte. Zu Recht fürchtete die Bevölkerung die Eingemeindung nach Köln, weil sie sich um den Erhalt ihrer Infrastruktur sorgte. Im übrigen ging es mit der Straße bis zum Ende des Ersten Weltkrieges deutlich bergauf, weil der hier dominierende Arbeitgeber als rüstungsrelevanter Betrieb erheblich prosperierte. Erst nach dem Ende des Ersten Weltkriegs begann die Straße erheblich zu verfallen – die Arbeitslosigkeit nahm extreme Ausmaße an – bis sogar Ende der 20er Jahre ein kleiner Teil der Häuser abgerissen und an ihrer Stelle neue Wohnungen für die Arbeiter errichtet wurden. Bezeichnenderweise wurde bei dieser Maßnahme ein Teil der lokalen Geschäftsstruktur wegsaniert. Wie zu erwarten, geht es mit der Straße nach 1930 wieder aufwärts, weil die rüstungsrelevante Industrie wieder anzieht. Schon 1932 beginnt die Firma Felten & Guilleaume zu prosperieren.

Das beschriebene Auf und Ab zwischen den Kriegen wiederholt sich erneut nach dem Ende des Zweiten Weltkrieges. Der auch zur Zeit des Nationalsozialismus nicht vollständig gestoppte Verfall der Häuser wird durch die Kriegsereignisse erneut beschleunigt. Die Häuser werden im Krieg allerdings nur wenig beschädigt, weil Felten & Guilleaume großenteils im Besitz der Alliierten war. Das Wohnquartier erholt sich jedoch im Grunde nicht mehr. Die besserverdienenden Arbeiter und Angestellten brauchen, dank der zunehmenden Mobilität, den über dem ganzen Stadtteil liegenden Kalkstaub der Chemieindustrie Köln-Kalks und den von der umliegenden Mülheimer Elektroindustrie erzeugten Dreck und überhaupt den beschleunigten Verfall Mülheims nicht

91

mehr zu ertragen und ziehen weg.[8] Zurück bleibt eine immobile verarmte Bevölkerung in einem Gebiet, das sich letztlich in einen sozialen Brennpunkt wandelt – ein Brennpunkt, der noch immer weitgehend im Firmenbesitz verbleibt. Während sich die Industrie in der Zeit des Wiederaufbaus erheblich konsolidiert, erholt sich die Straße also nur sehr mühsam und auf niedrigem Niveau, weil die besserverdienende Bevölkerung wegzieht.

In der Restaurationsperiode der 60er Jahre werden schließlich sogar die Arbeiter für die Kabelfabrik knapp. Die Firma beteiligt sich deshalb an der Anwerbung von Gastarbeitern, erst Griechen, dann Spaniern und zum Schluss Türken, die erst in Firmenbaracken, dann im Quartier unterkommen – und zwar genau dort, wo schon einst die als Ungelernte eingestellten Arbeiter untergebracht wurden, nämlich in der Keupstraße, die unterdessen auch von vielen einfachen Arbeitern verlassen worden war und somit viel Platz bietet. So bekommt die völlig überalterte und verarmte Straße allmählich neue und aktive Bewohner und der hohe Anteil der Sozialhilfeempfänger geht schrittweise zurück. Es handelt sich also nicht um einen Verdrängungsprozess, wie der ASD in der Dokumentation schreibt, sondern darum, dass den Gastarbeitern vom Arbeitgeber leer stehender bzw. frei werdender Wohnraum zugewiesen wird (vgl. Die Dokumentation Keupstraße: Anhang S. 4).

Neue Probleme zeichnen sich jedoch seit der ersten Wirtschaftskrise in den 70er Jahren ab. Die Firma entlässt zahlreiche Arbeiter und fährt die Produktion zurück. Die zuletzt angeworbenen Arbeiter, die türkischen "Gastarbeiter" sind die ersten, die wieder gehen müssen und mangels Alternative dennoch im Stadtteil bleiben. Während sich die Griechen und die Spanier zu einem Teil in bessere Stadtteile zurückziehen können und auch andere Tätigkeiten suchen und finden, sind es schließlich fast ausschließlich Türken, die neben alteingesessenen Autochthonen im Quartier zurückbleiben und hier ihr Überleben zu organisieren versuchen. Sie gehen dabei so vor, wie das diskriminierte Minderheiten überall in der Welt und auch in anderen Kölner Stadtteilen machen.

Sie versuchen, der drohenden Arbeitslosigkeit durch die Wiedereröffnung der von den Einheimischen aufgegebenen Geschäfte zu entkommen (vgl. Bukow 1993). Anders als in manchen anderen Stadtteilen, wo die kleinen Quartiergeschäfte fast vollständig verschwunden sind – ein guter Vergleich wäre hier die Florastraße zwischen Neusser Straße und Niehler Straße, die ein ganz ähnliches Schicksal durch die Aufgabe der Gummifabrik Clouth erlitten hat –

---

8   Der ganze Stadtteil Mülheim wird zu einem einzigen Industriegebiet, nachdem auf der einen Seite die Mülheimer Altstadt durch die neue Rheinbrücke und die neue Bundesstraße weitgehend zerstört wird und auf der anderen Seite der riesige Güterbahnhof das Quartier vom Hinterland abschneidet.

haben sich auf diese Weise die Geschäfte erhalten. Heute befindet sich hier wieder, wie einst, in tatsächlich jedem Haus (mit Ausnahme der in den 20ern erneuerten Häuserzeile, wo ein Geschäft wegsaniert wurde) mindestens ein Ladenlokal.

Das Arbeiterquartier der Firma Felten & Guilleaume 1874 bis 1960	Modernisierung und Aufstieg des Quartiers zu einem Milieu mit postmodernem Ambiente
Altes Arbeiterquartier eng parzellierte Straßenbebauung ganz gezielt für *ungelernte* Arbeiter; sehr hohe Wohndichte in kleinen Räumen	*Einzug der "Gastarbeiter"* Anwerbung erst von Spaniern, dann Griechen und schließlich Türken, Nachzug der Familienangehörigen
Proletarische Einkaufsstraße Zahlreiche Kneipen, viele kleine, bescheidene Läden des *alltäglichen einfachen* Bedarfs mit großem Einzugsbereich (ganz Mülheim); ausgeprägte Straßenkultur mit Straßenhandel, Handwerksbetrieben für den Alltag	*Sanierung in Mühlheim-Nord* Beseitigung von Bauschäden, Baulücken und Mindernutzung; Schaffung von Freiflächen, Grünraum und Spielflächen für Kinder; verkehrsberuhigende Maßnahmen
Von der Industrialisierung zur Entindustrialisierung Erste Sanierungsversuche nach 1918; Abnahme der Geschäftstätigkeit seit 1930; nach dem Rüstungsboom der 40er Jahre schrittweiser Niedergang von F&G seit 1945; extreme Vernachlässigung der Bausubstanz; Entwicklung zum sozialen Brennpunkt und zum Quartier der Sozialhilfeempfänger	*Überwindung der Strukturschwächen* Normalisierung der Sozial- und Altersstruktur; Eigentumsbildung und Verbesserung des Einkommens; Entwicklung zum gastronomischen Anziehungspunkt; wachsende Konflikte zwischen Alteingesessenen und neu Hinzugezogenen

Die Entwicklung des Quartiers

Ein wichtiger Faktor bei der Konsolidierung der Straße spielte die moderne Stadtsanierung, die zwar erneut die Quartierentwicklung nicht richtig berücksichtigt hat und in Verkennung der Sachlage dem Konzept einer Wohnbebauungssanierung gefolgt ist, statt den Erfordernissen einer Geschäftsstraße Rechnung zu tragen, die aber dennoch letztendlich dazu beigetragen hat, dass wir heute in der Straße einen qualifizierten Wohnungsbestand haben und die Grundflächen insgesamt von verfallener Nachkriegsbebauung gereinigt wurden, so dass sich die Bewohnerschaft heute in einer vergleichsweise sehr günstigen

Situation befindet, zumal sie erstmals in der Geschichte der Straße über Wohnungseigentum verfügen kann, was zur Konsolidierung der Straße nicht unbeträchtlich beigetragen hat.

Die Geschäftsstruktur wird in der Übersicht unten zusammengefasst. Dabei wird zweierlei deutlich:

1. Die Straße hat ihr altes Bild wiedererlangt. In jedem Haus findet sich mindestens ein Geschäft des einfachen bis mittleren Bedarfs. Die Gastronomie hat dabei eine gewisse Vorreiterfunktion übernommen und bewirkt auch eine Steigerung des Angebotsniveaus.

2. Die Straße unterscheidet sich massiv von anderen im Besitz der Alteingesessenen verbliebenen Quartieren, wo die betriebliche Infrastruktur vollständig verschwunden ist und sich traditionelle Einkaufsstraßen mit gewerblicher Mischstruktur zu reinen „Schlafstraßen" gewandelt haben.

Entwicklung von Handel und Gewerbe

Die Bevölkerungsstruktur hat sich seit der Anwerbung der „Gastarbeiter" allmählich stabilisiert und vervollständigt. Entgegen der in der Öffentlichkeit verbreiteten Meinung, ist dabei kein geschlossenes Ghetto entstanden, sondern eine neue Mischstruktur, die heute freilich optisch von den türkischen Einwanderern dominiert wird.

94

	absolut	davon Einwanderer	davon türkische Einwanderer
1970 (Abschluss der Anwerbung)	3.438	18,5 %	?
1979 (Abschluss der "Gastarbeitereinwanderung ")	3.227	45,5 %	30,6 %
1991	3.099	53,0 %	41,2 %
1999	3.380	58,2 %	ca 45 %

Die Bevölkerung im Quartier Keupstraße/Bergisch-Gladbacher Straße

4.2 Wie die Straße heute aussieht: Neue Lebensweisen

Der Stadtteil lässt sich unter drei Perspektiven beschreiben: als saniertes verkehrsberuhigtes Quartier, als orientalische Inszenierung und als Quartier der Postmoderne.

Das sanierte und verkehrsberuhigte Quartier: Was auf den ersten Blick auffällt, ist die zumindest für diesen Stadtteil untypische Anlage der Straße: Parkbuchten, Straßenbäume, gepflasterter Bürgersteig. Nachdem die Sanierung der Straße abgeschlossen ist und die Bevölkerung sich auf die neue Situation eingestellt hat, bietet sich ein relativ attraktives Straßenbild, das allerdings deshalb etwas irritiert, weil hier eine verkehrsberuhigte Zone geschaffen wurde, die eher den Regeln einer Wohnstraße als einer Geschäftsstraße folgt. Da die Straße nicht als Fußgängerbereich, sondern nur als zurückgebaute Anliegerstraße konzipiert wurde, gibt es tatsächlich relativ viele Verkehrsprobleme. Man versucht, in der Straße zu parken, was dann Konflikte mit dem Zulieferverkehr und den Anliegerparkwünschen auslöst. Insgesamt jedoch ist eine von den Passanten her durchaus gemischte Straßenöffentlichkeit entstanden, die mit den in die Straße hineinreichenden Verkaufsständen durchaus der alten Straßentradition entspricht. Bemerkenswert ist neben dem Geschäftsleben auch die Herrichtung der Hinterhöfe, die zum Teil gewerblich genutzt, zum Teil auch zu öffentlichen Grünanlagen umfunktioniert wurden. Dort ist auch ein Teil der lokalen Infrastruktur (Kindergarten usw.) untergebracht.

Die orientalische Inszenierung: Auf den zweiten Blick fällt das „orientalische" Flair der Straße auf. Diese, auch aus anderen modernen Großstädten wie Berlin oder London vertraute Szenerie lässt sich am besten als „orientalische

Inszenierung" beschreiben und stellt eine Mischung aus einer Konzession an die Wünsche der Einwanderer und an die europäischen Orientvorstellungen dar. So wie in Rothenburg ob der Tauber „Deutsche Weihnachten" für den amerika-

„Orientalische Inszenierung"   © *Michael Schroeder*

nischen Touristen inszeniert wird, so hier der „Orientalismus" für die alteinge-sessenen Kölner. In beiden Fällen wird natürlich, wie nebenbei, dem Interesse aller Beteiligten Rechnung getragen. Die orientalische Inszenierung hat sich schrittweise entwickelt. Am Anfang standen Kramläden bzw. Imbissbuden, die ohne Vorkenntnisse betrieben werden konnten. Erst in der zweiten Generation hat sich das entwickelt, was jetzt das Bild prägt: Reisebüros, Schmuckwaren-geschäfte, eine anspruchsvolle Gastronomie. Typisch für die Entwicklung ist die „Kervansaray". Die Eltern des jetzigen Besitzers betrieben noch einen kleinen Imbiss. Er selbst hat zusammen mit einem Architekten nach dem Vor-bild eines türkischen Museums dann den Betrieb im selbst erworbenen Haus eröffnet. Die Einrichtung wurde nach historischem Vorbild in der Türkei her-gestellt. Zur Finanzierung hat die Verwandtschaft beigtragen, die auch heute noch mithilft, wenn größere Gruppen wie Sportvereine kommen oder eine Familienfeier zu beköstigen ist.

96

Das postmoderne Quartier: Bei genauerer Beobachtung zeigt sich, wie weit das Quartier heute von der traditionellen Stadt und hier von einem sozialen Brennpunkt entfernt ist, wie stark sich die Straße gewandelt und wie sie sich zu einem Quartier einer metropolitanen Gesellschaft gemausert hat. Schon das Geschäftsleben ist kaum noch als "traditionell", weder im autochthonen noch im allochthonen Sinn, zu beschreiben. Hier wird nicht etwa die Herkunftsgesellschaft reorganisiert, sondern spiegeln die Geschäfte längst eine von „Glokalität" (Roland Robertson) geprägte hybride Postmoderne wider mit einem hohen Grad an Ausdifferenzierung.

Dies gilt nicht nur im Großen, sondern auch im Kleinen. Die Einwanderer entwickeln nicht nur einen *eigenen und zugleich neuen* Lebensstil neben den Alteingesessenen, sondern innerhalb der Einwanderer lassen sich neben gewissermaßen *zitierter* türkischer Multikulturalität (ein großer Teil der türkischen Einwanderer sind Kurden, es gibt neben strenggläubigen Schiiten genauso z.B. Aleviten) auch Griechen und Spanier finden – wie sich innerhalb der autochthonen Bevölkerung neben Mülheimern auch Zugezogene aus der Eifel oder dem Ruhrgebiet befinden. Und quer durch alle Gruppen ziehen sich neue jugendkulturelle Orientierungen, die überhaupt nicht mehr nach Herkunft, sondern nach altersspezifischen Lebensstilen differenzieren[9]. Das Quartier ist also kein neues Ghetto, sondern längst eine modular zusammengesetzte Gesellschaft, in der sich letztlich jeder seinen Lebensstil neu komponiert (vgl. Bauman 1999, S. 281ff).

Nicht also Konflikte, sondern der Erfolg der Einwanderer und deren postmodernes Arrangement bestimmen die Straße. Es ist klar, dass ein solch fortgeschrittener Modernisierungsprozess, der noch dazu von Minderheiten vorangetrieben wird, die in der Geschichte der Bundesrepublik zu den am meisten diskriminierten Gruppen gehören, nicht ohne Neider bleibt. Das wiederum führt bei den durchaus erfolgsbewussten Straßenbewohnern immer wieder zu Irritationen und es bringt sie in eine paradoxe Situation. Sie schwanken deutlich zwischen Rückzugstendenzen und offensiver Quartieröffnung. So ist man geneigt, sich ganz betont auf die Familie zurückzuziehen und sich hoch individualisierend zu verhalten. Gleichzeitig wirbt man mit diesem Familismus und propagiert ihn in aller Öffentlichkeit als Barriere gegen Kriminalität und Dro-

---

9   *Kommentare zum Straßenleben:* „Was von weitem noch wie eine geschlossene Community aussehen mag, erweist sich bei genauerem Hinschauen auch intern als zunehmend differenziert. Die Postmoderne macht vor dem Quartier nicht halt."
„Wenn die Presse kommt, will sie Konflikte sehen. Viele Berichterstatter waren gar nicht in der Straße. Sie bedienen Vorurteile, statt über moderne Formen erfolgreichen Zusammenlebens zu berichten."

genkonsum. Analog betreibt man „typisch" türkische Kaffehäuser und wirbt gleichzeitig offensiv um Messegäste.

Jugendkulturelle Orientierungen

5. Die Keupstraße in der Diskussion

In den letzten Sätzen ist schon angeklungen, dass über die Straße nach wie vor heftig diskutiert wird. Im Großen und Ganzen gibt es vier Diskussionslinien, *erstens* die Sichtweise der Einwanderer, die genauso von den allochthonen Geschäftsleuten wie von den eingewanderten und hier seit langem ansässigen Familien vertreten wird, *zweitens* die Position der „Alteingesessenen", die freilich in der Regel auch nicht in Köln geboren, sondern während des Wirtschaftswachstums in den 50er Jahren zugezogen waren, zusammen mit der Position der verbliebenen Alteingesessenen und der Menschen, die die Straße für ihre Versorgung oder in der Freizeit nutzen, sowie *drittens* die Position der alten Mülheimer Geschäftsinhaber, die sich lange gegen die Entwicklung im Quartier gewehrt haben und schon um 1978 die Interessengemeinschaft (IG) gründeten, um gegen die neuen Gaststätten mit "ausländischem Publikum", das

98

entsprechende "Personen" anlockt, Front zu machen, und schließlich *viertens* den Standpunkt der Expert(inn)en des Interkulturellen Dienstes im ASD, Bezirksamt Köln Mülheim, die ihre Problemzuschreibungen weitgehend aus der Sicht der Interessengemeinschaft extrapoliert haben, worauf zumindest die vor allem von diesem Dienst erarbeitete Dokumentation hinweist (vgl. Die Dokumentation Keupstraße, Anlage 2).

5.1 Die Sichtweise der Einwanderer

Die Beobachtung und Beschreibung der Straße stützt sich auf eine ganze Reihe von Interviews, die alle offen geführt wurden. Das bedeutet, dass die in den Gesprächen angeschnittenen Themen von den Gesprächspartnern in einem Vorgespräch selbst bestimmt wurden und dann bei eingeschaltetem Tonband resümierend nachgefragt wurde. Aus diesen resümierenden Statements stammen die folgenden Zitate (im Text in Anführungszeichen) bzw. Zusammenfassungen, wenn die Zitate zu lang sind (im Text in indirekter Rede)[10].

Frau Ö. (Geschäftsfrau), 36 Jahre, seit 16 Jahren hier ansässig
Frage: „Können Sie von Konflikten berichten?"
Antwort: Als das Geschäft noch klein gewesen sei, habe der Apotheker R. sie ignoriert; mittlerweile sei das Geschäft ansehnlich, und Herr R. grüße zumindest. Nach außen gebe er sich freundlich, aber hinter dem Rücken „zickt er rum", rede schlecht über die „Ausländer".
Frage: „Wie fühlen Sie sich hier?"
Antwort: Sie fühle sich sehr wohl in der Keupstraße, sagt, dass hier eine gute Gemeinschaft sei, dass die Kinder frei spielen können, dass man gegenseitig aufeinander aufpasse.
Sie erzählt, dass manche Mütter, die die Keupstraße nicht kennen, Angst haben, wenn ihre Kinder nach der Schule hier durchgehen müssen. Das könne sie nicht verstehen, denn gerade hier würde Kindern nichts passieren, weil alle aufpassen.

Herr Galfat, seit 20 Jahren hier, aus Mazedonien
Frage: „Wie würden Sie die Keupstraße beschreiben?"
Antwort: „Ist eine gute Straße, die aber einen schlechten Ruf hat, weil so viele Ausländer hier wohnen. Aber das ist nicht wahr, das ist sehr freundlich. Wir haben alles hier, was billiger ist und es ist sehr gastfreundlich."
Leute, die die Keupstraße nicht kennen, sagten, dass sie schlecht ist, „aber wenn sie einmal kommen vorbei, die Preise sind hier sehr günstig und die Leute kommen wieder."

Herr D., 32 Jahre, seit 5 Jahren hier
Frage: „Wie würden Sie die Keupstraße beschreiben?"

---

10   Interviews Keupstraße 23 /24. August 2000.

Antwort: „Das ist gemischt, bunte Kultur, gibt es Italiener, Neger, Deutsche...Sie haben sehr große Glück, sind sie in einem Garten, sie haben alle Rosen. Ist es nicht so?(lacht)"...
„Wir zahlen auch Steuern und möchten auch unsere Straße sauber machen. Die Stadt räumt hier nicht auf. Wir räumen hier jeden Tag auf, aber die Stadt macht nichts. Zu Weihnachten gibt es auf der Frankfurter Straße schöne Beleuchtung, hier gar keine, warum wird da Unterschied gemacht?"

Herr A., Gastronom, seit 20 Jahren hier
Frage: „Wie würden Sie das Leben hier in der Keupstraße beschreiben?"
Antwort: „Keupstraße ist eine internationale Straße, deswegen, da brauch ich gar nichts zu sagen."
Frage: „Ist das für Sie positiv?"
Antwort: „Natürlich ist das positiv, aber da gibt's auch negative Positionen. Es gibt auch Probleme, wir haben hier auch einiges erlebt. Das heißt damals schon politische, aber jetzt nichts mehr. Die Deutschen haben auch negative Positionen gemacht, die haben die Straße auch ganz schlecht genannt, die haben damals auch gesagt, dass die hier eine 'Asi-Straße' ist, ist aber nicht.'
Frage: „Kennen Sie die IG Keupstraße?"
Antwort: „Normalerweise mit Kunden haben wir kein Problem, ist alles super. Aber, wie ich eben sagte, von der Frau B. (IG) haben wir eine negative Position erlebt.
Sie hat die Straße immer so schlecht genannt, sag ich ganz einfach."

Die Einwanderer sehen ihre Straße deutlich positiv und sind ein wenig stolz auf das, was sie erreicht haben. Sie unterstreichen den geschäftlichen Erfolg, das solide Familienleben und die interkulturelle Orientierung. Auf der anderen Seite sehen sie sich bis heute, wenn auch mit nachlassender Tendenz, von den Alteingesessenen diskriminiert. Die Probleme, die sie in der Straße haben, werden von ihnen immer wieder mit der Interessengemeinschaft und ihrer (ehemaligen) Sprecherin in Verbindung gebracht.

Sie wehren sich gegen die Zuschreibung von familialen, sozialen oder gar ethnischen Problemen und lokalisieren die Schwierigkeiten mehr oder weniger eindeutig beim Konkurrenzneid. Ihre Entgegnungen sind damit Reaktionen auf den Eindruck, die Interessengemeinschaft unterstelle ihnen soziale und familiale Defizite, um sie auf diese Weise diskreditieren zu können. Und die Einwanderer vermuten, dass diese Diskreditierung – abgesehen davon, dass sie nicht gerechtfertigt sei – nur dazu diente, die Konkurrenz auszuschalten, sie also abzuwerten und dann besser ablehnen zu können. Folglich beklagen die Einwanderer immer wieder, dass ihre Straße „schlecht gemacht" wird.

Herr A., Besitzer einer Gaststätte, seit 20 Jahren hier wohnhaft
Frage: „Kennen sie die IG Keupstraße?"
Antwort: „Das war ja von die Frau B.(schmunzelt) aber die ist ausgezogen, die hat ja lebenslang hier ihr Geschäft gemacht und Geld verdient, hat sie auch

endlich ihre Haus hier verkauft mit schöner Geld, jetzt ist die Keupstraße alles super für sie."

Tatsächlich hat die Interessengemeinschaft auch lange versucht, den Einwanderern Probleme zu unterstellen, schon um ihre einwanderungsfeindliche Position nicht als nackten Rassismus erscheinen zu lassen. Man hat lange Zeit und sehr beharrlich versucht, durch personelle Zuschreibungen, insbesondere indem man dem Konkurrenten persönlich am Zeug flickt, die neue Konkurrenz zu verhindern. Diese aus der Rassismusforschung vertraute Argumentationsweise wird von den Einwanderern zu Recht erkannt. Und sie wehren sich dagegen – unter anderem mit dem Verweis darauf, das man selbst sozialer, moralischer, korrekter und ökonomisch erfolgreicher sei als die Alteingesessenen. Allerdings sind die Einwanderer mit dieser Abwehrstrategie nicht besonders erfolgreich, weil es ja letztlich überhaupt nicht um die angeblichen Defizite geht. Deshalb kommt auch die Präsentation persönlicher Integrität bei der Interessengemeinschaft nicht an. Die rassistische Position der Interessengemeinschaft scheiterte schließlich nicht deshalb, weil die Einwanderer sie widerlegten, sondern weil sie von der Zeit überholt wurde.

Yilmaz, 32 Jahre alt, deutsche Mutter/türkischer Vater, hier geboren

Frage:	„...Neid..."
Antwort:	„Der Neid spielt einen sehr großen Faktor. Guck mal, da ist ne Apotheke, da wo das Schaufenster zu ist, da war ne Apotheke. Wat meinste, wat jetzt da reinkommt? Irgend ne Freßbude, nen Juwelier, oder nen Antiquitätenladen, da stellt sich manch einer die Frage, wieso und woher und weshalb."
Frage:	„...Reduktion auf nur noch türkische Geschäfte..."
Antwort:	„Das spielt sich ja fast nur noch unter den eigenen Landsleuten ab, hier kommt doch kaum noch einer hin. Und da find ich, da sind irgendwie die Politiker mit gefragt, dass sie vielleicht ein bisschen mit verschönern würden, oder...gut...wir ham dat E-Werk, wir ham dat Palladium, dafür is Felten & Guilleaume den Bach runter gegangen. Brainstorm kommt. Die hier gearbeitet haben, die haben ihre Arbeit nicht mehr, die sind meistens 40/50 Jahre alt, sind nicht mehr vermittelbar, können ihre Wohnungen hier nicht mehr halten, also jeht es ab woanders hin. Das ist mit ein Grund. Wir sind hier einfach vergessen worden, wir sind hier einfach uns selbst überlassen worden. Ganz klar. Das einzige was se sagen können 'ach, hier läuft ja immer so viel Drogen ab und guck dir die ganzen Junkies an, ... wer hat die denn hier hin gebracht?"

Nach zweiundzwanzig Jahren erfolgreicher Straßenentwicklung und einer offenkundig unterdurchschnittlichen Kriminalitätsbelastung der ehemaligen "Gastarbeiter" ist dieses Thema im Prinzip obsolet. Freilich hat sich die Argumentation dennoch im öffentlichen Diskurs veralltäglicht. Die Vorwürfe der Interessengemeinschaft finden sich noch nach zwanzig Jahren unreflektiert wieder in der Analyse der Dokumentation und sogar noch im Konzept des

101

Interkulturellen Dienstes.[11] Sie werden im Maßnahmenkatalog des Interkulturellen Dienstes sogar noch weiter differenziert, wenn erneut nicht nur von erhöhter Jugendkriminalität usw. die Rede ist, sondern zugleich auch noch die Migrantenorganisationen pauschal diskreditiert werden, weil ihnen unterstellt wird, sie tendierten zu entweder nationalem oder religiösem Fundamentalismus (vgl. Die Dokumentation Keupstraße, Anlage 3, S. 3). Noch heute bedauert es der Interkulturelle Dienst, dass die Zuwanderung der Türken nicht hätte verhindert werden können, weil es die Sanierungsbestimmungen mit ihrer Sozialbindung nicht zugelassen haben (vgl. Die Dokumentation Keupstraße, Anlage 4, S. 3).

5.2 Die Positionen der „Alteingesessenen"

Bei den Alteingesessenen lassen sich zwei Positionen unterscheiden. Die einen nehmen die Entwicklung der Straße hin und die anderen haben mit der neuen Situation mehr oder weniger Schwierigkeiten, stehen jedenfalls der Straße kritisch gegenüber. Schauen wir uns zunächst die positiven Argumente an:

Herr M. um die 50, seit 15 Jahren hier, kommt aus der Eifel
Frage: „Ist das für Sie positiv?"
Antwort: „Das ist Klein Istanbul hier, ich hab mich gewöhnt an die Istanbulis, was bleibt mir auch anderes über."

Herr A., 34 Jahre, Mülheimer
Frage: „Das Miteinander hier in der Keupstraße..."
Antwort: „Ist eigentlich gemischt. Wir sind vereinzelt noch ein paar Deutsche, die hier noch leben, wir kommen eigentlich mit türkischen Kollegen sehr gut zurecht ."
Frage: „Stress..."
Antwort   „Ne. Eigentlich nicht. Also, wir leben hier unter Türken und sind noch ein paar Deutsche, die übrig geblieben sind, aber eigentlich versteht man sich ganz gut."
Frage: „Flair..."
Antwort: „Hat ein bisschen was von Urlaub, gerade jetzt, wo die Sonne scheint und wenn die Jungs hier draußen sitzen mit ihrem Tee. Was ich bei den Türken beeindruckend finde, ist die Zusammengehörigkeit. Das ist ja bei den Deutschen nicht."
Frage: „Integration..."
Antwort   „Man ist hier integriert. Jetzt, als Deutscher ist man hier schon integriert, das ist ja schon paradox. Wir gehen ja nur in türkische Geschäfte, wir gehen ja nur hier einkaufen..."

Mülheimer Damen, 74 und 72 Jahre, Freundinnen , spazieren durch die Keupstraße

---

11 Wir haben oben schon auf dessen Position in der Situationsbeschreibung in den Teilen 1 und 2 der Dokumentation hingewiesen.

102

Frage: „Was treibt Sie in die Keupstraße?"
Antwort: „Gucken, gucken...joh...is mal was anderes, was lebhafter. Die Menschen,
            die hier wohnen, die sin je so nett. Die tun einem helfen, wenn man nich
            mehr kann. Ich bin noch nie belästigt worden. Nichts."

In den meisten Gesprächen klingt eine wohlwollende Distanziertheit an. Man
hat sich mit der Entwicklung der Straße arrangiert und betrachtet die Situation
durchaus angetan, wenn auch unter einem exotisierenden Blick. Diese Einschätzung wird von den unterschiedlichsten Altersgruppen getragen. Man muss
freilich die Geschichte der Straße im Hintergrund haben, die von den Besserverdienenden verlassen worden war und zur Zeit der Einwanderung einen
sozialen Brennpunkt bildete. Insofern liegt eine pragmatisch-positive Sicht
durchaus nahe. Nur wenige Menschen gaben ein mehr oder weniger kritisches
Statement ab:

Ältere Dame, 75 Jahre, aus Stammheim, mit dem Fahrrad in der Keupstraße unterwegs
Frage: „Was treibt Sie in die Keupstraße?"
Antwort: „Kitschig, kitschig, wat die da alles haben. Der reinste Kitsch. Das schöne
            is dat ja mit den Restaurants, Wissen se, ich hab Kontakt mit Türken, ich
            hab noch keine böse Erfahrung gemacht. Eher hab ich bei uns Gemeinhei-
            ten erlebt."

Herr Hans R., 63 Jahre, aus Ostheim
Frage: „Konflikte..."
Antwort   „Ich bin weltoffen, von den Fordwerken weltweit gereist, hab auch sehr
            viele Kulturen kennen gelernt – Spanien, Frankreich, Asien, Japan, selbst
            in Russland war ich gewesen durch die Fordwerke. Habe sehr viele nette
            Menschen dort kennen gelernt und bin kulturmäßig sehr offen. Aber zu
            Hause sollte man sich nicht zu sehr von diesen Kulturen leiten lassen.
            Und da sag ich mal die Grenze ist 10%, würd ich mal sagen, dann sollte
            man sortieren oder ausdünnen. Es gibt ja Ghettos, Kreuzberg, Berlin, die
            sind ja furchtbar."
            Die Ghettos werden gefördert und das sollte man vermeiden, möglichst
            Steuern in andere Kanäle, dass das ausgedünnt wird, dann vertragen sich
            die Menschen besser, dann kommt auch nicht der Fremdenhass auf.
            Fremdenhass entsteht immer da, wenn Ghettos gebildet werden und die
            eigene Bevölkerung unterdrückt wird. In allen Bereichen.
            Ich bin immer wieder gerne ins Ausland gefahren, habe aber auch immer
            gerne meine Rechnungen bezahlt. Als der Ausländer war ich auch gerne
            gesehen im Ausland. Sie sehen das entgegengesetzt auch, wenn Men-
            schen hier reinkommen, jede Nation sollte frei sich entfalten lassen, aber
            auch dementsprechendes Geld mitbringen um hier zu leben. Nicht auf
            unserer Tasche leben."

Bemerkenswert an diesen Statements ist, dass sie trotz ihrer kritischen Untertö-
ne immer noch ambivalent ausfallen, sie bleiben moderat, solange die Straße
konkret vor Augen ist, sie werden erst richtig negativ, wenn sie ins Allgemeine
zielen, sich also dem öffentlichen Diskurs anzunähern versuchen. Diese Beobachtung ist sehr wichtig, belegt sie doch, dass die konkreten Erfahrungen

103

nicht mit dem öffentlichen Diskurs zusammenpassen. Man fühlt sich offenbar "erwischt", einerseits lebt man bzw. flaniert man in der Keupstraße, andererseits sieht man sich genötigt, sich der offiziellen Warnung vor einer Ghettobildung anzuschließen. Die wenigen wirklichen Kritiker beziehen sich bei ihrer Beurteilung auf ein nationales Heimatgefühl, wie es von konservativen Kreisen seit je gepflegt und tradiert wird.

Es ist eigentlich erstaunlich, wie klein die Zahl der Kritiker ist – es liegen überhaupt nur zwei negative Statements vor – wo doch der öffentliche Diskurs in Korrespondenz mit den Aktivitäten der Interessengemeinschaft eine ganz andere Einschätzung erwarten lässt. Tatsächlich aber hat sich die Politik der Interessengemeinschaft deutlich geändert, ihr erster Vorsitzender ist heute selbst ein Einwanderer. Die Interessengemeinschaft hat eine pragmatische Wende vollzogen. Die alten Mitglieder sind zum großen Teil verschwunden. Die Kritiker haben sich nicht nur zurückgezogen, sondern zumeist auch ihr Eigentum profitabel verkauft. Auch andere Kritiker kommen heute nicht mehr in die Straße. Das lässt sich aus den Gesprächen mit den Anwohnern erschließen, von denen bis heute offenbar niemand die für die Dokumentation verantwortlichen Autoren kennt. Damit sind wir bereits bei den Experten.

5.3 Der Standpunkt der Expert(inn)en

Kehren wir nun zurück zur Dokumentation und fragen wir jetzt gezielt nach dem dort formulierten Standpunkt der Expert(inn)en zur Straße. Oben wurden ja schon einige Informationen allgemeiner Art eingeblendet. Nach den in der Dokumentation direkt im Blick auf die Straße formulierten Aussagen ist in der Keupstraße ein *desolates Türkenghetto* zu erwarten. Der soziale Brennpunkt Keupstraße ist, so wird dort gesagt, durch die Verdrängung der Alteingesessenen zu einer brisanten Mischung aus sozialem und kulturellem Brennpunkt geworden.

Und so heißt es auch noch einmal ausdrücklich in „Anhang 4" der schon mehrfach zitierten Dokumentation:

„Die Lebenslagen der hier jetzt mehrheitlich lebenden Migranten sind durch Arbeitslosigkeit, Minderqualifizierung, niedriges Bildungsniveau, hohe Kinderzahl und (sich) daraus ergebender Sozialhilfebedürftigkeit geprägt. ... Die sozial-räumliche Segregation von sozial schwachen ausländischen und deutschen Familien hat im Bereich der Keupstraße zu einer Konkurrenz um soziale Räume, Arbeitsplätze, Freizeiträume und zu einem Aufeinanderprallen von unterschiedlichen Werte- und Normsystemen geführt. In jedem dieser Bereiche steckt Konfliktpotential. Isolation, Hoffnungslosigkeit, Konkurrenzangst, Desintegration und Gewaltbereitschaft haben die notwendige Kommunikation und konstruktive Auseinandersetzung zwischen Migranten und Deutschen erschwert."

104

Wenn man mal einmal davon absieht, dass hier in bunter Mischung zwischen sozialem Brennpunkt (Arbeitslosigkeit, Hoffnungslosigkeit, Desinteresse...) und kulturellem Brennpunkt (Gewaltbereitschaft, fremde Werte und Normen-Systeme...) jongliert wird, so wird jedenfalls, mit sicherlich etwas grobem Strich, ein Katastrophenszenario beschworen, das man so eigentlich in Köln dann doch nicht erwarten sollte. Wenn man mit den Bewohnern der Straße spricht oder wenn man die Situation in Augenschein nimmt, drängt sich schließlich ein ganz anderes Bild auf.

Der Eindruck der Straße insgesamt (siehe Bild unten) sowie die Auslagen in den Geschäften legen eine eher gepflegte, kleinbürgerliche Atmosphäre nahe, die in ihrer orientalischen Inszenierung viel von dem zeigt, was man vielleicht mit Kitsch bezeichnen mag, jedenfalls weder direkt Armut noch soziale Katastrophen signalisiert.

Allein die überdurchschnittliche Zahl der Juweliere und die Tatsache, dass die meisten Einwanderer längst über zum Teil erheblichen Besitz verfügen, lässt an dieser Einschätzung mehr als Zweifel aufkommen. Die Geschäfte und die Kunden korrespondieren jedenfalls deutlich miteinander. Sicherlich sind die Probleme, die die Einwanderer zu überwinden hatten und haben immer noch beträchtlich. Aber gerade dann, wenn man die erlittenen Unrechtserfahrungen und vielfältigen Barrieren betrachtet, denen sich die Einwanderer ausgesetzt sahen und sehen, so ist das, was sich hier in der Keupstraße vollzieht, mehr als bemerkenswert.

6. Zusammenfassende Befunde

Man kann die bisherigen Befunde sehr knapp summieren, wobei wir uns auf die Leute von der Straße, die Expert(inn)en und unsere eigenen Erhebungen beschränken wollen. Der Hintergrund für diese Befunde, der kommunale Diskurs auf der einen Seite und das pragmatische Verständnis der Alt- wie Neu-Kölner auf der anderen Seite, wird nicht noch einmal eigens dargestellt.

Zu den Leuten von der Straße:

- Die Einwanderer sind äußerst gesprächsbereit, möchten aber, dass man sie ernst nimmt, sie so sieht, wie sie sich selbst fühlen, sie also wirklich anhört und ihr Quartier nicht ständig schlecht macht. Sie sind durchaus stolz auf das, was sie (gerade auch nach hiesigen sozialen, rechtlichen und ökonomischen Maßstäben) erreicht haben.
- Die meisten Alteingesessenen sehen die Veränderungen im Quartier in der Regel gelassen und wägen durchaus zwischen einer verbesserten Lebens-

qualität und einer zunehmenden Ausdifferenzierung der Lebenstile im Quartier ab. Man sieht die Veränderungen eher locker und versteht nicht so ganz die Aufgeregtheit der Öffentlichkeit.

- Eine kleine Gruppe von Alteingesessenen wendet sich deutlich gegen die Einwanderer und bekämpft sie seit langem, weil sie mit ihnen offenbar um Kunden, Ressourcen und öffentliche Förderung konkurrieren. Diese Gruppe bediente sich über zwanzig Jahre ausländerfeindlicher, ja rassistischer Argumente, um damit "ihr Territorium" zu verteidigen, ein Territorium, das freilich längst von den besser situierten Bürger(inne)n verlassen worden war. Erst heute hat sich diese Gruppe arrangiert, nachdem ihre Wortführer(innen), nicht ohne ihre Geschäfte lukrativ verkauft zu haben, das Quartier verlassen haben.

Sieht so ein sozialer Brennpunkt aus?

Zu den Expert(inn)en vor Ort:

- Lokale Vertreter(innen) kommunaler und anderer lokaler Einrichtungen zeigen eine erhebliche Distanz zum Quartier und haben wenig Ortskenntnisse. Diese Expert(inn)en orientieren sich sehr deutlich an abgehobenen Vorstellungen über Ghettobildung durch Einwanderung und über die Errichtung von Gegengesellschaften, wie sie im überkommenen „kommunalen Diskurs" bereitgehalten werden.

- Es ist eigentlich erstaunlich, wie eng sich die Expert(inn)en bei ihrem eigentlich sozial gemeinten Engagement dem "kommunalen" Diskurs anschließen und wie wenig sie über allgemeine Kenntnisse der modernen Stadtentwicklung verfügen. Und es verblüfft, wie selbstverständlich sie alles, was ihnen auffällt, der Einwanderung als solcher zurechnen. Sie verwenden eine extensive Ethnisierungsstrategie, angefangen bei der Müllthematik bis hin zum Parkplatzproblem.
- Die Expert(inn)en korrespondieren in ihrer Einstellung sehr deutlich mit der Position der Interessengemeinschaft – und dies sogar noch zu einer Zeit, wo die Interessengemeinschaft sich selbst nach einer pragmatischen Wende allmählich an die Realität angepasst hat und nun die Geschäfte der Einwanderer zu akzeptieren beginnt, ja ihnen sogar den Vorsitz in der IG angetragen hat.

Zu unseren Erfahrungen:

- Bei der Keupstraße in Köln-Mülheim handelt es sich um ein vorwiegend durch Einwanderer modernisiertes Quartier. Im Rahmen der „Gastarbeiter-Anwerbung" zogen die Einwanderer in das Quartier ein und übernahmen mit den Wohnungen auch viele kleine Geschäfte. So war es möglich, die Wohn- und Geschäftsstruktur nicht nur anders als in den übrigen Stadtteilen Kölns zu erhalten, sondern sogar noch auszuweiten und dabei zu modernisieren.
- In vielerlei Hinsicht ist gerade durch die Einwanderung der letzten Jahre nur die Situation fortgeschrieben worden, die die Straße schon immer bestimmte. Im Inneren war sie stets geprägt durch Zuwanderung und Abwanderung, durch ein kleinbürgerliches bis proletarisches Milieu mit einer ausgeprägten Straßenkultur und viel innerem Zusammenhalt. Gegenüber anderen Quartieren bestand schon immer eine deutliche Distanz, zum Teil auch Feindschaft. Die Straße war schon immer integriert in formaler Hinsicht und differenziert im Blick auf den individuellen Lebensstil.
- Heute macht die Keupstraße einen schon fast wohlhabenden Eindruck. In dieser Entwicklung unterscheidet sie sich deutlich von vergleichbaren Kölner Straßen, wo entweder längst die Geschäfte verschwunden sind, oder sich eigentlich nur noch die Billiganbieterfilialen gehalten haben.
- Ganz wichtig für die Quartierentwicklung waren die Sanierungsmaßnahmen, die den endgültigen Wandel zu einem attraktiven Szeneviertel bewirkten. Hier hat die Stadt mit ihrem Sanierungsprogramm erheblich zur Entwicklung des Quartiers beigetragen. Es ist erstaunlich, wie wenig sich

107

Sanierte ehemalige Werkswohnungen © *Michael Schroeder*

die Stadt bewusst ist, was sie für die Förderung des Quartiers getan hat. Ist es deshalb, weil die Entwicklung vorrangig von Einwanderern getragen wird, oder weil man eine Wohnbebauungssanierung wollte und eine attraktive Einkaufsstraße bewirkt hat?[12]

• Die Keupstraße ist zum Schrittmacher für die postmoderne metropolitane Gesellschaft geworden. Vor dem Hintergrund eines inszenierten Orients zeichnen sich bereits neue kulturelle Orientierungen ab, die zunächst noch als Jugendkulturen von der dritten Generation der Einwanderer vorgeführt werden, jedoch schon heute einen weiteren „glokalen" Wandel andeuten.

Man kann zusammenfassend feststellen: Die Straße ist zu einem, im postmodernen Sinn, integrierten Bestandteil des urbanen Quartiers Mülheim geworden. Und sie ist unterdessen so attraktiv, dass sie schon von weither besucht wird.

---

12 Die Kommune ignoriert den Charakter des Quartiers und deutet die Straße statt dessen als eine Mischung aus sozialer und kultureller Konfliktzone (nur so ist z.B. das in der Straße angesiedelte Mediationsprojekt zu verstehen). Vielen fehlt das Bewusstsein für das, was moderne Städte ausmacht.

108

Das hätten sich die ungelernten Arbeiter, für die einst die Keupstraße vor 120 Jahren, damals noch unter anderem Namen, bebaut wurde, wohl kaum so vorgestellt.

7. Die Keupstraße: Ein Beispiel für die Zukunft der metropolitanen Gesellschaft

Für die *Einwanderer* ist die Keupstraße längst zur kölschen Heimat geworden, auf die sie zunehmend stolz sind. Sie verstehen deshalb immer weniger, wenn ihnen manche ihr hier und heute erarbeitetes Lebensgefühl streitig machen wollen. Viele Alteingesessene haben sich in wohlwollender Distanz auf diesen Wandel eingestellt. Einigen ist die Entwicklung ein Dorn im Auge. Nur diese Gruppe sieht darin einen Wandel vom sozialen zum kulturellen Brennpunkt und verfolgt die Situation mit Unverständnis und Neid, weil hier etwas geschaffen wird, was ihnen selbst zunehmend unerreichbar erscheint. Es entsteht der Eindruck, als ob die Kommune die Straße eher aus der skeptischen Perspektive der Wortführer(innen) der Alteingesessenen betrachten würde, obwohl sie selbst zu der positiven Entwicklung ganz entscheidend mit beigetragen hat.

An der Keupstraße lassen sich vier wichtige Erfahrungen festmachen: Erstens sind es oft die Einwanderer, die die Modernisierung unserer Städte vorantreiben. Was die Einwanderer betrifft, so haben sie, wie so oft, aus der Not bloß eine Tugend gemacht und Arbeitslosigkeit in ein ertragreiches Erwerbsleben umgemünzt. Was die Kommunen betrifft, so reichen oft kleine Anstöße, die häufig genug gar nicht so gemeint waren, wie sie sich dann auswirkten, damit diese Entwicklung erfolgreich verläuft. Zweitens ist es schon erstaunlich, wie wenig sich beide Seiten bewusst sind, was sie eigentlich angetrieben hat und was sie mehr oder weniger ungewollt bewirkt haben. Was – fragt sich hier der Beobachter – würde man erreichen, wenn sich beide Seiten ganz gezielt zusammen täten und wirklich offensiv an die Gestaltung der Städte herantreten würden? Drittens ist es faszinierend, in welcher Weise die Quartiere in der Lage sind, sich auszudifferenzieren. Diese Ausdifferenzierung orientiert sich schon lange nicht mehr an der Herkunftskultur, sondern reflektiert lokale Erwartungen, zitiert Traditionen und reagiert auf neue globale Zumutungen. Dies alles scheint sehr erfolgreich – solange jedenfalls, wie die Strukturen stimmen, beziehungsweise stimmig gemacht werden. Und viertens zeigt sich, dass moderne Städte schon lange nicht mehr durch gemeinsame Überzeugungen, sondern durch die formale Qualität der ökonomischen, sozialen und politischen Struktur zusammengehalten werden: Die Straße war schon immer integriert in formaler Hinsicht und differenziert im Blick auf den individuellen

Lebensstil. Beides bedingt sich wechselseitig. Die Keupstraße ist ein Beispiel für die Zukunft der metropolitanen Gesellschaft

Man muss sich klar darüber sein, dass diese Erfolgsstory der Straße immer wieder Neid hervorrufen wird. Wie sonst auch werden sich diejenigen, die sich vernachlässigt fühlen, ihre Probleme ethnisieren und für ihre Schwierigkeiten „geeignete" Sündenböcke suchen und finden. Umso wichtiger ist, zu bedenken, dass eine solche erfolgreiche Entwicklung nicht unumkehrbar ist. Statt sie weiter zu skandalisieren, sollte sie, entsprechend dem Standard einer Zivilgesellschaft, politisch abgesichert werden (vgl. Schmalz 1999). Ganz entscheidend ist hier, dass sowohl Öffentlichkeit als auch die Politik sich daran mit allem Nachdruck beteiligt und ihre Konsequenzen aus der Entwicklung der Städte hin zu metropolitanen Gesellschaften zieht. *Dies und nicht die Ghettobildung ist die eigentliche Herausforderung* (vgl. Bauman 1999, S. 219ff).

Bleiben zum Schluss vier eher rhetorisch gemeinte Fragen:

1. Reicht es nicht aus, wenn die Einwanderer im Quartier integriert und noch dazu erfolgreich sind?
2. Müssen die Keupstraßenbewohner(innen) erst noch einen Antrag auf Aufnahme in die Zivilgesellschaft stellen?
3. Was hindert die Expert(inn)en eigentlich daran, sich vom rassistisch aufgeladenen Sozialneid einer kleinen Bevölkerungsgruppe zu distanzieren, wenn sogar diese selbst einsichtig ist und gewissermaßen die Seite gewechselt hat?
4. Warum fällt es der kommunalen Öffentlichkeit so schwer, die Straße als Erfolgsstory zu begreifen, wo doch die Straße eigentlich ein Teil der Stadt ist und deren Erfolg doch die Kommune mit Stolz erfüllen müsste?

Was mit diesen rhetorischen Schlussfragen noch einmal unterstrichen werden soll, ist, dass die Keupstraße kein Problemfall, sondern ein Glücksfall ist, und dass man sich nicht Probleme herbeireden, sondern den Glücksfall als Lehrbeispiel weitertragen sollte. Dann brauchten sich weder Experten noch Politiker oder die vielen Amtspersonen auch nicht mehr als Konfliktmanager zu betätigen, sondern könnten sich als Stadtteilentwickler verstehen und sich für einen weiteren, gemeinsam organisierten Ausbau eines effektiven Zusammenlebens einsetzen. Die metropolitane Gesellschaft hat längst gelernt, die Vielfalt als Ressource zu nutzen. Die Kommune mit ihren Expert(inn)en und Spezialist(inn)en sollte diese Kompetenzen sehen, ernst nehmen, aufgreifen, verstärken und weiter ausbauen helfen, schlicht die ihnen zugewachsene Rolle verantwortungsbewusst übernehmen.

Literatur

Baecker, Joachim u.a. (1992): Sozialer Konstruktivismus. In: Schmidt; Siegfried J. (Hrsg.): Kognition und Gesellschaft. Frankfurt, S.116-145.

Bauman, Zygmunt (1999): Die Krise der Politik. Fluch und Chance einer neuen Öffentlichkeit. Hamburg.

Biskup, Harald/ Pazarkaya, Yüksel u.a. (2001): Weidengasse. Köln.

Böll, Heinrich (1958): "Unter Krahnenbäumen". Bilder aus einer Straße von Chargesheimer mit einem Text von Heinrich Böll (Hrsg.). Köln.

Bremer, Carl (1934): Kölns rechtsrheinische Großindustrie von ihren Anfängen bis zur Gegenwart. Würzburg.

Bukow, Wolf-Dietrich (1993): Leben in der multikulturellen Gesellschaft. Die Entstehung kleiner Unternehmer und der Umgang mit ethnischen Minderheiten. Opladen.

Bukow, Wolf-Dietrich/Spindler, Susanne (Hrsg.) (2000): Die Demokratie entdeckt ihre Kinder. Politische Partizipation durch Kinder- und Jugendforen. Opladen.

Bukow, Wolf-Dietrich/Nikodem, Claudia/Schulze, Erika/Yildiz, Erol (2001): Die multikulturelle Stadt. Von der Selbstverständlichkeit im städtischen Alltag. Opladen.

Bukow, Wolf-Dietrich. (2001): Die gesellschaftliche Konstruktion der Postmoderne als metropolitane Gesellschaft. In: Bukow, Wolf-Dietrich/Nikodem, Claudia/Schulze, Erika/Yildiz, Erol (Hrsg.): Auf dem Weg zur Stadtgesellschaft. Opladen.

Die Dokumentation: IG. Keupstraße e.V., Stadt Köln u.a. (Hrsg.) (1999): Dokumentation. Veränderungsprozesse und Konfliktebenen in der Keupstraße. Köln.

Foucault, Michel (1979): Überwachen und Strafen. Frankfurt am Main.

Prass, Ilse (1988): Mülheim am Rhein. Köln.

Schmalz, Klaus M. (1997): Zivile Urbanität. In: Schmalz, Klaus M./Heinelt, Hubert (Hrsg.): Zivile Gesellschaft. Opladen, S. 399-424.

Schütz, Alfred (1971): Das Problem der Relevanz. Frankfurt am Main.

Joachim Schroeder

Schulentwicklung und die Grammatik des Zusammenlebens: Das Beispiel Hamburg-Wilhelmsburg

1. Der Bildungsraum als Spiegel sozialen Miteinanders im städtischen Quartier

In Konzepten und Maßnahmen der Schulentwicklung kommt die „Grammatik des Zusammenlebens" in städtischen Quartieren zur konkreten Anwendung: An der Gestalt der lokalen Schullandschaft lässt sich erkennen, welche Vorstellungen zum sozialen Miteinander im gemeinsam bewohnten Stadtraum entwickelt, wie diese in der Ausgestaltung der Schulen umgesetzt werden und welche Probleme sich dabei zeigen. Stadtteile sind soziale Räume, die sich gliedern in nach Funktionen ausdifferenzierte „Subräume", von denen einer der *Bildungsraum* ist, markiert durch die spezifischen Einrichtungen schulischer und außerschulischer Bildung. Die Organisation des Bildungsraumes folgt dem „Regelwerk" der sozialen Grammatik; deren Logik strukturiert die kommunalen bildungspolitischen Entscheidungen, die Schulplanung ebenso wie die Jugendhilfeplanung, die Ausarbeitung von Schulprofilen, nicht zuletzt das pädagogische Handeln von Lehrerinnen und Lehrern und das Miteinander in den Schulen.

Schulentwicklung findet in sozialen Räumen statt, die gesellschaftlichen Teilungsprozessen unterliegen. Diese den Sozialraum teilenden Prozesse führen nicht nur zu generations- und geschlechtsspezifischen, subkulturellen und institutionellen räumlichen Ausdifferenzierungen, vielmehr wird durch sie auch gesellschaftliche Ungleichheit räumlich organisiert: In der Verräumlichung sozialer Strukturen lokalisiert und verortet sich die Hierarchisierung gesellschaftlicher Positionierungen (vgl. u.a. Bourdieu 1992; Ecarius/Löw 1997; Dangschat 1998). Für die Schulentwicklung in sozialen Räumen – so beispielsweise in großstädtischen Quartieren – stellt sich die Frage, in welcher Weise sich unter dem Anspruch der Verwirklichung von *Chancengerechtigkeit* der Zugang zu und der Erwerb von Bildung organisieren lässt, so dass diese sozialen Teilungs-, gar Spaltungsprozesse nicht verstärkt werden, sondern zu deren Abbau beigetragen wird.

Im Bild des geteilten Raumes ist aber auch auf Fragen des Zusammenlebens verwiesen: Soziale Räume werden von deren Bewohnern miteinander geteilt. Sowohl in den durch gesellschaftliche Differenzierung und Teilung hervorgebrachten Raumsegmenten als auch zwischen diesen und den übergreifenden sozialräumlichen Gefügen ergeben sich vielfältige, zumeist konfligierende Konstellationen des Zusammenlebens in einem gemeinsam bewohnten sozialen Raum. Schulentwicklung sieht sich somit dem unaufhebbaren Widerspruch ausgesetzt, in Räumen zu verlaufen, die einerseits durch Teilungsprozesse gekennzeichnet, gleichwohl aber in vielfältiger Weise miteinander verschränkt und voneinander abhängig sind. In Anbetracht der strukturellen Probleme, die die Bewohner benachteiligter Stadtquartiere alltäglich bewältigen müssen, ist es nachvollziehbar, dass ein Zusammenleben in solchen sozialen Räumen erhebliche Herausforderungen darstellt. Ebenso lässt sich vermuten, dass dort auch die Organisation von Bildung vor Problemen eigener Art steht.

Fasst man unter Schulentwicklung sowohl Maßnahmen zur Entwicklung von Einzelschulen wie auch solche der Gestaltung lokaler Schulsysteme, so hat man es mit einem komplexen Gefüge aus individuellen, institutionellen und rechtlichen Entscheidungsprozessen zu tun. In dieser Entscheidungsorientierung liegt der bildungspolitische Charakter von Schulentwicklung begründet: Bildungspolitisches Handeln kennzeichne, so Tillmann (1991, S. 957), dass es sich „immer auf Entscheidungen über Rahmenbedingungen des pädagogischen Prozesses" und somit auf die „organisatorisch-systemischen Zusammenhänge" beziehe, um die „institutionellen Voraussetzungen für Bildungsprozesse" zu schaffen. Diese Entscheidungen über Rahmenbedingungen werden „in komplexen Beziehungs-, Diskussions- und Entscheidungsnetzen" (ebd.) getroffen, also auf ganz verschiedenen Ebenen und in je unterschiedlichen Bereichen, die gleichwohl miteinander zusammenhängen und sich wechselseitig beeinflussen. In diesen Entscheidungsprozessen, die den lokalen Bildungsraum hervorbringen, wirken die verschiedensten sozialen Gruppen und Institutionen mit, die dabei wiederum ihre jeweiligen Vorstellungen über das Zusammenleben im Quartier verdeutlichen:

- In ihren Bildungsprogrammen geben Schulen implizit wie explizit darüber Auskunft, ob und wie sie die lebensweltlichen Verhältnisse ihres Umfeldes beobachten, deuten und bewerten, und in welcher Weise sie sich darauf beziehen wollen. In schulintern geführten Diskussionen um die sozialen, kulturellen und ökonomischen Bedingungen im Stadtteil, in Auseinandersetzung um die pädagogischen Konsequenzen, die aus den sozialen und ethnischen Charakteristika der Schülerschaft zu ziehen sind, in der Auswahl der Unterrichtsthemen, in der Weise wie und welche außerschulischen Kooperationspartner gesucht werden, in der Begründung und Entscheidung

114

für oder gegen spezifische pädagogische Konzepte werden Zielsetzungen und Begründungszusammenhänge deutlich, wie in den jeweiligen Schulen soziales Zusammenleben im Quartier wahrgenommen wird, wie dieses gefördert werden soll und mit Hilfe welcher Methoden man dies zu tun gedenkt.

- Aus den Erwartungen, die Eltern, Schülerinnen und Schüler, aber auch die lokalen Institutionen (Vereine, Verbände, Religionsgemeinschaften usw.) an die Schulen und deren Entwicklung richten, lassen sich ebenfalls Vorstellungen über das soziale Zusammenleben im Quartier entziffern. In diesen Erwartungen ist zumeist sehr präzise, wenngleich häufig kontrovers, ausformuliert, welche Leistungen von den Schulen gefordert, welche Funktion im Quartier den Schulen zugedacht, welche Ansprüche an das Bildungsprogramm der Schulen gestellt werden.

- Schulentwicklung ist ein wichtiges Instrument der Stadtteilpolitik, um kommunale Konzepte des sozialen Zusammenlebens im Quartier umzusetzen. Die Verteilung finanzieller, personeller und sächlicher Ressourcen, die Einrichtung oder Schließung von Bildungsangeboten und Bildungsgängen, die Lenkung von Schülerströmen, die Einrichtung von Integrationsklassen für die gemeinsame Beschulung von behinderten und nicht-behinderten Kindern, die Einrichtung von Vorbereitungsklassen für junge Flüchtlinge, das Angebot von muttersprachlichem Unterricht und die Anstellung entsprechender Lehrkräfte, Angebote von Sonderklassen für Hochbegabte und Lernbehinderte, die Zuteilung oder Einsparung von zusätzlichen Deputaten usw. – all dies sind Spuren, in denen sich im kommunalpolitischen Handeln zur Gestaltung der lokalen Schullandschaft die Grammatik zur Organisation sozialen Zusammenlebens ausweist.

Aus Ergebnissen eines Forschungsprojekts[1] über verschiedene Aspekte der historischen und aktuellen Schulentwicklung im Hamburger Stadtteil Wilhelmsburg möchte ich einige Regeln formulieren, nach denen dort Schulentwicklung betrieben wird. Ebenso möchte ich Ausnahmen von den Regeln beschreiben, weil diese zeigen, wie widersprüchlich und komplex die „Grammatik des sozialen Zusammenlebens" sein kann. In die Untersuchung haben wir alle allgemein- und berufsbildenden Schulen im Stadtteil einbezogen, gegenwärtig sind dies insgesamt zwanzig Bildungseinrichtungen. Das empirische Material ist

---

1   „Mentalitätsgeschichtliche und ethnomethodologische Untersuchungen zur Schul- und Unterrichtskultur" (1995-2000), als „Institutsübergreifendes Forschungsprojekt" gefördert vom Fachbereich Erziehungswissenschaft der Universität Hamburg. Konzept und Ergebnisse des Projekts sind u.a. dargestellt in: Flegel 2000; Freidemann 2000; Freidemann/Schroeder 2000; Schroeder 1995, 1999, 2000.

aus umfangreichen Analysen von Akten der einzelnen Schulen, des Schulkreises und der Schulaufsicht gewonnen sowie aus unterschiedlichen Erhebungen und Befragungen zu den Schulentwicklungsmaßnahmen. Ziel der Studie war es, die Reaktionen der Wilhelmsburger Schulen auf Prozesse der Einwanderung und Verarmung zu untersuchen sowie Strategien der Schulentwicklung zu identifizieren, mit denen versucht wird, diese Prozesse bildungspolitisch, schulorganisatorisch und pädagogisch zu bewältigen.

2. Vom „Goldland" zur „Insel der Armen": Hamburg-Wilhelmsburg

Ab 1889 wird die Industrialisierung in Wilhelmsburg zielstrebig und rasch vorangetrieben. Die auf eine Elbinsel gebaute Stadt gilt als das idealste Industriegelände des Deutschen Reiches, der Baugrund ist entsprechend teuer. Innerhalb von etwa 25 Jahren siedeln sich mehr als hundert Großunternehmen der Metall-, Holz-, Textil- und Mineralölindustrie, des Schiffbaus sowie einige Handels- und Exportfirmen an. Begleitet ist die Industrialisierung durch eine rasche Verkehrserschließung, die Hafenanlagen werden stark erweitert, der Güterbahnhof zählt bis in die Gegenwart zu einem der größten Deutschlands. Ähnlich wie in anderen Regionen Deutschlands und Westeuropas findet in Wilhelmsburg ein sozialer Wandel statt, der durch eine forcierte Industrialisierung und ein beachtliches Bevölkerungswachstum, verbunden mit einer raschen Verstädterung, gekennzeichnet ist. Wilhelmsburg gilt als „Goldland", die evangelische Landgemeinde wandelt sich durch eine ausgeprägte Zuwanderung rasch zu einer „Vielvölkerstadt" mit weitreichenden wirtschaftlichen und sozialen Verflechtungen innerhalb des Deutschen Reiches wie auch mit Europa und der weiten Welt.

Doch nach dem Ersten Weltkrieg findet die industrielle Gründerzeit ihr abruptes Ende und es setzt eine bis in die Gegenwart andauernde Verarmungsdynamik ein. 1927 meldet die Gemeinde Wilhelmsburg den finanziellen Bankrott an und ist „unter dem Zwang der Verhältnisse" gezwungen, sich an das benachbarte Harburg zu verkaufen. Das einstige „Goldland" wandelt sich rasch zur „Insel der Armen", der Traum von der prosperierenden, blühenden modernen Industriestadt ist bereits zu Beginn des 20. Jahrhunderts zerplatzt. In einer Statistik des deutschen Städtetags wird 1926 Wilhelmsburg neben Solingen, Chemnitz und Breslau als eine der von der Arbeitslosigkeit am stärksten betroffenen Städte Deutschlands geführt.

Für das in diesem Beitrag bearbeitete Thema zur Grammatik des sozialen Zusammenlebens ist es erforderlich, wenigstens knapp die sozialen Gruppen zu

116

skizzieren, die zu verschiedenen historischen Abschnitten in Wilhelmsburg wohnten. In der Grafik unten ist für einige markante stadtteilgeschichtliche Daten und bezogen auf religiöse, sprachlich-ethnische sowie soziale Unterscheidungskriterien dargestellt, welche sozialen Gruppierungen jeweils zur Mehrheitsgesellschaft zu zählen sind und welche Minderheiten es gab.

- Zu Beginn der Industrialisierung, Mitte des 19. Jahrhunderts, ist Wilhelmsburg eine im wesentlichen von evangelischen Bauernfamilien bewohnte Landgemeinde. Die Einwohnerzahl beträgt 1860 knapp 4.000 Menschen. Der Handwerksstand wird aus wenigen Schiffszimmerern gebildet. Als religiöse Minderheiten sind die wenigen katholischen und jüdischen Familien zu betrachten, die in Wilhelmsburg wohnen. Außerdem leben bereits im 18. Jahrhundert eingewanderte, als „Zigeuner" bezeichnete Cinti in mehreren Wagensiedlungen auf der Elbinsel.
- Um 1900 ist die Einwohnerzahl auf 32.000 angestiegen. Immer noch leben etwa 4.000 Personen von der Landwirtschaft, weitere 5.000 zählen zu den am Güterbahnhof beschäftigten „Eisenbahnerfamilien", 23.000 gehören der Industriearbeiterschaft an. Trotz einer starken Zuwanderung katholischer Bevölkerung, bilden die Evangelischen weiterhin die deutlich größte Religionsgemeinschaft. In Wilhelmsburg leben nun etwa einhundert jüdische Familien sowie knapp zweihundert Cinti und aus Osteuropa zugewanderte Roma. Knapp ein Fünftel der Bevölkerung bilden vor allem polnisch sowie russisch und litauisch sprachige Reichsdeutsche, etwa 3% sind Nichtreichsangehörige, die vor allem aus Österreich-Ungarn, aber auch aus verschiedenen Ländern Südamerikas stammen. Die Mehrheit der Einwohner ist aus Hamburg sowie aus verschiedenen preußischen Städten und Gemeinden zugewandert. Obwohl die katholische, polnisch sprachige Bevölkerung numerisch eine Minderheit bildet, wird Wilhelmsburg zu dieser Zeit als „Klein-Warschau" bezeichnet.
- 1937 wird Wilhelmsburg von den Nationalsozialisten nach Hamburg eingemeindet. Im Rahmen der völkischen Siedlungspolitik werden im Westteil der Insel Lager für Obdachlose errichtet, im Ostteil kleinbürgerliche „Eigensiedlungen" gebaut, in denen die Volksgenossen ihre Heimstatt mit Kleingärtchen finden. Von den knapp 40.000 Wilhelmsburgern leben mehr als 11.000 von Fürsorge, sind über 7.000 Erwerbslose bzw. Kurzarbeiter und 1.500 sogenannte Sozialrentner. Um 1944 sind mehrere tausend Zwangsarbeiter, Kriegsgefangene und politische Häftlinge in verschiedenen Lagern auf der Elbinsel inhaftiert. Ab 1935 wird mit der Deportation der Wilhelmsburger Juden begonnen, 1940 kommen die Wilhelmsburger Cinti und Roma in Konzentrationslager.

117

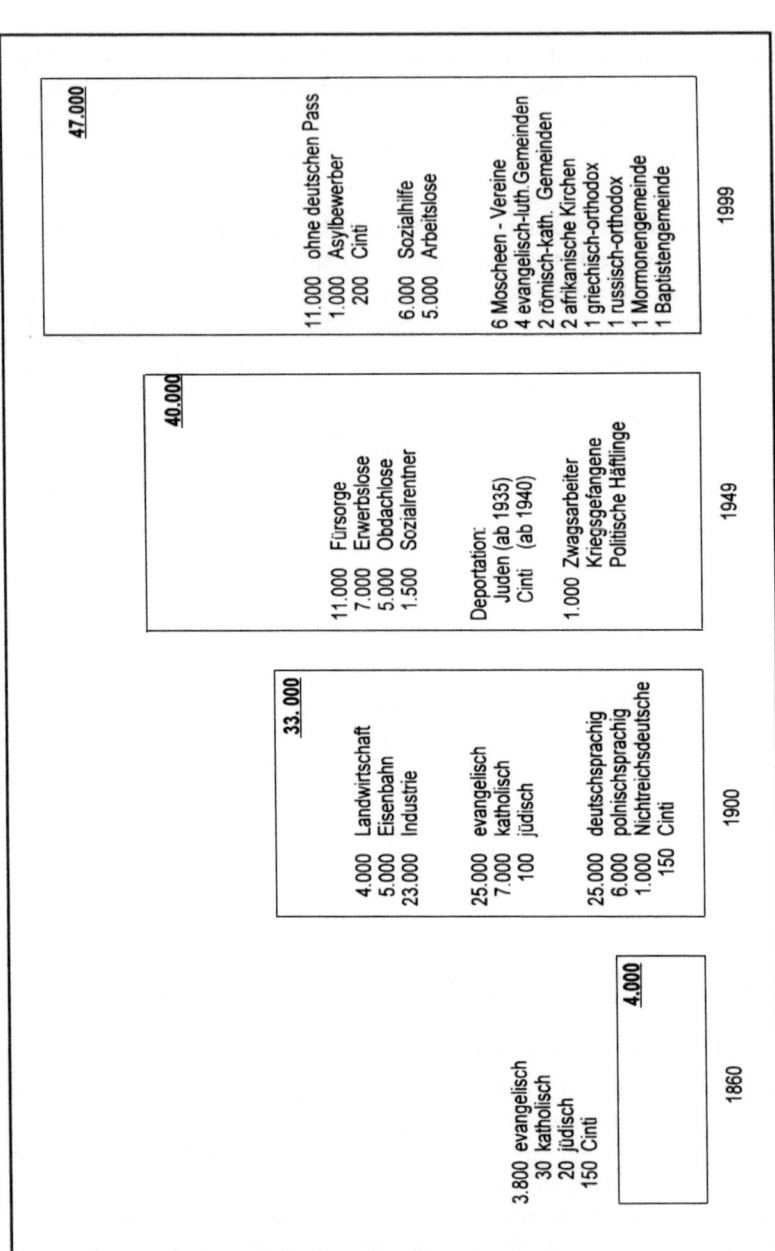

1860 — **4.000**

3.800 evangelisch
30 katholisch
20 jüdisch
150 Cinti

1900 — **33. 000**

4.000 Landwirtschaft
5.000 Eisenbahn
23.000 Industrie

25.000 evangelisch
7.000 katholisch
100 jüdisch

25.000 deutschsprachig
6.000 polnischsprachig
1.000 Nichtreichsdeutsche
150 Cinti

1949 — **40.000**

11.000 Fürsorge
7.000 Erwerbslose
5.000 Obdachlose
1.500 Sozialrentner

Deportation:
Juden (ab 1935)
Cinti (ab 1940)

1.000 Zwagsarbeiter
Kriegsgefangene
Politische Häftlinge

1999 — **47.000**

11.000 ohne deutschen Pass
1.000 Asylbewerber
200 Cinti

6.000 Sozialhilfe
5.000 Arbeitslose

6 Moscheen - Vereine
4 evangelisch-luth. Gemeinden
2 römisch-kath. Gemeinden
2 afrikanische Kirchen
1 griechisch-orthodox
1 russisch-orthodox
1 Mormonengemeinde
1 Baptistengemeinde

Abb 1: Ausgewählte Bevölkerungs- und Sozialdaten (Wilhelmsburg 1860-1999)   *Quelle: Schroeder 2000*

- Nach schweren Zerstörungen im Zweiten Weltkrieg leben 1949 bereits wieder 54.000 Menschen in Wilhelmsburg. Im Stadtteil werden rund 15.000 Flüchtlinge und Vertriebene angesiedelt sowie Lager („Nissenhütten") für rund 2.000 Obdachlose eingerichtet.
- Ab 1965 werden im Rahmen des Sozialen Wohnungsbaus mehrere große Hochhaussiedlungen errichtet, in die mehr als zehntausend Personen einziehen, die als „Dringlichkeits- und Fürsorgefälle" eingestuft sind. Inzwischen leben etwa 12.500 „Gastarbeiter" und deren Familien auf der Elbinsel sowie auch wieder etwa 150 Cinti. Eine stadtgeschichtliche Zäsur stellt das Jahr 1977 dar, als der Hamburger Senat Wilhelmsburg zum „Problemgebiet Nr. 1" der Hansestadt erklärt; es wird mit Sanierungs- und Stadtentwicklungsprojekten zur Verbesserung der „sozialen Verhältnisse" begonnen.
- Ein erneuter Sanierungsversuch des Quartiers wird 1995 gestartet. Im Rahmen eines Programms zur Armutsbekämpfung wird unter dem Stichwort „sozialer Ausgleich" angestrebt, der Segregation im Sinne einer räumlichen Konzentration sozialer Benachteiligung entgegen zu wirken sowie die Lebensbedingungen in diesem benachteiligten Quartier nachhaltig zu verbessern. Wilhelmsburg hat gegenwärtig etwa 47.000 Einwohner, davon haben 11.000 keine deutsche Staatsangehörigkeit und etwa 1.000 keinen gesicherten Aufenthaltsstatus. In einer bundesweit einmaligen „Cintisiedlung" leben rund 200 Angehörige des Familienverbandes Weiss. Eine präzise Religionsstatistik ist nicht vorhanden, doch gibt es in Wilhelmsburg gegenwärtig sechs Moscheen, vier evangelisch-lutherische und zwei römisch-katholische Gemeinden, zwei afrikanische Kirchengemeinden, eine christlich-orthodoxe sowie andere kleinere religiöse Gemeinschaften.

3. „Regeln" in der Gestaltung der Schullandschaft

In unserem Forschungsprojekt sind wir der soziologischen Annahme gefolgt, dass sich die Vergesellschaftung großstädtischen Lebens durch Praktiken symbolischer Grenzmarkierung vollzieht (Simmel 1903; Schiffauer 1997): In dieser Markierung von Grenzen zeigen sich unterschiedliche Formen sozialer Teilungsprozesse, in denen die soziale Zugehörigkeit geregelt und die soziale Ungleichheit organisiert wird. Wie einleitend dargestellt, vermuteten wir, dass Schulentwicklung in städtischen Räumen ein, zumindest auf das Kinder- und Jugendalter bezogener, wichtiger Teil dieses sozialräumlichen Markierungsprozesses ist. Wir haben deshalb gefragt, welche Grenzen im Wilhelmsburger Bildungsraum gezogen oder beseitigt werden. In dieser Perspektive wird Schulentwicklung somit als eine Form der gesellschaftlichen Aneignung sozialer Räume und als ein Bestandteil sozialräumlicher Teilungsprozesse gefasst. Der Konstruktionsprozess des Wilhelmsburger Bildungsraumes geschieht im wesentlichen unter Anwendung folgender drei Regeln.

(1) Das soziale Zusammenleben organisiert sich in Wilhelmsburg, historisch fast ausnahmslos, nach der von Elias (1990;1992) beschriebenen Etablierten-Außenseiter-Figuration; auch die Schulentwicklung folgt zumeist dieser Regel. Mit Figuration sind Beziehungsgeflechte zwischen sozialen Gruppen bezeichnet, die dem Zusammenleben von Menschen eine Gestalt geben. Kern der Figuration ist eine ungleiche Machtverteilung zwischen sozialen Gruppen, und es ist dieses „Problem der Verteilung von Machtchancen, das im Zentrum der Spannungen und Konflikte" steht (Elias 1990, S. 36). Denn immer drängten die machtunterlegenen Gruppen „mit stillem Druck oder offener Tat auf Verringerung" der Machtdifferenziale, die relativ mächtigere Gruppe „auf Erhöhung oder Wahrung der Machtunterschiede und ihrer eigenen Überlegenheit hin" (ebd.). Ursache für die Herausbildung einer Figuration sei vor allem die unterschiedliche „Wohndauer am Platz" (ebd. S. 15). In der kommunikativen Ausgestaltung dieser Differenz bilde sich eine Figuration der „Einheimischen" (Etablierten) und „Neuankömmlinge" (Außenseiter), über die sich das soziale Zusammenleben im wesentlichen organisiere. Die tatsächlichen Eigenschaften der Zugewanderten spielten für die Herausbildung der Figuration nur eine untergeordnete Rolle, vielmehr seien es relativ willkürlich gewählte Zuschreibungen, die die soziale Interaktion zwischen den Gruppen strukturieren. Vor dem Hintergrund einer allgemeinen Theorie der Ausgrenzung sind für Elias (1990, S. 25) zentral die bestehenden Machtunterschiede, die der einen Gruppe sehr viel größere Machtmittel zuspielen und sie befähigen, die Mitglieder der anderen von dieser Macht auszuschließen und sie in die Position von Außenseitern zu verbannen. Es sei die Art der Verflechtung, die die Soziodynamik und Figuration zwischen sozialen Gruppen bestimme, nicht irgendwelche davon unabhängigen Merkmale der Angehörigen der Gruppen.

In Wilhelmsburg folgt die Organisation des sozialen Zusammenlebens zwischen den „Einheimischen" und den „Neuankömmlingen" im wesentlichen dieser Regel: In der Beziehung der evangelischen Bauern zu den als „roh" etikettierten Schiffszimmerern im 18. Jahrhundert, in der Beziehung der Wilhelmsburger zu den kollektiv als „katholisch" und „polnisch" etikettierten Zuwanderern des ausgehenden 19. Jahrhunderts, in der Beziehung zu den „Gastarbeitern" und gegenwärtig zu den – wiederum kollektiv – als „türkisch" und „fundamentalistisch" wahrgenommenen vielfältigen Einwanderergruppen, nicht zuletzt in der über drei Jahrhunderte sich verfestigenden Figuration der

120

Wilhelmsburger zu den dort lebenden Cinti zeigt sich die Regel von Etablierten und Außenseitern. In diesem multikulturellen Stadtteil ist jedoch nicht ein schlichter Verflechtungszusammenhang zwischen den „ansässig-deutschen" und den „zugewandert-ausländischen" Gruppen gegeben, sondern ein komplexes Beziehungsgeflecht vielfältiger Subfigurationen, die in ebenso vielfältigen Formen der Grenzziehung hervorgebracht werden.

Auch in der Konstruktion des Wilhelmsburger Bildungsraumes finden sich Figurationen, in denen die Beziehungen zwischen sozialen Gruppen im Bildungsdiskurs sprachlich und symbolisch markiert, bildungspolitisch festgeschrieben und in der pädagogischen Interaktion fixiert werden: Die Organisation des Schulwesens orientiert sich sehr ausschließlich an den Bildungsansprüchen der „Etablierten", nachgeordnet sind die Bildungsbedürfnisse der „Außenseiter". Dies zeigt sich beispielsweise in der Diskussion um den „Tipping Point". Mit diesem Begriff wird in den sechziger Jahren in den USA ein Phänomen bezeichnet, das an „weißen" Schulen zu beobachten war, an denen nach der Aufhebung der Rassensegregation schwarze Kinder aufgenommen wurden. Mit dem „Tipping Point" ist der Anteil schwarzer Kinder in einer Klasse oder Schule bezeichnet, der zum „White Flight" führt, also zu Reaktionen von weißen Familien in Form von Umschulung oder Wohnortwechseln, um ihre Kinder der gemeinsamen Beschulung mit schwarzen Kindern zu entziehen (vgl. Bussigel u.a.1980). Auch in Wilhelmsburg wird „White Flight" von etablierten deutschsprachigen Wilhelmsburgern vollzogen, um durch Umschulung oder Wohnortwechsel ihre Kinder dem gemeinsamen Unterricht mit „ausländischen" Kindern zu entziehen.

In der schulpolitischen Debatte um den „Tipping Point" geht es darum, numerische Größen festzulegen, bei Anwesenheit von wieviel „schwierigen" oder „verhaltensgestörten" Kindern, „Zigeunerkindern" oder „Ausländerkindern" der „neuralgische Punkt" erreicht ist, an dem „normale Unterrichtsverhältnisse" nicht mehr gewährleistet sind. Findet man 1968 beispielsweise, dass der Tipping Point bei einem Anteil von 20 Gastarbeiterkindern pro Schule (!) erreicht ist, so ist gegenwärtig als Maximum ein 50%iger Ausländeranteil pro Klasse angestrebt, ein höherer Anteil, so heißt es, sei pädagogisch nicht vertretbar. Es gibt keinen Erlass, der einen solchen Grenzwert festlegt, doch können wir aus unserem empirischen Material belegen, wie er bildungspolitische, schulorganisatorische und pädagogische Entscheidungen leitet. Begründet wird die Festlegung von Tipping Points mit dem Ziel, wieder „normale Verhältnisse" herzustellen, obwohl es „Normalität" im Sinne einer sprachlich, ethnisch oder sozial homogenen Schülerschaft in Wilhelmsburg seit über einhundert Jahren nicht mehr gibt.

(2) Das soziale Zusammenleben organisiert sich auch in der von Bourdieu formulierten Regel der sozialräumlichen Distinktion. Die Lebenslage von Individuen bestimmt sich in dieser Sichtweise durch die je spezifische „Konfiguration" ökonomischen, sozialen und kulturellen Kapitals, die die Möglichkeiten und Grenzen zur Gestaltung des individuellen Lebens bestimmen (vgl. Bourdieu 1983; 1991; 1992). Bildung lässt sich als das Produkt individueller Zugangsmöglichkeit und Verfügungsmacht zu diesen unterschiedlichen Kapitalformen verstehen und Schulentwicklung als ein Verteilungsinstrument von Bildung in einem umschriebenen sozialen Raum fassen.

Eine im September 1996 an allen Schülerinnen und Schülern der fünften Klassen an Hamburger Schulen durchgeführte und 1998 an den Siebtklässlern wiederholte Untersuchung über „Aspekte der Lernausgangslage" (vgl. Lehmann/Peek 1997; 1999) löste eine bundesweite bildungspolitische Diskussion aus. Die Brisanz der Studie liegt darin begründet, dass sie nicht nur die Heterogenität der Lernstände der Kinder nachweist, sondern dass behauptet wird, es ließen sich klare Zusammenhänge zwischen diesen Lernständen zur sozialen Lage, zum Bildungsstand der Eltern und zu Migrationserfahrungen belegen. Zudem könne die ungleiche sozialräumliche Verteilung der Lernausgangslagen im Hamburger Stadtgebiet nachgewiesen werden: In einzelnen Stadtregionen erreichen die Schülerinnen und Schüler durchschnittlich weniger als 50 von 130 möglichen Testpunkten; Wilhelmsburg gehört zu diesen Stadtteilen, in denen die schlechtesten Testergebnisse erzielt wurden. Es zeigte sich zudem, dass die leistungsstärkeren Schülerinnen und Schüler in den benachteiligten Regionen etwa den Stand der leistungsschwächeren Schülerinnen und Schüler in den am meisten bevorzugten Gebieten erreichen (vgl. Lehmann/Peek 1997, S. 53).

Erklärt werden die Ergebnisse vor allem durch die soziale Benachteiligung des Stadtteils und des sehr hohen Ausländeranteils (ebd. S. 54). Die Tests zur Erhebung der Lernausgangslagen sind bezogen auf die vom Schulsystem definierten Leistungserwartungen; es zeigt sich, dass die Wilhelmsburger Kinder durchschnittlich diesen Leistungsmaßstäben nicht gerecht werden. Die Studie vermag somit Ungleichheitslagen bezogen auf die schulischen Leistungsstandards aufzuweisen. Indem jedoch ungleiche Lernleistungen an den vom Bildungssystem definierten „allgemein" erwarteten Leistungsstandards gemessen werden, bleiben diese Leistungsstandards unhinterfragt auf den schulischen Normalitätsmaßstab bezogen, nämlich am Konstrukt des deutschen Muttersprachlers mit mittelschichtigem familiären Hintergrund (vollzeitbeschäftigter Vater, teilzeitbeschäftigte Mutter, überdurchschnittliches Einkommen, nicht mehr als zwei Geschwister, hoher Buchbestand). In aller Deutlichkeit spiegelt die Studie, wie eng Schulkultur und die gesellschaftlich hegemonialen kulturellen Standards bezogen auf Lebensstile und Lebenslagen miteinander verwoben sind.

Im Konzept der „Bildungsnähe" und „Bildungsferne" benützt die Schulforschung eine Raummetapher, um die „Distanzen" in der Bildungsbeteiligung und im Bildungserfolg verschiedener sozialer Schichten zu messen. Die Studie belegt, dass Wilhelmsburg eine hohe Bildungsdistanz aufweist. Der Begriff „Bildungsdistanz" hat in dieser Perspektive einen empirisch nachweisbaren Raumbezug, weil sich zeigt, wie sozio-ökonomisch periphere Stadtteile auch benachteiligt in Bezug auf schulische Leistungsmaßstäbe sind, denen die Kinder solcher Wohnquartiere, die in der Einkommensstatistik ganz oben rangieren, durchschnittlich weitaus besser entsprechen können. Bildungsbenachteiligungen erscheinen als Folge der Verräumlichung eines allgemeinen Konzepts von Bildung, das sich aus den Leitbildern des städtischen Besitzbürgertums konstituiert sowie in Bezug darauf die Inhalte und Leistungsmaßstäbe schulischer Bildung definiert – die Chancen, diesen allgemeinen Bildungsansprüche zu entsprechen, jedoch sozialräumlich ungleich verteilt sind.

(3) Ein im Zusammenhang mit Schulentwicklung in städtischen Verdichtungsräumen immer wieder – auch in Wilhelmsburg – aufgegriffenes Konzept ist das der Stadtteilschule, mit dem intendiert ist, durch „Öffnung der Schulen" zum städtischen Milieu hin auf die spezifischen lebensweltlichen Strukturen in benachteiligten Quartieren pädagogisch angemessen zu reagieren. Die Wilhelmsburger Bildungslandschaft zeigt jedoch in der Verwirklichung dieses Anspruchs einige bemerkenswerte Verwerfungen. Wie wir mit unseren empirischen Arbeiten belegen können, öffnen sich die dortigen Schulen den außerschulischen sozialen Räumen in starrer schulformspezifischer Weise: Die Gymnasien und Gesamtschulen „öffnen" sich zum Theater, zum Konzertsaal, zu Museen, zur Bibliothek, zur Universität, zu historischen Stätten, zum innereuropäischen oder transatlantischen Schüleraustausch, auch zu Wissenschafts- und Umweltläden, zu entwicklungspolitischen Initiativen, zu „Jugend forscht", zum Internet. Den Haupt- und Förderschulen liegt es dagegen im Allgemeinen näher, sich an das Arbeitsamt, an Jugendhäuser und Sportvereine, an Betriebe und Beratungsstellen anzuschließen, und die Schülerinnen und Schüler an soziale Einrichtungen heranzuführen.

Wir erklären uns diese Ergebnisse damit, dass sich offensichtlich in langen und verfestigten Bildungstraditionen, im Rahmen des gegliederten Schulsystems, je besondere schulartbezogene Perspektiven auf soziale Räume und deren Bildungspotenziale herausgebildet haben, die die Wahrnehmung in den Schulen formatieren. Liebau beschreibt für die kulturpädagogische Orientierung von Schulen ähnliches:

„Empirisch aber setzt sich noch immer das alte Muster durch: ästhetische Arbeit findet vor allem im höheren Schulwesen, insbesondere im Gymnasium, ihren Ort. Die Kultursoziologie weiß die Gründe dafür." (Liebau 1995, S. 41)

Was er für den Bereich der Kunst zeigt, lässt sich in unseren Untersuchungen ebenso für die politische Bildung, die Vorbereitung auf die Arbeitswelt, die Naturaneignung oder für die religiöse Erziehung nachweisen: Die Außenorientierung der Schulen erfolgt in sehr enggeführten schulartspezifischen Wahrnehmungen des sozialen Raumes, die Öffnungen werden durch den tradierten Habitus der jeweiligen Schulform verräumlicht, den Schülerinnen und Schülern werden nach Bildungsgängen vorgespurte Zugangswege zum Umfeld eröffnet. Der Bildungsraum wird schulformspezifisch geteilt.

Ursprünglich war mit dem Programm der Stadtteilschule die Hoffnung verbunden, dass sich die in der Aufteilung des Kultur- und Bildungsraums widerspiegelnde Gliederung des Schulsystems überwinden lasse, indem sich Schulentwicklung stärker auf den lebensweltlichen Hintergrund der Schüler bezieht. Ein erweiterter Begriff von Hochkultur sollte den Bezugspunkt bilden, der nicht mehr als ein fester Kanon anerkannter Bildungsgüter gefasst, sondern in dem nach Vermittlungsformen gesucht wird, die den Schülern vor dem Hintergrund ihrer Alltagskultur Zugänge zu einer produktiven und rezeptiven Praxis eröffnen (vgl. Liebau 1999, S. 175f).

„Die Habitusformen der Kinder sind wesentlich durch das soziokulturelle und sozialökologische Umfeld der Schule mitbestimmt; es würde der Schule daher um so eher gelingen, ihre eigenen sachlichen Anforderungen zur Geltung zu bringen, je mehr sie an die 'mitgebrachten' Habitusformen anknüpfen und zu ihrer Weiterentwicklung beitragen könnte. Dies wiederum konnte in den 'natürlichen', den lebenspraktischen Kontexten vermutlich besser und verbindlicher gelingen als im institutionellen Kontext der Schule allein. Dementsprechend mußte es darauf ankommen, Verbindungen zwischen der Schule und ihrem Umfeld herzustellen, die auch einen Wechsel der Lernorte und der Lernarten möglich machen konnten." (Liebau 1995, S. 37)

Wie die genannten Untersuchungsergebnisse zeigen, weitet eine Lebenswelt- oder Stadtteilorientierung aber nicht zwangsläufig den Blick einer Schule, sondern dieser kann sich weiterhin im historisch verengten Horizont der Schulform bewegen.

Es ist hier nicht zuletzt das alte Problem einer Demokratisierung des Zugangs zu kulturellen und sozialen Räumen aufgeworfen. Guerra (1997) weist darauf hin, dass mit der zunehmenden Bedeutung, die dem außerschulischen Bildungssektor zukommt, eine neue Ungleichheit in den Aneignungsmöglichkeiten dieser nicht-schulischen Form der Bildung entstehen werde, „eine[r] Ungleichheit, der vor allem jene ausgeliefert sind, die die Bildungsangebote ihrer Lebensumgebung nur aus einer untergeordneten oder randständigen Position heraus nutzen können, oder deren Lebensumgebung einfach arm an derlei Angeboten ist". Daraus folge „die konsequente Neuinterpretation des Konzepts Recht auf Bildung, begrifflich erweitert nun als Recht auf Aneignung, dessen Voraussetzungen für alle Individuen zu jeder Zeit und an jedem Ort garantiert werden müssen" (Guerra 197, S. 223f). Er schlägt vor, in Stadtteilen ein „Netz territorialer Bildungsagenturen" aufzubauen, „das den engen Rahmen des 'Schul'systems verlässt, um zum wirklichen ‚Bildungs'system zu werden" (ebd. S. 224). Der Abbau verräumlichter Bildungsbarrieren würde durch den systematischen Aufbau eines Netzwerks der Bildung intendiert, in das die Schulen eingebunden sind, in dem ihnen auch eine wichtige Koordinierungs- und Steuerungsfunktion zukäme, in dem diese aber nicht mehr über das Bildungsmonopol verfügen. Noch immer erfolgt jedoch die Gestaltung des Wilhelmsburger Bildungsraumes in Bezug auf die Entwicklung des lokalen Schulsystems, nicht auf die einer Bildungslandschaft, mit einer konsequenten Verzahnung und Vernetzung formaler, non-formaler und informeller Lernorte und Bildungsangebote.

4. „Ausnahmen" in der Gestaltung der Schullandschaft

Als regelhaft wurde bezeichnet, dass sich Schulentwicklung auf die Bildungsansprüche der historisch je zur Mehrheitsgesellschaft zählenden sozialen Gruppen bezieht. Wir haben in der Wilhelmsburger Schulgeschichte jedoch auch Beispiele gefunden, in denen von den bislang beschriebenen Regeln abgewichen und versucht wird, die Bildungsbedürfnisse von Minderheiten zu berücksichtigen. Drei solcher Ausnahmen von den Regeln seien knapp skizziert.

(1) Zwischen 1977 und 1985 werden in einer der Wilhelmsburger Hauptschulen ausschließlich türkisch-sprachige Kinder aufgenommen und eine konsequente Türkisierung der Schule auf der Ebene des Personals, der Bildungsangebote, der Lehrmaterialien, der außerschulischen Arbeit wie auch des Schullebens durchgeführt. Das Kollegium setzt sich damals aus zehn deutschen und sieben türkischen Lehrerinnen und Lehrern zusammen. Dieses außergewöhnliche Mischungsverhältnis in Verbindung mit der Tatsache, dass die türkischen Lehrer nicht lediglich zuständig für den muttersprachlichen Unterricht, sondern gleichwertige Mitglieder des Kollegiums sind, zeigt, welches schulreformerische Innovationspotenzial diese Schule gehabt hätte, wenn sie denn auch in Bezug auf die schulrechtliche Rahmung konsequent weiterentwickelt worden wäre. Mit dem hier verfolgten Ansatz einer ethnischen Homogenisierung der Schülerschaft als Konzept schulinterner Entwicklung beschreitet diese Schule dahingehend pädagogisches Neuland, dass versucht wird etwas einzurichten,

was nach dem deutschen Schulrecht lediglich in der Weimarer Republik ab 1920 als Minderheitenrecht und in der Nachkriegszeit zwischen 1945 bis 1950 als Ausnahmeregelung möglich gewesen ist (vgl. Hansen 1991, S. 29-30): Eine staatlich öffentliche Schule für eine sprachliche, kulturelle und ethnische Minderheit zu schaffen, diesen also eine kulturelle Teilautonomie unter der Aufsicht deutscher Schulbehörden zuzugestehen. Es hat in der Wilhelmsburger Hauptschule ein interessantes Schulexperiment stattgefunden, um zu beobachten, welche erwünschten Wirkungen und welche unerwünschten Nebenfolgen eine Schulentwicklung hervorbringt, die in konsequenter Weise versucht herauszufinden, welche Bildungsbedürfnisse die in eine deutsche Großstadt eingewanderten türkischsprachigen Kinder haben und wie sich diese befriedigen lassen. Allerdings wurde der Schritt zu einer schulrechtlichen Absicherung des Versuchs nicht konsequent gegangen, das Kollegium und der Kreiselternrat geben sich mit einem behördlich geduldeten, rechtlich jedoch unzureichend abgesicherten Status zufrieden. Das Zugeständnis relativer kultureller Autonomie seitens der Behörde bleibt aus, die Schule wird schließlich aufgelöst – die Ausnahme durfte nicht zur Regel werden.

(2) Zur Beschulung der schulpflichtigen Kinder und Jugendlichen der in Wilhelmsburg ansässigen Cinti richtet die Hamburger Schulbehörde dagegen einen offiziellen Schulversuch ein. Dem geht ein Bürgerschaftsbeschluss voraus, um in einem für Hamburg einmaligen Bauprojekt eine Siedlung unter Berücksichtigung der von den Cinti geäußerten Wohnbedürfnisse zu errichten; in einem zweiten Schritt soll dann eine an den Bildungsbedürfnissen der Cinti orientierte Schule entstehen. Es wird somit der Weg vom Wohnmodell zum Schulmodell gewählt, um Stadtteil- und Schulentwicklung, Wohnbau- und Bildungspolitik kohärent zu integrieren.

Für die Wohnsiedlung nennen die Cinti folgende Wünsche: Eingeschossige, nicht unterkellerte Bauweise mit naturbelassenen Böden für erdnahes Wohnen, Gebären und Sterben; gemeinschaftliche sanitäre Anlagen, für Männer und Frauen jedoch getrennt; im Hausgrundriss Berücksichtigung eines zentralen und großen Wohnküchenraumes mit Kohlebefeuerung und Beistellherd; überdachte und beidseitig zu öffnende Lagerräume; zusätzlich freistehende Lagerflächen und Möglichkeiten zur Kleintierhaltung innerhalb der Siedlung. Obwohl die Bau- und die Gesundheitsbehörde zunächst allerlei Bedenken gegen diese Baupläne hegen, lassen sich die Wünsche der Cinti in vollem Umfange berücksichtigen. Aus Mitteln des Sozialen Wohnungsbaus werden schließlich in der dreiseitig von Wettern und Baumbewuchs umfassten Siedlung 21 Hausgruppen aus Doppelwohnhäusern und dazwischen liegenden Wirtschaftsräumen sowie einer zentral gelegenen Gemeinschaftsfläche erstellt.

126

Bis 1984 bleiben die Bildungsbedürfnisse von Cinti und Roma in Hamburg so gut wie unberücksichtigt. Geringe Einschulungsraten, eine kurze Verweildauer der Kinder im Schulsystem, frühzeitiger Abgang von den Schulen in aller Regel ohne Abschluss, äußerst geringe Übertrittsquoten in die Realschule oder in ein Gymnasium, selten ein Übergang in eine Berufsausbildung, hohe Überweisungsraten in Sonderschulen kennzeichneten deren Bildungssituation. Die Schulbehörde wird vom Hamburger Senat aufgefordert, ein Konzept zur schulischen Förderung der Cintikinder zu entwickeln, das dazu beiträgt, „Chancenungleichheit" abzubauen, und dieses Konzept beispielhaft in der siedlungsnahen Grund- und Hauptschule umzusetzen. Ab 1985 wird in Hamburg mit der systematischen Fortbildung von Lehrerkräften begonnen, die mit Roma und Cinti arbeiten, es werden Roma-Schulsozialarbeiter eingestellt, systematisch wird muttersprachlicher Unterricht in Romanes erteilt, im Institut für Lehrerfortbildung wird außerdem eine halbe Stelle für die Beratung von Schulen mit Cinti- und Romakindern eingerichtet.

Die vielfältigen schulorganisatorischen, curricularen und pädagogischen Probleme, die beim „Umbau" dieser Schule aufgetreten und teilweise auch gegenwärtig noch ungelöst sind, möchte ich nicht beschönigen, sie können hier allerdings nicht im Einzelnen dargestellt werden (vgl. Schroeder 2000, S. 142-151). Bildungspolitisch bedeutsam ist dieser Schulversuch jedoch deshalb, weil er bislang das einzige Beispiel ist, dass in Hamburg ein schulrechtlicher Rahmen geschaffen wurde, um ein an den Bildungsansprüchen einer sprachlich-ethnischen Minderheit orientiertes Bildungsangebot zu machen und somit deren Bildungsansprüche uneingeschränkt, gleichberechtigt und gleichwertig anzuerkennen. Allerdings ist eine Ausnahme von der ansonsten gültigen Regel nicht wirklich viel.

(3) Auch die in Wilhelmsburg gegründete „Freie Schule Hamburg" ist in der gesamten deutschen Schullandschaft ein bemerkenswerter, weil ziemlich einmaliger Schulversuch. Das Bildungsangebot richtet sich an voll- und teilzeitschulpflichtige Jugendliche, die im Regelschulsystem nicht klar kommen oder von diesem ausgegrenzt werden. Die Freie Schule ist nicht nur eine „normale" – wenn auch ungewöhnliche – öffentliche Schule, sondern die einzige nicht weltanschauliche Schule in freier Trägerschaft Hamburgs, die zu hundert Prozent aus staatlichen Mitteln finanziert ist.

In ihrem radikalen Verzicht auf „Sonder-Zulagen" stellt die Freie Schule eine scharfe Kritik an der Aussonderungspraxis der Regelschule dar. Die Freie Schule weicht insofern von den für die Wilhelmsburger Schullandschaft typischen Gestaltungsregeln ab, dass keine Diskussionen um „Tipping Points" geführt, kein „normales Maß" gesucht oder definiert, keine Etikettierungen der

Schüler vorgenommen werden, um zusätzliches und/oder spezielles Personal, mehr Deputate, kleinere Klassen oder sonstwie verbesserte Bedingungen zu erhalten. Mit sechs halben Lehrerstellen für 73 Schülerinnen und Schüler ist der Personalschlüssel extrem niedrig für eine auch am Wochenende geöffnete Ganztagesschule. Im Spiegel dessen muss sich die Regelschule fragen lassen, inwiefern die Strategie legitimierbar ist, Kinder und Jugendliche an schulisch definierten Normalitätsmaßstäben zu vermessen, auf diese Weise die „Nicht-Normalen" zu „identifizieren", diese dann zu fördern, jedoch nur unter der Bedingung, dass zusätzliche Fördermittel bereitgestellt werden; und sich zudem das Recht vorzubehalten, die Beschulung aufzukündigen, wenn die „Integrierbarkeit" nicht gelingt.

Dass sich Hamburg eine „richtige" öffentliche Schule für Outcasts leistet, ist sehr anerkennenswert. Dass zudem nicht erneut eine Sonder-Schule entstanden ist, in der nach vorheriger ausgeklügelter Selektion mit sonderpädagogischer Ausrüstung die Ausgegrenzten reintegriert werden, sondern die Freie Schule gleichwertiger (weil voll finanzierter und rechtlich gleichgestellter) Teil des öffentlichen Schulsystems ist, halte ich ebenfalls für außerordentlich beachtlich. Dass sich die Millionenstadt Hamburg eine solche Schule leistet, in der gerade mal siebzig Jugendliche Platz finden, kann angesichts der Zahlen nicht befriedigen: So brechen beispielsweise in der Hansestadt jährlich 1.500 Jungen und Mädchen einen Bildungsgang der Sekundarstufe I ab, das sind recht genau 10% eines Jahrgangs. Zeigt sich darin nicht, wie wenig Beachtung den Bildungsbedürfnissen der benachteiligten Schülerschaft geschenkt wird?

Mit der rechtlichen und finanziellen Anerkennung der „Cinti-Schule" und der Freien Schule hat die Bürgerschaft implizit eingestanden, dass die verfügbaren Schulformen und Bildungsangebote des Hamburger Bildungswesens keinesfalls ausreichen, um allen Jugendlichen, eben auch den nicht normgerechten, einen Bildungsweg in die Gesellschaft offenzuhalten. Ebenso wird angezeigt, dass sich die Schulentwicklung im städtischen Raum über weitere Alternativen zur Regelschule Gedanken machen muss, will sie nicht auf eben diejenigen Kinder und Jugendlichen ausgrenzend wirken, die unter Bedingungen von Einwanderung und Verarmung aufwachsen. Eine Grammatik der Schulentwicklung, die regelhaft und nicht nur ausnahmsweise auf die Anerkennung spezifischer Bildungsansprüche sprachlicher, ethnischer und sozialer Minderheiten und somit auf die Stiftung von Chancengleichheit zielt, ist in Wilhelmsburg noch zu schreiben.

128

Literatur

Bourdieu, Pierre (1983): Ökonomisches Kapital, kulturelles Kapital, soziales Kapital. In: Kreckel, Reinhard (Hrsg.): Soziale Ungleichheit. Soziale Welt, Band 2, Göttingen, S. 183- 198.

Bourdieu, Pierre (1991): Physischer, sozialer und angeeigneter physischer Raum. In: Wentz, Martin (Hrsg.): Stadt-Räume. Frankfurt am Main, S. 25-34.

Bourdieu, Pierre (1992): Sozialer Raum und symbolische Macht. In: ders.: Rede und Antwort. Frankfurt/am Main, S. 135-154.

Bussigel, Margret/Hansen, Georg/Rolff, Hans-Günther (1980): Ethnische Minderheiten, Schülerzahlen-Rückgang und Jugendarbeitslosigkeit. Schulentwicklung in den USA. Ein Bericht für die Volkswagenstiftung. Dortmund.

Dangschat, Jens S. (Hrsg.) (1999): Modernisierte Stadt – gespaltene Gesellschaft. Ursachen von Armut und sozialer Ausgrenzung. Opladen.

Ecarius, Jutta/Löw, Martina (1997): Raum – eine vernachlässigte Dimension erziehungswissenschaftlicher und sozialwissenschaftlicher Forschung und Theoriebildung. In: Ecarius, Jutta/Löw, Martina (Hrsg.): Raumbildung – Bildungsräume. Über die Verräumlichung sozialer Prozesse. Opladen, S. 7-14.

Elias, Norbert (1990): Zur Theorie von Etablierten-Außenseiter-Beziehungen. [Erstveröffentlichung: Amsterdam 1976] Deutsche Fassung in: Elias, Norbert/Scotson, John L.: Etablierte und Außenseiter. Frankfurt am Main, S. 7-56.

Elias, Norbert (1992): Figuration. In: Schäfers, Bernhard (Hrsg.): Grundbegriffe der Soziologie. Opladen, S. 88-91.

Elias, Norbert/Scotson, John L. (1990): Etablierte und Außenseiter. [Erstausgabe London 1965] Frankfurt am Main.

Flegel, Dirk (2000): Lernwelt Hamburg-Wilhelmsburg. Wahrnehmungen von Jugendlichen über räumliche Aneignung und Lernprozessen im Stadtteil. Schriftliche Hausarbeit zur 1. Staatsprüfung für das Lehramt an Grund- und Mittelstufen. Fachbereich Erziehungswissenschaft der Universität Hamburg (unveröffentlichtes Manuskript).

Friedemann, Hans-Joachim (2000): „Zur Mitwirkung von Laien und Experten im Unterricht". Dissertation am Fachbereich Erziehungswissenschaft der Universität Hamburg (unveröffentlichtes Manuskript).

Friedemann, Hans-Joachim/Schroeder, Joachim (2000): Von der Schule ... ins Abseits? Untersuchungen zur beruflichen Eingliederung benachteiligter Jugendlicher. Ulm-Langenau.

Guerra, Luigi (1997): Die erziehende Stadt. In: Becker, Gerold/Bilstein, Johannes/Liebau, Eckart (Hrsg.): Räume bilden. Studien zur pädagogischen Topologie und Topographie. Seelze-Velver, S. 221-232.

Hansen, Georg (1991): Andere Ethnien in Schulen in Deutschland – historische Traditionslinien und aktuelle Rechtssituation. Studienbrief der FernUniversität - Gesamthochschule- Hagen. Hagen.

Lehmann, Rainer/Peek, Rainer (1997): Aspekte der Lernausgangslage von Schülerinnen und Schülern der fünften Klassen an Hamburger Schulen. Bericht über die Untersuchung im September 1996. Humboldt-Universität zu Berlin.

Lehmann, Rainer/Peek, Rainer (1999): Aspekte der Lernausgangslage und der Lernentwicklung von Schülerinnen und Schülern der siebten Klasse an Hamburger Schulen. Bericht über die Untersuchung im September 1998 (LAU 7). Humboldt-Universität zu Berlin.

Liebau, Eckhart (1995): Schulkultur und Jugendschule. Perspektiven einer jugend-orientierten Reform des unteren Schulwesens. In: Mack, Wolfgang (Hrsg.): Haupt-schule als Jugendschule. Beiträge zur pädagogischen Reform der Hauptschulen in sozialen Brennpunkten. Ludwigsburg, S. 35-47.

Liebau, Eckhart (1999): Erfahrung und Verantwortung. Werteerziehung als Pädagogik der Teilhabe. Weinheim/München.

Schiffauer, Werner (1997): Fremde in der Stadt. Zehn Essays über Kultur und Diffe-renz. Frankfurt am Main.

Schroeder, Joachim (1995): Entwurf eines mentalitätsgeschichtlichen und ethnometho-dologischen Ansatzes für die Unterrichts- und Schulforschung. Hamburg (Projekt-antrag).

Schroeder, Joachim (1999): Farbenblind im Kunterbunt? Interkulturelle Erziehung in Schule und Bibliothek. In: Schulbibliothek Aktuell, 2 (1999), S. 121-132.

Schroeder, Joachim (2000): Bildung im geteilten Raum. Schulentwicklung unter Bedin-gungen von Einwanderung und Verarmung. Habilitationsschrift, Fachbereich Erziehungswissenschaft, Universität Hamburg.

Simmel, Georg (1992): Der Raum und die räumliche Ordnung der Gesellschaft. [Erst-druck als „Soziologie des Raumes". Berlin 1903] In: Simmel, Georg: Soziologie. Untersuchungen über die Formen der Vergesellschaftung. Gesamtausgabe Band II, Frankfurt am Main, S. 687-790.

Tillmann, Klaus-Jürgen (1991): Erziehungswissenschaft und Bildungspolitik. Erfahrun-gen aus der jüngsten Reformphase. In: Zeitschrift für Pädagogik 37 (1991) 6, S. 955-974.

David May

Konflikte und deren Ethnisierung in der Dortmunder Nordstadt

Dieser Beitrag entstand aus der Verwunderung heraus, dass Bewohner(innen) der Dortmunder Nordstadt Konflikte zwischen den in der Öffentlichkeit wahrgenommenen ethnischen Gruppen und deren Mitgliedern recht unversöhnlich präsentieren, ohne dass sich dies in größeren Auseinandersetzungen widerspiegelt. Trotz allerlei dramatischer Rhetorik ist es beispielsweise nicht zu aufsehenerregenden rassistischen Gewalttaten gekommen. Betrachtet man das Leben in der Nordstadt genauer, so zeigt sich, dass sich – abgesehen von alltäglichen Konflikten und der schon erwähnten dramatischen Rhetorik – ein Modus Vivendi entwickelt hat. Auf Seiten vieler Deutscher ist eine Art angewiderte Toleranz entstanden, während Immigrant(inn)en mal resigniert, mal vehement, mal für sich selbst, mal für eine Gruppe Menschen Anerkennung einfordern.

Nach einer kurzen Präsentation des konflikttheoretischen Rahmens sowie der Dortmunder Nordstadt soll im folgenden gezeigt werden, was für Konfliktformen die Bewohner(innen) der Nordstadt erwarten. Diese Erwartungen beeinflussen entscheidend die Wahrnehmung von Konflikten. Dabei wird eine Typisierung der von den Interviewpartner(inne)n beschriebenen Konflikte mit Beispielen aus den Interviews präsentiert. Hier zeigt sich, dass die Typologien aus der Literatur für die Anwendung teilweise angepasst werden müssen. Das liegt zum einen an der ständig anwesenden Ethnisierung, zum anderen an den spezifischen Interaktionsstrategien der Menschen in der Nordstadt. Abschließend wird der Modus Vivendi der Nordstadt unter den Bedingungen der Ethnisierung diskutiert.

Die empirische Grundlage dieses Beitrags besteht in erster Linie aus biographischen Interviews vom Herbst 1997 mit Alteingesessenen und Zugewanderten, wobei letztere zumindest einen Teil ihres Lebens in einem der klassischen Anwerbeländer verbracht haben. Der Erzählimpuls der Interviews zielte auf eine biographische Erzählung des Lebens im Quartier ab, nicht auf ein Berichten und Bewerten von Konflikten. Sechs Interviews wurden sequenz-

131

analytisch-hermeneutisch ausgewertet, weitere zehn wurden ergänzend hinzugezogen. Die hier verwendeten Namen sind Pseudonyme. Zitate aus den Interviews sind häufig an die Schriftsprache angepasst.

1. Konflikttheoretische Grundlage

Die soziologische Konflikttheorie steht in einer heterogenen Theorietradition. Zum einen gibt es aufbauend auf Marx und Simmel eine makrosoziologische Tradition, die entscheidend von Dahrendorf (z.B. 1974) und Coser (z.B. 1956, 1957) geprägt wurde. Andererseits gibt es auch mikrosoziologische und sozialpsychologische Traditionen, die sich insbesondere mit Gruppenprozessen und Konfliktlösung befassen (z.B. Deutsch 1991 oder Insko et al. 1992, die auf Campbell, Tajfel und Turner verweisen). Die Konflikttheorie geht von der Universalität der Probleme sozialer Ungleichheit, knapper Ressourcen und kontingenter Regeln aus, die dazu führen, dass Konflikte der gesellschaftliche Normalfall sind. Eine Gesellschaft mit vollkommener Integration und Auflösung aller Konflikte käme zum Stillstand, da es gerade Konflikte sind, die zu einer Weiterentwicklung der Gesellschaft führen (vgl. Dahrendorf 1974 sowie Coser 1957). Entscheidend für diesen Aufsatz sind folgende Kategorisierungen von Konflikten:

Die *Form der Konfliktaustragung* unterteilt Giesen (vgl. 1993, S. 105ff) in einem Lehrbuchaufsatz, der sowohl makro- als auch mikrosoziologische Aspekte umfasst, in Gewalt, sozialen Kampf, geregelten Wettbewerb, Debatte sowie herrschaftsfreien Diskurs. Gewalt und Diskurs sieht Giesen allerdings als unrealistische Extrempunkte an. Sitkin/Bies (vgl. 1993) dagegen unterscheiden folgende fünf Konfliktmanagementstrategien: Gewalt und Dominanz, Rückzug und Vermeidung, Besänftigen und Schlichtung, Kompromiss sowie Kooperation.

Die *Ursachen und Ziele* von Konflikten unterscheidet Giesen (vgl. 1993, S. 104ff) in Rangordnungskonflikte, Verteilungskonflikte und Regelkonflikte (ebenso Oberschall 1973, S. 30f). Diese drei Konfliktursachen und -ziele sind eine idealtypische, analytische Kategorisierung. In der Regel treten Mischformen auf, wo beispielsweise eine Statushierarchie mit dem Verweis auf angebliche Normkonformität begründet wird.

In der Diskussion um die vereinende oder verfeindende Kraft von Konflikten unterstreicht Angell (vgl. 1965, S. 98), dass vor allem externe Konflikte zu einer höheren internen Integration führen. Damit Konflikte widerstreitende Parteien integrieren können, bedarf es aber eines gewissen Grundkonsenses. Dies ist bei ethnisierten Konflikten (zum Begriff der Ethnisierung vgl. Bu-

132

kow/Llaryora 1998, S. 95ff) zwischen Menschen, die als „Deutsche" und als „Ausländer(innen)" wahrgenommen werden, von besonderer Bedeutung, da die Zugehörigkeit letzterer zur deutschen Gesellschaft immer wieder in Frage gestellt wird. Der Konflikt wird damit als externer definiert.

Ein weiterer wichtiger Punkt in Konfliktsituationen ist, dass sich Individuen grundsätzlich kooperativer verhalten als Gruppen (vgl. Insko et al. 1992). Bei ethnisierten Konflikten stehen die verschiedenen ethnischen Gruppen stets als Interpretationsfolie zur Verfügung und führen dadurch häufiger zu einem unversöhnlichen Konfliktverlauf in Konfliktsituationen zwischen zwei Individuen.

2. Die Dortmunder Nordstadt als Immigrationsstadtteil

Die Dortmunder Nordstadt ist ein altes, innerstädtisches Quartier, das Mitte bis Ende des 19. Jahrhunderts erbaut wurde. Durch die Nähe zu großen Industrieanlagen und die Durchmischung mit kleineren Fabriken und Gewerbebetrieben entwickelte sich die Nordstadt bald zu einem Arbeiter(innen)quartier (vgl. Horstmann 1989). Das Wachstum der Nordstadt wurde entscheidend von der Industrialisierung und der Migration von Arbeitskräften nach Dortmund beeinflusst. Dabei lassen sich fünf Hauptphasen der Migration ausmachen:

– Mitte des 19. Jahrhunderts regionale Migration,
– Immigrant(inn)en aus Osteuropa um die Jahrhundertwende,
– Vertriebene nach dem Zweiten Weltkrieg,
– die so genannten „Gastarbeiter" in den 60er und 70er Jahren, sowie
– Aussiedler(innen) und Flüchtlinge in den 80er und 90er Jahren.

Während aller Phasen ist die Nordstadt eine wichtige erste Anlaufstelle für Neuankömmlinge, da sie verspricht, durch Wohnraum und die Nähe zu Arbeitsplätzen beim Einleben in der neuen Stadt zu helfen (vgl. Caesperlein/Gliemann 1998, S. 201). Manche bleiben dort wohnen, aber viele ziehen weg, um dem negativen Image des Stadtteils zu entkommen. Heutzutage werden üblicherweise die Immigrant(inn)en der letzten zwei Migrationsphasen sowie deren Nachkommen als allochthon angesehen. Der Ausländeranteil der offiziellen Statistik (DO 2001) steigt bis Ende 2000 auf 41,9%, während die entsprechende Zahl für die Gesamtstadt 12,7% beträgt. Unter den Ausländer(inne)n stellen Menschen mit ausschließlich türkischem Pass die größte Gruppe. An der Bevölkerung der Nordstadt haben sie aber nur einen Anteil von 17,1%. Ein spezielles Merkmal der Nordstadt ist ihre Größe mit 54 137 Einwohner(inne)n.

Die räumliche Situation der Nordstadt verdient besondere Erwähnung. Sie ist von Industrieflächen und Bahnlinien eingeschlossen, die nicht nur eine

133

physische, sondern auch mentale Barriere darstellen. Damit ist die Nordstadt deutlich von der Innenstadt und anderen Stadtteilen abgegrenzt. Durch die umliegende Industrie und den hohen Anteil an Arbeiter(inne)n im Stadtteil hat sich bald nach Entstehen der Nordstadt ein Status- und Machtunterschied gegenüber dem Dortmunder Süden herausgebildet. Dieser anfängliche Status- und Machtunterschied ist der Grund einer bis heute anhaltenden Stigmatisierung. Weil die Nordstadt so groß und räumlich abgegrenzt ist, lässt sie sich auch besonders leicht stigmatisieren. So hat sich eine räumliche Etablierten-Außenseiter-Beziehung zwischen den Bewohner(inne)n der Reststadt auf der einen Seite und denen der Nordstadt auf der anderen Seite entwickelt (vgl. Elias 1994, Caesperlein/Gliemann 1998 sowie May 2001).

3. Erwartungen zur Form ethnisierter Konflikte in der Nordstadt

Die Befürchtungen der Deutschen im Hinblick auf Konflikte mit Nichtdeutschen in der Nordstadt sind zum Teil drastisch. Das extremste Beispiel liefert Anker, ein etwa 70 Jahre alter, deutscher Facharbeiter, Gewerkschafts- und Kirchenfunktionär. Er sagt:

„So haben sich (...) Enklaven gebildet hier im Norden, wo überwiegend ausländische Bürger wohnen. Da sind keine Krawalle, das ist ja das Eigenartige."

Anker erwartet also einen sehr gewalttätigen Ausbruch von Konflikten, wobei das Wort „Enklave" zum Zeitpunkt des Interviews beispielsweise aus der Bezeichnung der „muslimischen Enklave Srebrenica" im Zusammenhang mit besonders gewalttätigen Konflikten geläufig ist. Zusätzlich legt die lexikalische Bedeutung des Wortes „Enklave" – fremdes Staatsgebiet im eigenen Staatsgebiet – nahe, dass es in der Nordstadt Häusergruppen gibt, in denen die deutschen Normen und Gesetze nicht gelten. So wird die Fremdheit der Nichtdeutschen zum Grund für die (befürchteten) gewalttätigen Konflikte. Andere Konflikte wie etwa solche um sozialstaatliche Leistungen, Arbeitsplatzsicherheit und Lohnerhöhungen, die Anker aus seiner Tätigkeit als Gewerkschaftsfunktionär kennt, sieht er dagegen im wesentlichen auf Streiks und Demonstrationen beschränkt. Der hier beschriebene Konflikt ist explizit nicht eingetreten. Allerdings wird er, wie auch andere weniger gewalttätige Konflikte, von den deutschen Interviewpartner(inne)n erwartet[1].

---

1   Die nichtdeutschen Interviewpartner(innen) neigen eher dazu, Konflikte herunterzuspielen, was auch am deutschen Interviewer liegen kann.

134

Das andere Extrem der Konfliktaustragung im Diskurs bzw. einer Lösung durch Kooperation spricht lediglich Grass an, eine ca. 70-jährige ehemalige Kantinenpächterin, die in der Kirche engagiert ist. Sie beschreibt die aus ihrer Sicht hilf- und erfolglosen Versuche der Kirche zu einem interkulturellen Dialog. Den Grund für diesen Misserfolg sucht Grass allerdings bei den Türk(inn)en, die angeblich auch gar nicht wollten. Dieses Muster der Dramatisierung und Ethnisierung von Konflikten setzt sich auch in anderen Beschreibungen von Konflikten fort.

4. Status- und Anerkennungskonflikte

Das, was Giesen (1993, S. 104f) Rangordnungskonflikte nennt, bezieht sich in erster Linie auf die mit Statuspositionen verbundenen Rechte zur Herrschaftsausübung und Ressourcenverfügung[2]. In einer Einwanderungsgesellschaft ist damit auch der ausländerrechtliche und bürgerschaftliche Status verbunden. Unter dem Einfluss der Ethnisierung drehen sich solche Konflikte zusätzlich um die Anerkennung oder Aberkennung der Gleichwertigkeit und Zugehörigkeit verschiedener ethnischer Gruppen. Deshalb soll hier von Status- und Anerkennungskonflikten die Rede sein.

Die Bewohner(innen) der Nordstadt haben im Großen und Ganzen einen gleich niedrigen Status. Anker und Grass schwärmen vor allem von den geringen sozialen Unterschieden bis in die 50er Jahre hinein. Selbst mit der zunehmenden Differenzierung moderner Gesellschaften kommen Rangordnungskonflikte, so wie Giesen sie beschreibt, innerhalb der Nordstadt nur in geringem Maße vor. Stattdessen treten Status- und Anerkennungskonflikte zum einen über die Stadtteilgrenzen hinweg auf und treffen Alteingesessene wie Zugewanderte gleichermaßen. Zum anderen beziehen sich diese Konflikte auf den grundsätzlichen Status von Immigrant(inn)en als gleichwertiger Teil der Nordstadt.

Vicente, eine ca. 35 Jahre alte Hotelfachkraft, die in der Nordstadt zur Schule gegangen ist, ihre Adoleszenz in Portugal verbracht und dort geheiratet hat, um dann wieder nach Dortmund zu ziehen, berichtet von Statuskonflikten zwischen der Nordstadt und dem Dortmunder Süden. Ihre Söhne besuchen Sportvereine im Dortmunder Süden, wo sie immer wieder aufgrund ihrer Herkunft aus der Nordstadt stigmatisiert werden. Vicente erzählt:

---

2 Statuskonflikte innerhalb kleiner Gruppen (Jugendliche, Kleingärtner(innen)) werden hier nicht untersucht.

135

„Der Kleine spielt Fußball (in einem Verein im Dortmunder Süden). Weil wir aus der Nordstadt kommen, sehen die uns mit anderen Augen. Da sind wir vielleicht nicht so fein, oder viele denken, dass alle aus dem Norden Verbrecher sind."

Aus Vicentes Sicht beruht der Konflikt also in erster Linie auf den Vorstellungen der Menschen aus dem Dortmunder Süden, dass die Nordstädter(innen) anomisch seien. Vicente bezieht diesen Konflikt in keiner Weise auf die Ethnie der beteiligten Menschen, obwohl klar ist, dass ihre Opponent(inn)en aus dem Dortmunder Süden deutlich überwiegend Deutsche sind. Von ihren deutschen Nachbar(inne)n erwartet Vicente diese Anerkennung nicht. Sie wäre wertlos, da sie den deutschen Nordstädter(inne)n Anomie und Randständigkeit unterstellte.

„Wir (Portugies(innen) gehen nicht in eine Kneipe. In Portugal gehen wir ins Café. Aber hier in der Kneipe, die trinken sich nur kaputt. (Die Deutschen gehen da nicht hin,) um zu sprechen oder zu leben oder so ein bisschen Kontakt zu haben."

Vicente begründet und ethnisiert den Statuskonflikt mit den deutschen Nachbar(inne)n, indem sie auf deren spezifisch deutsches Verhalten verweist. Vicente erkennt sie nicht als gleichwertig an, genau so wie es die Menschen aus dem Dortmunder Süden, von denen Vicente wiederum Anerkennung verlangt, mit allen Nordstädtern machen. So setzt sich Vicente einer Art Zwei-Fronten-Konflikt aus.

Anker berichtet ebenfalls von der Stigmatisierung der Nordstadt. Dabei unterstellt er den Deutschen im Dortmunder Süden ein besonderes Ethnisierungsmuster:

„Aber wenn man im Norden war, dann gehörte man zu diesen Polacken. (...) Es gibt auch heut noch Leute, die den Dortmunder Norden gar nicht kennen, weil sie sagen, ‚Da hab ich nichts zu suchen, da wohnen die Polacken'."

Er führt die Stigmatisierung also unter anderem auf eine Migrationsphase vor ca. 100 Jahren zurück: Der niedrige Status von Nichtdeutschen wird auf alle Menschen im Stadtteil übertragen, um damit die Ausgrenzung und Stigmatisierung der Nordstadt zu begründen und zu verschärfen.

Ein Beispiel für die Aberkennung des Status von Immigrant(inn)en in der Nordstadt liefert Rulek, ein ca. 60 Jahre alter Hausbesitzer, der in den 60er Jahren in die Nordstadt eingeheiratet hat:

„Mein Entgegenkommen reicht nicht so weit, dass sie Kommunalwahlrecht haben. Gehen Sie mal irgendwo ins Ausland und sagen, Sie wollen wählen. Was da los ist. Da werden Sie gleich eingebuchtet. (...) Die Jugendlichen vielleicht, die hier aufwachsen, dann ja. Aber jetzt so zugereist und hier eingebürgert, das seh ich auch nicht ein."

Rulek billigt nicht einmal den eingebürgerten Immigrant(inn)en ein kommunalpolitisches Mitbestimmungsrecht zu. Er erkennt sie damit nicht als gleichwertige Nordstädter(innen) an.

136

Zusammenfassend lässt sich sagen, dass Status- und Anerkennungskonflikte, die über die Stadtteilgrenzen hinweg gehen, eine asymmetrische Ethnisierung aufweisen. Sowohl Deutsche als auch Migrant(inn)en beklagen sich über die Stigmatisierung der Nordstadt und ihrer Bewohner(innen). Für die Deutschen aus der Nordstadt macht eine Ethnisierung – also beispielsweise die Stigmatisierung als „typisch deutsch" darzustellen – keinen Sinn, da sie auf sie selbst als Deutsche zurückfiele. Aber auch die Migrant(inn)en sehen, dass dieser Konflikt nicht direkt mit ethnischen Separationslinien zusammenfällt, sondern ebenso die deutschen Nachbar(inne)n trifft. Viele der Interviewpartner(innen) übernehmen sogar die negative Bewertung der Nordstadt und wollen lieber heute als morgen in einen besser angesehenen Stadtteil ziehen. Die Ethnisierung geschieht durch die Menschen aus dem Dortmunder Süden, die die Nordstadt aufgrund ihres Status als Immigrationsstadtteil seit über hundert Jahren stigmatisieren.

Immigrant(inn)en dagegen sind – zusätzlich zu dem an den Stadtteil gebundenen Statuskonflikt – durch die Statushierarchie der Ethnien und den Kampf um Anerkennung in noch stärkerem Maß stigmatisiert[3].

In den Interviews tauchen immer wieder Erzählungen von konkreten Situationen auf, in denen den Interviewpartner(inne)n die Anerkennung eines gleichwertigen Status – insbesondere aufgrund ihrer Herkunft aus der Nordstadt – verweigert wird. Dort, wo die Interviewpartner(innen) selber anderen den gleichwertigen Status aberkennen – vor allem Konflikte um den Status der ethnischen Gruppen – argumentieren sie mit generalisierten Konflikten, die den jeweils anderen Anomie und Randständigkeit unterstellen. Dabei tritt oft die von Elias (vgl. 1994) beschriebene Verknüpfung von Status und Normerfüllung auf. Diese generalisierten Konflikte werden sowohl von Deutschen als auch von Immigrant(inn)en ethnisiert.

5. Ressourcen- und Interessenkonflikte

Im Gegensatz zu Giesens Ansatz, der nur Verteilungskonflikte berücksichtigt (vgl. 1993, S. 105), sollen hier auch Interessenkonflikte um die Ausgestaltung von Lebensumständen mit einbezogen werden. Das können zum Beispiel Kon-

---

3   Unabhängig davon, wie man die Funktion der Integrationsmaschine Stadt einschätzt (vgl. Krämer-Badonis Beitrag in diesem Band), so sind es doch bestimmte Stadtteile, die durch ihre besondere Struktur als erste Anlaufstelle für einen großen Teil von Zugewanderten dienen. Durch die Skandalisierung dieser Funktion wird auch die Integrationsleistung, die Stadtteile wie die Nordstadt erbringen, nicht anerkannt.

flikte um die Organisation von Arbeitsprozessen am Arbeitsplatz sein. Ressourcen- und Interessenkonflikte treten in der Nordstadt in verschiedenen Varianten auf. Zum einen gibt es Dominanzsituationen, wo etwa eine Vermieterin und ein Mieter aufeinander treffen. Zum anderen können es Konkurrenzsituationen sein, wo beispielsweise zwei Wohnungssuchende in gleicher Weise um ein knappes Gut konkurrieren. Ressourcen- und Interessenkonflikte treten zunächst zwischen individuellen Akteur(inn)en auf. Gleichzeitig können sich hier Konflikte zwischen potentiellen kollektiven Akteuren manifestieren. Unter den Bedingungen der Ethnisierung von Ressourcen- und Interessenkonflikten treten auch die generalisierten Konflikte in besonderem Maße zutage. Dabei zeigt sich folgendes Muster in den Interviews: Solange die Interviewpartner(innen) von konkreten Ressourcen- und Interessenkonflikten erzählen, neigen sie in geringerem Maße zur Ethnisierung dieser Konflikte.

Als Erklärung für ihre Unterlegenheit in Dominanzsituationen verweisen die meisten Interviewpartner(innen) auf die allgemeinen Status- und Machtunterschiede. Da sich in den überlegenen Positionen nahezu ausschließlich Deutsche befinden, neigen die Deutschen aus der Nordstadt nicht dazu, solche Konflikte zu ethnisieren. Ein Beispiel dafür ist Berger, ein deutscher, ca. 35-jähriger, ehemaliger Bergarbeiter:

„Sozialamt. Gehst du dahin, dann bist du doch schon diskriminiert. Wirst ja schon von oben nach unten angekackt. 'Was willst du von mir?' Auf die Art. Zahlst aber dafür schon vorher Steuern ein ohne Ende."

Unter Zugewanderten kommt es aber zu Ethnisierungstendenzen, die den Deutschen ein illegitimes Vorenthalten von Ressourcen und Rechten unterstellen. Beispielsweise schildert Tejo, ein ca. 60 Jahre alter Schweißer aus Lissabon, wie die deutschen Lehrer und das deutsche Schulsystem seiner Tochter den Zugang zum Gymnasium vorenthalten:

„Meine Tochter ist hier am Nordmarkt in der Schule gegangen. Sie hatte Schulnote, um aufs Gymnasium zu gehen und damals war kein Platz für Ausländer. 1975 war in Dortmund kein Platz für Ausländer im Gymnasium."

Hier ethnisieren also Immigrant(inn)en.

In Konkurrenzsituationen, bei denen die Konkurrent(inn)en als einer anderen Ethnie zugehörig aufgefasst werden, neigen vor allem Alteingesessene zur Ethnisierung. Dabei referieren die Respondent(inn)en jedoch häufig generalisierte Konflikte, in denen ethnisierte Stereotype reproduziert werden, etwa das Klischee von den Ausländer(inne)n, die den Deutschen Wohnungen oder Arbeit wegnehmen (u.a. Anker, Berger, Rulek). Ein weiteres Beispiel für diese Konkurrenzkonflikte sind türkische Kleinhändler(innen), denen deutsche Interviewpartner pauschal illegale Geschäftspraktiken unterstellen. Ähnliche Unter-

138

stellungen gibt es auch im Zusammenhang mit dem Hauserwerb von Türk(inn)-en. Clar, ein ca. 60-jähriger, deutscher, selbständiger Handwerker, sagt:

„Die kaufen ja hier Häuser ohne Ende, die Türken. (…) Nun haben die ja auch im Laufe der Jahre durch ihre rege Tätigkeit und Sparsamkeit auch einiges erworben. Wo die anderen Mittel herkommen, kann man nicht sagen. Da gibt es Gerüchte."

Clar traut sich zwar nicht näher auf die Gerüchte einzugehen, aber seine Unterstellung ist auch so unmissverständlich.

Dichte Erzählungen von konkreten Konflikten aus Konkurrenzsituationen fehlen in den Interviews vollständig, was um so mehr verwundert, als es sich um narrative, biographische Interviews handelt. Stattdessen finden sich in den Interviews lediglich die oben beschriebenen abstrakten Argumentationen von generalisierten Konflikten. Als generalisierte Konflikte werden hier solche Konflikte bezeichnet, die so, wie sie beschrieben werden, gar nicht stattgefunden haben können, die die/den Interviewpartner(in) nicht persönlich betroffen haben oder die nur auf generellen Unterstellungen gegenüber bestimmten Gruppen beruhen. Der Begriff der Generalisierung entspricht dem der „generalisierten Anderen" aus Berger/Luckmanns (vgl. 1967) Sozialisationstheorie. Während die generalisierten Anderen positiv besetzt sind, im Sinne von „das macht man so", trägt man aber mit generalisierten Fremden, also solchen, denen man keine Relevanz für die eigene Sozialisation zubilligt, generalisierte Konflikte aus. In der ständigen Erzählung und Wiedererzählung dieser generalisierten Konflikte wird Ethnisierung eingeübt, auch wenn die ethnische Grundlage des ursprünglichen Konfliktes denkbar dünn ist. So wird die Ethnisierung zum ständig verfügbaren Deutungsmuster in allen unmittelbaren Konfliktsituationen, was aber auch den Blick auf die Konfliktursachen und Lösungsmöglichkeiten regelmäßig verstellt. Eine derartige Ethnisierung ist eine einfache Entlastungsstrategie von Individuen, die auf diese Weise leichter ihre Unterlegenheit in Ressourcen- und Interessenkonflikten vor sich selbst und anderen erklären können.

6. Wertekonflikte

Auch bei Wertekonflikten ergibt sich ein ähnliches Muster. Dort, wo sich Ethnisierungen als Interpretationsfolie anbieten, werden sie von den Menschen in der Nordstadt bereitwillig aufgenommen. Das führt dazu, dass die Interviewpartner(innen) sowohl generalisierte Konflikte referieren als auch konkrete Konfliktsituationen auf ethnisierter Grundlage interpretieren. Wertekonflikte entzünden sich dabei immer wieder an folgenden Themen:

- Lärmbelästigung und Rücksichtnahme
- Erziehung der Kinder
- Geschlechterrollen
- Einhaltung von Gesetzen und informellen Regelungen

In dieser Reihenfolge nimmt der Konkretheitsgrad ab sowie die Generalisierung der geschilderten Konflikte zu. Viele der obigen Zitate beinhalten bereits solche Wertekonflikte und deren Ethnisierung, wie etwa das von Vicente, die den Deutschen aus der Nordstadt Anomie unterstellt. Clar beschwert sich beispielsweise über den Baustellenlärm seiner türkischen Nachbar(inne)n an Weihnachten. Schließlich gibt es noch Webic, eine ca. 50-jährige Fertigungsarbeiterin aus der Woiwodina, die sich vehement an den Kopftüchern von Türkinnen stößt. Ethnisierungen werden also sowohl von Alteingesessenen als auch von Zugewanderten eingesetzt.

Dort, wo Konflikte nicht über die allgemein angenommenen ethnischen Grenzen hinweg gehen, kommt es nicht zu einer ähnlich eindeutigen Stereotypisierung. Die Ethnisierung ist die bevorzugte Interpretationsfolie, auch da, wo sich andere Interpretationen anbieten, beispielsweise als Konflikt zwischen Generationen oder Geschlechtern. Einzig die Religion bildet neben der Ethnie eine ähnlich gewichtige Konfliktlinie. Religion hat vor allem durch den öffentlichen Diskurs über Islam und Fundamentalismus an Gewicht gewonnen. Im Alltagsleben der Nordstadt werden Ethnie und Religion in der Regel verknüpft. So entsteht eine doppelte und gebrochene Konfliktlinie, bei der sich die christliche allochthone Bevölkerung regelmäßig im Niemandsland zwischen den Teillinien wiederfindet.

7. Ethnisierung und der Modus Vivendi der Nordstadt

Abschließend sollen hier noch einmal die Formen der Konfliktaustragung aufgegriffen werden. Ethnisierung und das Hin-und-her-gerissen-sein zwischen tolerantem und rassistischem Diskurs führen bei den Deutschen in der Regel zu resignierten und konfliktvermeidenden Interaktionsstrategien. Dazu zählt das Ignorieren von Nichtdeutschen, das Wegziehen und die angewiderte Toleranz.

Ignorieren: Das wohl drastischste Beispiel liefert Anker, der auf die Frage, ob er in Gewerkschaft, Kirche oder Partei auch aktive Immigrant(inn)en kennengelernt habe, lange überlegen muss, bis ihm einfällt, dass ein Farbiger mit ihm zusammen ins Presbyterium gewählt worden ist:

„Kommt er aus Brasilien, oder war das Ghana? Weiß ich nicht. Auf jeden Fall (…) einen Christen (…) Der musiziert gerne, er singt gerne mit so einer Farbigengruppe. (…) Die singen bei Gemeindefesten und wenn irgendwas los ist."

140

Dass Anker so wenig über diesen Menschen weiß, gibt zu denken. Zwar kann das Unwissen über die ethnische/nationale Herkunft dieses Presbyters auch positiv gedeutet werden, also dass sie bedeutungslos ist. Unter dem Eindruck der herrschenden Ethnisierung ist jedoch unwahrscheinlich, dass sie nicht Diskussionsgegenstand ist. Dass Anker darüber hinaus als Qualitäten dieses Presbyters nur anführen kann, dass er ein Christ ist, was selbstverständlich ist, und dass er exotische Musik macht, lässt daran zweifeln, inwieweit Anker überhaupt wahrhaben will, dass dieser Mensch ins Presbyterium gewählt werden konnte.

Wegziehen: Andere Deutsche ziehen aus der Nordstadt weg und vermeiden so Interaktionen und Konflikte mit Immigrant(inn)en in ihrer unmittelbaren Nachbarschaft. Beispiele dafür sind Grass, die kurz vor dem Interview aus der Nordstadt wegzieht, und Clar, der ca. zwei Jahre nach dem Interview nicht mehr in der Nordstadt wohnt. Clar resümiert, nachdem er seine Probleme mit einem muslimischen Gebetsverein im Nachbarhaus geschildert hat:

„Wir bleiben nicht ein Leben lang hier, vielleicht noch ein Jahr oder zwei Jahre, dann gebe ich den Betrieb sowieso ab, dann (...) ziehen wir weg. (...) Es wird so kommen, eines Tages müssen wir uns denen fügen, (...) dann haben die uns – wie man so schön in Westfalen sagt – ‚im Sack‘.“

Clar will sich nicht mit Immigrant(inn)en in seiner Nachbarschaft auseinandersetzen und zieht sich deshalb resigniert zurück. Er hofft, anderenorts zumindest zahlenmäßig nicht „in den Sack“ gesteckt zu werden.

Angewiderte Toleranz: Vor allen Dingen unter Deutschen, die nicht aus der Nordstadt wegziehen können, zeigt sich die angewiderte Toleranz. Einerseits möchten sie nicht direkt beschuldigt werden, Vorurteile zu haben oder sich in anderer Leute Privatsphäre einzumischen. Andererseits können sie nicht die anderen Lebensweisen als gleichwertig akzeptieren. Das kommt insbesondere an Äußerungen über Kopftücher zum Ausdruck. So äußert beispielsweise Berger:

„Ich find’s natürlich abartig. Im Sommer, dicke Hitze und die laufen da mit 30 000 Klamotten rum. (...) Ich mein, es ist denen ihre Mentalität, die muß ich akzeptieren.“

Diese lediglich formale Tolerierung von Fremdheit blockiert auch in alltäglichen Interaktionssituationen eine Annäherung. Der Konflikt um den Status der Immigrant(inn)en in der deutschen Gesellschaft wird nicht überwunden. Es wird lediglich die offene Konfliktaustragung vermieden. Auch die nichtdeutschen Interviewpartner(innen) bestätigen die konfliktvermeidenden Interaktionsmuster der deutschen Nordstädter(innen).

Damit ist nicht gesagt, dass andere Formen der Konfliktaustragung in der Nordstadt nicht auftreten. Clar erwähnt beispielsweise, dass seine Frau versucht hat, mit den Verantwortlichen des muslimischen Gebetsvereines im Nachbarhaus über die Lärmbelästigung durch hausinterne Gebetsrufe zu reden. Vicente berichtet von rassistischen Beschimpfungen einer Nachbarin, wobei sie an diesem Vorfall weniger die Nachbarin angreift, als ihr eigenes Recht und ihre Reaktion – sie geht zu einem Schiedsmann – zu verteidigen. Dennoch spielt eine solche Austragung der Konflikte in den Erzählungen der Interviewpartner(innen) eine deutlich untergeordnete Rolle[4].

Auf Seiten der Immigrant(inn)en in der Nordstadt findet sich ebenso diese Konfliktvermeidungsstrategie. Die Interviewpartner(innen) unterstreichen, dass sie „gute" Nachbar(inne)n sind, was insbesondere das freundliche Grüßen (Tejo) und das Beachten der Haus- und Putzordnung (Vicente und Webic) betrifft. Darüber hinaus fordern Immigrant(inn)en aus der Nordstadt auf unterschiedliche Art und Weise Anerkennung ein. Einige fordern die Anerkennung ihrer Person (individuelle Strategie), andere ihrer ethnischen oder religiösen Gruppe (kollektive Strategie). Einige richten diese Forderung an Nachbar(inne)n, andere an Menschen außerhalb der Nordstadt. Gegenübcr Muslime setzen christliche Immigrant(inn)en allerdings eine äußerst scharfe Rhetorik ein, ohne jedoch konkretere Interaktionssituationen zu schildern (Vicente, Webic).

8. Schlussbetrachtung

Beide eingangs erwähnten Typologien der Konfliktaustragung erweisen sich in der Anwendung auf die Nordstadt als anpassungsbedürftig. Dass Giesen (vgl. 1993, S. 107) Gewalt lediglich auf einen Naturzustand beschränkt sieht, ist angesichts rassistischer Gewalttaten außerhalb der Nordstadt und Krawallbefürchtungen innerhalb der Nordstadt wenig glaubwürdig. Darüber hinaus vernachlässigt Giesen die Möglichkeit der Konfliktvermeidung. Sitkin/Bies' Konfliktmanagementstrategien dagegen unterscheiden nicht zwischen Gewalt und gewaltfreiem sozialen Kampf und ignorieren die Möglichkeit des institutionalisierten Wettbewerbs.

Der Modus Vivendi der Nordstadt schwankt vor allem zwischen sozialem Kampf, Konfliktvermeidung und Wettbewerb. Der Wettbewerb wird zwar durch Markt und Gesetze geregelt, durch die Deutschen/Christ(inn)en aber immer wieder in Frage gestellt, indem sie den Immigrant(inn)en/Muslime den Status als gleichwertigen Teil der Nordstadt aberkennen. Auch die Konflikt-

---

4   An dieser Stelle sei ausdrücklich unterstrichen, dass auf Basis des empirischen Materials keine quantitativen Generalisierungen über die tatsächlichen Konflikte gemacht werden können. Die Generalisierung bezieht sich auf die qualitative Bedeutung der subjektiv wahrgenommenen Konflikte und Interaktionsmuster.

142

vermeidung ist problematisch, da die Konflikte so nicht gelöst werden und stattdessen in Verbindung mit der Ethnisierung weiterschwelen.

Zum Schluss noch eine kurze Anmerkung zur Kooperation: In den Interviews berichten lediglich Frauen von einer Kooperation über die üblichen ethnischen Grenzen hinweg. Das betrifft vor allem den Austausch von Hilfe bei Reproduktionsarbeit mit anderen Nachbarinnen (Vicente, Webic, Grass). Webic setzt diese Strategie in besonderem Maße ein, um persönliche Anerkennung zu ernten. Die für Vicente und Webic wichtigsten helfenden, deutschen Freundinnen wohnen außerhalb der Nordstadt. Das unterstreicht einerseits die Bedeutung dieser Hilfe, andererseits auch, wie schwierig es ist, solche Hilfsnetzwerke in der Nordstadt aufzubauen.

Literatur

Angell, Robert C. (1965): The Sociology of Human Conflict. In: NcNeil, Elton B. (Hrsg.): The Nature of Human Conflict. Englewood Cliffs, NJ., S. 91-115.

Berger, Peter L./Thomas Luckmann (1967): The Social Construction of Reality. A Treatise in the Sociology of Knowledge. New York.

Bukow, Wolf-Dietrich/Roberto Llaryora (1998): Mitbürger aus der Fremde. Soziogenese ethnischer Minoritäten. 3. aktualisierte Aufl. Opladen.

Caesperlein, Gerold/Katrin Gliemann (1998): Immigration als Etablierten-Außenseiter-Situation? Die Lage am Dortmunder Borsigplatz. In: RaumPlanung, Heft 83, S. 201-206.

Coser, Lewis A. (1956): The Functions of Social Conflict. London.

Coser, Lewis A. (1957): Social Conflict and the Theory of Social Change. In: The British Journal of Sociology, Vol. VIII/3, S. 197-207.

Dahrendorf, Ralf (1974 [1960]): Die Funktion sozialer Konflikte. In: Dahrendorf, Ralf: Pfade aus Utopia. Zur Theorie und Methode der Soziologie. München, S. 263-277.

Deutsch, Morton (1991): Subjective Features of Conflict Resolutions: Psychological, Social and Cultural Influences. In: Väyrynen, Raimo (Hrsg.): New Directions in Conflict Theory. Conflict Resolution and Conflict Transformation. London, Newbury Park, New Delhi, S. 26-56.

DO – Stadt Dortmund, Amt für Statistik und Wahlen (2001): Dortmunder Bevölkerung Jahresbericht 2001. Dortmund.

Elias, Norbert (1994 [1977]): A Theoretical Essay on Established and Outsider Relations. In: Elias, Norbert/John Scotson: The Established and the Outsiders. A Sociological Enquiry into Community Problems. 2. Aufl. London, Thousand Oaks, New Delhi, S. xv-lii.

Giesen, Bernhard (1993): Die Konflikttheorie. In: Endruweit, Günter (Hrsg.): Moderne Theorien der Soziologie. Strukturell-funktionale Theorie, Konflikttheorie, Verhaltenstheorie. Ein Lehrbuch. Stuttgart.

Horstmann, Theo (1989): „Eine Stadt für sich". Zur Wirtschafts- und Sozialgeschichte des Dortmunder Nordens im 19. Jahrhundert. In: Stadt Dortmund (Hrsg.): Nordstadtbilder. Stadterneuerung und künstlerische Medien. Projektdokumentation. Essen, S. 56-68.

Insko, Chester A./John Schopler/James F. Kennedy/Kenneth R. Dahl/Kenneth A. Graetz/Stephen M. Drigotas (1992): Individual-Group Discontinuity from the Differing Perpectives of Campbell's Realistic Group Conflict Theory and Tajfel and Turner's Social Identity Theory. In: Social Psychology Quarterly, Vol. 55, No. 3, S. 272-291.

May, David (2001): Die Etablierten-Außenseiter-Beziehung als Grammatik urbanen Zusammenlebens. In: Bukow, Wolf-Dietrich/Claudia Nikodem/Erika Schulze/Erol Yildiz (Hrsg.): Auf dem Weg zur Stadtgesellschaft. Die multikulturelle Stadt zwischen globaler Neuorientierung und Restauration. Opladen, S.159-171.

Oberschall, Anthony (1973): Social Conflict and Social Movements. Englewood Cliffs, NJ.

Urbanität zwischen Zerfall und Erneuerung – Reaktionen auf kommunaler Ebene

Viktoria Waltz

Migration und Stadt: best practice Beispiele in Nordrhein-Westfalen[1]

1. Einführung

Das Thema Zuwanderung, Stadtentwicklung und Kommunalpolitik hat Farbe angenommen. Allein im letzten Jahr gab es eine Vielzahl von Tagungen (der Bundesbeauftragten, diverser Landesbeauftragten, vieler Stiftungen, von Universitäten und Fachhochschulen) zu diesem Zusammenhang. Förderprogramme vom Bund und von der EU und Versuche von Kommunen interkulturelle Konzepte der Stadtentwicklung zu erarbeiten, zeigen, dass das Thema Zuwanderung als Thema der Stadtentwicklung verstanden wird. Manchmal bleibt die Zuwanderung weiterhin versteckt unter Obertiteln wie „Benachteiligte Stadtteile" und „Soziale Stadt" – aber in den Begründungen und Beschreibungen tauchen die Zuwanderer dann wieder auf. Damit wird eines deutlich: Zuwanderung und „benachteiligte" Stadtquartiere hängen zusammen – und sie sind ein Dauerthema. Die Programmquartiere und die „Problemgruppen" sind noch immer dieselben seit es Sanierungskonzepte gibt – die Neubauviertel der 60er und 70er Jahre sind dazugekommen. Leider kommt ein notwendiges Thema in der Stadtentwicklung nie zur rechten Zeit, sondern erst wenn Politik „Konflikte" zu erkennen glaubt. Mögliche „Potentiale", die in Stadtteilen und z.B. auch bei den Zuwanderergruppen gesehen werden könnten, kommen durch die „Konfliktbetrachtung" oftmals zu kurz. Und gut sozialdemokratisch wird die Verallgemeinerung bevorzugt: allen Stadtteilbewohner(inne)n soll geholfen werden – niemand soll bevorzugt werden, eine konkrete Belastungs- und Bedarfsermittlung von den verschiedenen Gruppen der Zuwanderer, seien dies Jugendliche, Frauen oder Großfamilien, sog. Arbeitsmigranten, Flüchtlinge und Aussiedler oder seien dies andere, vor allem deutsche Benachteiligte wie alleinstehende Mütter, Arbeitslosengruppen, alte Menschen oder von Sozialhilfe abhängige Familien, wird dadurch verhindert.

---

1 Dieser Text wurde bereits an anderer Stelle veröffentlicht: Gestring, Norbert/Glasauer, Herbert/Hannemann, Christine/Wernber, Petrowsky/Phlöan, Jörg (Hrsg.) (2001): Jahrbuch Stadtregion 2001. Opladen (Leske und Budrich).

Die Globalisierungsdebatte verallgemeinert auch. Wenn nur allgemein von den Globalisierungsverlierern gesprochen wird, findet eine Differenzierung nach unterschiedlichen Benachteiligungen, Belastungen und Potenzialen – z.B. ausländischer Jugendlicher mit interkulturellen Erfahrungen, ausländischer Großfamilien mit ihren Sozialnetzen oder einfach qualifizierter ausländischer Arbeiter mit besonderen Sprachkenntnissen – nicht statt und es wird die Chance, „passgerecht" und mit zugeschnittenen Beteiligungsformen „Quartiersmanagement" erfolgreich zu beginnen möglicherweise vertan.

Quartiersmanagement ist ein komplexes Aufgabenfeld sowohl Gemeinwesen orientierter Sozialarbeit als auch von Stadtplanung. Aus diesem Zusammenhang stammt die gemeinsame Projektarbeit in Ausbildung und Forschung von der evangelischen Fachhochschule für Sozialarbeit und Sozialpädagogik in Bochum mit Herrn Prof. Krummacher und meinem Fach in der Raumplanung. Wir haben in den letzten Jahren diverse Studienprojekte durchgeführt, Stadtteile z.B. Marxloh in Duisburg oder Ostersbaum in Wuppertal beobachtet und speziell in zwei Städten Nordrhein-Westfalens (Essen, Solingen) den Prozess einer Konzeptentwicklung für ein interkulturelles Stadtpolitikmodell begleitet. Daraus sollen im folgenden Erfahrungen und Erkenntnisse zusammengefasst werden, als „best practice" Beispiele, die aus der Praxis Bewegung in die Debatte bringen mögen und andere Städten behilflich sein könnten, ihre eigenen Konzepte zu entwickeln

Unser Plädoyer geht dahin, die vernachlässigten Stadtteile (vor allem) in den Großstädten als ein generelles Dauerthema sozialer Verantwortung in die Programmentwicklung zu nehmen und außerdem die spezifischen Belange der Zuwanderergruppen in die Bestands- und Bedarfsermittlung aufzunehmen – aus sozialer Verantwortung einerseits und aus Anerkenntnis ihrer Potenziale für die Zukunftssicherung des Quartiers und der Stadt andererseits.[2]

---

2   Ich spreche in der Regel von Zuwanderern und Migranten als Menschen, deren Herkunft nicht Deutschland ist, dies können Flüchtlinge, Arbeitsmigranten und auch Aussiedler sein. Was die Benachteiligung angeht, sind sie zumeist gleichermaßen betroffen. Eine genauere Differenzierung ist oft nicht möglich, da auch die Literatur, vor allem aber die Statistik ganz unterschiedlich mit den Begriffen umgeht. Da, wo nach Ausländerrecht nur Zuwanderer mit ausländischem Pass gemeint sind (in der Regel Arbeitsmigrant(inn)en und ihre Familien) wird der Begriff Ausländer verwendet (wie z.B. in den Bundesstatistiken).

2. Thesen zur Migration

Migration bzw. Zu- und Abwanderungen sind ein konstitutives Merkmal urbaner Gesellschaften – Migrationsgeprägte urbane Viertel gehören zur Vielfalt urbanen Lebens.

Zu- und Einwanderung ist ein Großstadtphänomen. „Großstädte entstehen und wachsen durch Zuwanderung. Zuwanderung ist konstitutiver Bestandteil von Stadtentwicklung. Ohne Zuwanderung gibt es nicht nur kein Bevölkerungswachstum, selbst Stabilität der Bevölkerung würde es in Großstädten ohne Zuwanderung nicht geben" (Häußermann/Oswald 1997, S. 9).

Nach ihrer räumlichen Verteilung konzentrieren sich die Migranten heute in den westdeutschen Bundesländern sowie dort in den Ballungsräumen und großen Städten. In den Bundesländern Baden-Württemberg, Bayern, Hessen und Nordrhein-Westfalen leben drei Viertel, in den Städten mit mehr als 100.000 Einwohnern leben 80 % aller Migranten. Die großen Ballungsräume im Westen haben gegenüber den ländlichen Räumen einen doppelt so hohen und die Kernstädte einen dreifach so hohen Anteil an Migranten. In den westlichen Großstädten liegt der Ausländeranteil z. Zt. bei etwa 15 % der Gesamtbevölkerung. Spitzenwerte erreichen die Städte Frankfurt/M. (31 %), Stuttgart (24 %) und München (23 %) (Daten vgl. Ausländerbeauftragte BuReg 1998). Innerhalb der Städte konzentrieren sich die Migranten in bestimmten, meist benachteiligten Stadtteilen (s. u.). In diesen Stadtteilen liegen die Ausländeranteile bereits jetzt bei 25 bis 50 %, bei Kindern und Jugendlichen und auf kleinräumiger Ebene z. T. noch deutlich höher, – mit steigender Tendenz.

Wie in allen westdeutschen Ballungsräumen werden auch in den Industriezentren Nordrhein-Westfalens wie dem Ruhrgebiet und dem Kreis Wuppertal, Remscheid, Solingen aus demographischen, wirtschaftlichen und politischen Gründen die Bevölkerungsanteile von Menschen, deren Großeltern, Eltern oder Ehegatten eingewandert sind, weiter wachsen und zwar bevorzugt in solchen Stadtteilen, die jetzt schon hohe Migrantenanteile aufweisen. Dies gilt auch bei Fortsetzung einer Politik der Zuwanderungsbegrenzung und wachsenden Einbürgerungszahlen der Einwanderer und ihrer hier geborenen Kinder. Die Gründe hierfür sind bekannt, vor allem ist der Zuzug „nachwachsender" Familienangehöriger durch Heirat gemeint, aber auch der wirtschaftspolitisch gewollte Zuzug hoch qualifizierter Arbeitskräfte über die „green card".

Die früh- und schwerindustriell geprägten Wohnviertel der Arbeiter waren schon immer eine Gemengelage aus Industrie, Gewerbe, Verkehr und einfachem Wohnungsbau einerseits und eine dichte Gemengelage aus Zuwanderern und Einheimischen, aktiven und nicht mehr aktiven Erwerbstätigen, armen und weniger armen Haushalten andererseits.

Konzentriert leben die Zuwanderer in unseren Städten in bestimmten Stadtteilen. In aller Regel sind dies innerstädtische Altbaugebiete der Gründerzeit, im Ruhrgebiet vor allem auch die Arbeiterkolonien. Sie lebten also und leben immer noch in Anbindung an die frühen Industriestandorte, vor allem die der Schwerindustrie. Die Trabantensiedlungen der 60er und 70er Jahre sind hinzugekommen. Insgesamt handelt es sich also um (traditionelle und neue) Arbeiterwohnstandorte. Kamen im vorletzten Jahrhundert, also zur Gründerzeit, die Zuwanderer vornehmlich zur Arbeitssuche aus den ländlichen Gebieten Deutschlands und angrenzender Nachbargebiete wie Polen, so sind es vor allem im letzten Jahrhundert mehr und mehr Zuwanderer aus allen ärmeren Regionen Europas, aus Polen, später Italien und im Laufe der Nachkriegszeit im Rahmen von binationalen Abkommen aus Südeuropa und aus der Türkei. Da es sich mehrheitlich um Arbeitsmigranten handelte, blieben sie – sei es durch die betriebliche oder gewerkschaftliche Vermittlung oder durch die Hilfe von Landsleuten – immer wieder in den Arbeiterwohnvierteln, im Altbau hängen – nur spätere Generationen hatten Chancen in den Bauten des sozialen Wohnungsbaus der 60er Jahre. Diese Wohnquartiere haben inzwischen an Attraktivität verloren. Wohnungen standen leer und städtische Politik und die der Wohnbaugesellschaften haben dort Arme, Aussiedler und Asylsuchende einquartiert und mittlerweile haben auch diese Quartiere eine Gemengelage aus ökonomisch Schwachen und Zugewanderten.

Die sozialräumlichen Merkmale der meisten Zuwandererviertel können heute (wie auch ähnlich schon früher) wie folgt charakterisiert werden. Sie sind,

- *soziostrukturell* geprägt durch eine hohe Konzentrationen von benachteiligten Gruppen, d. h. neben Migranten hohe Anteile von Langzeitarbeitslosen, Armen, alten Menschen, Alleinerziehenden, Suchtkranken sowie deutschen und ausländischen Jugendlichen ohne Ausbildung und Arbeit.
- *räumlich* geprägt durch vergleichsweise schlechte Bau- und Wohnsubstanzen bei oftmals überhöhten Mieten, schlechte Wohnumfeldqualität, Verkehrs- und Umweltbelastungen, unzureichende Freizeitangebote sowie unzureichende soziale Infrastrukturen für die unterschiedlichen Bedürfnisse der differenzierten Bewohnerschaft.
- *ökonomisch* geprägt durch Desinvestitionen und Kapitalrückzüge deutscher Investoren bei Bauten und privaten Dienstleistungen mit entsprechenden lokalen Arbeitsplatzverlusten, statt dessen Einzug von Billigketten, Buden und Spielhöllen.
- *sozial* instabil geworden durch erudierende Nachbarschaften der deutschen Bewohner, was, bei gleichzeitig wachsendem Ausländeranteil, bei den Deutschen leicht zu einer resignativen bis aggressiven Festungsmentalität führt. Ein derartiges Selbstverständnis von Einheimischen, gepaart mit

150

selbstbewusster auftretenden Zugewanderten (mehr Selbstdarstellung eigener Bedürfnisse, z. B. Moscheen) und ausgegrenzten deutschen und ausländischen Jugendlichen belasten die Stadtteile mit einem hohen Aggressionspotential. (vgl. Krummacher/Waltz 1999; 2000).

Der Zerfall der Städte in arme, benachteiligende periphere Viertel und wohlhabende, aufstrebende neue und alte Zentren ist Ausdruck der gesamtgesellschaftlichen und wirtschaftlichen Veränderungen, heute im Rahmen der Globalisierung von Märkten und Lebensstilen – und nicht Ergebnis von Zuwanderung: Zuwanderer sind auch Opfer dieser Veränderungen.

Globalisierung als Globalisierung aller wirtschaftlichen Potenzen mit einhergehendem Verlust an lokaler oder auch nationaler Steuerungsfähigkeit einerseits und die Individualisierung der Menschen und ihrer Lebensstile bei gleichzeitiger Ent-wertung gesellschaftlich gültiger Leitbilder und Grundkonsense andererseits werden im Diskurs um die Zukunft der Stadt verantwortlich gemacht für das Auseinanderfallen der städtischen Bewohnerschaft und der Städte selbst. Dramatisch gesehen wird vom Zerfall und der Verslumung der Stadt gesprochen und von dem Verlust ihrer Funktion als „Integrationsmaschine". Die weniger dramatische Sicht, die Individualisierung für mehr Freiheit und Ausdifferenzierung für einen Gewinn hält, muss aber zugestehen, dass Mangel an Konsens und Toleranz für das Abrutschen ganzer Gruppen in ganzen Quartieren verantwortlich gemacht werden muss – vor allem aber das Fehlen realer demokratischer Verfasstheit der Gesellschaft, nämlich Fehlen von Partizipation, Konsensmöglichkeiten, Räumen und Chancen für Diskurse.

Nun ist sicher unzweifelhaft, dass vor allem die relativ schwache ökonomische Lage der Bewohner, also auch ihre geringe Kaufkraft und die unzureichende privatwirtschaftliche und staatliche oder besser kommunale Sorgfalt gegenüber dem Quartier mit seinen komplexen Anforderungen zum ständigen Abrutschen bestimmter Stadtquartiere seit vielen Jahren geführt hat. Es ist also nutzlos, vor allem die Bewohner selbst oder speziell die Zuwanderer für den Zustand dieser Stadtteile und Quartiere verantwortlich zu machen. Arbeiterquartiere werden keine Luxusquartiere, aber ebenso wenig sind sie in Deutschland Slums oder Gettos amerikanischen Ausmaßes. Weder wird helfen, die Medizin einer „gesunden, sozialen" Mischung zu verordnen, noch ist es verantwortlich, das Elend vieler Menschen in diesen armen Stadtteilen klein zu reden. Denn einhergehend mit den multiethnischen Realitäten, der Arbeitsmarktkrise, der Krise der öffentlichen Haushalte und der Konsolidierungspolitik der Sozialfinanzen werden die Konkurrenzen um knappe Ressourcen und die interkulturellen Konflikte zwischen „Einheimischen und Fremden" in vergleichbarer sozialer Lage zunehmen – und dies gilt es vor allem durch reale Verbesserungen von Qualität und Ausstattung der Quartiere aufzufangen. Deshalb muss die

Kommune wieder mehr Verantwortung für diese oft schon durch mehrere Sozialprogramme betreuten Quartiere übernehmen, zu ihrer Stabilisierung alle lokalen Kräfte und Potentiale mobilisieren und dies dauerhaft betreiben und nicht unrealistisch auf eine endgültige „Wende" etwa zu einer „gesunden Mischung" der Bevölkerungsstruktur oder Aufwertung zum „Mittelstandsquartier" hoffen.

Zuwanderer sind auch heute und besonders in den armen, benachteiligenden Vierteln ein Gewinn für das urbane Leben und Potenzial für die Aufrechterhaltung des Städtischen. Die Stigmatisierung dieser Viertel verhindert die Nutzung dieser Potenziale zur Stabilisierung und fördert die Negativspirale des weiteren Zerfalls und damit soziale Konflikte zwischen allen Bewohnern.

Unsere Städte sind im eigenen Interesse darauf angewiesen, die Potenziale auch und gerade der Zuwanderer in den Prozess der Stabilisierung der vernachlässigten Stadtteile zu integrieren. Integrationspolitik als Prozess der Reintegration bedrohter Stadtteile und belasteter und bedrohter Wohnbevölkerungsgruppen ist eine der zentralen Herausforderungen an die Kommunen im neuen Jahrtausend. Alle Städte und Gemeinden, ihre Stadtentwicklungs- und Sozialpolitik müssen mit diesen Stadtteilen zukunftsorientiert umgehen, Selbsthilfepotentiale und Integration fördern, und damit auch das interkulturelles Zusammenleben. Die ansässigen Migranten haben vergleichsweise ausgeprägte Selbsthilfepotentiale. Teile von ihnen sind sozial mobil und wirken am ehesten stabilisierend auf den Stadtteil. Wir halten dafür folgende Indizien als gegeben:

Reinvestitionen *ausländischer Selbständiger*, die über die „Nischenökonomie" für Migranten hinaus inzwischen vielfach eine intakte private Versorgungsinfrastruktur mit guten und preiswerten Angeboten für *alle* Einwohner geschaffen haben, schaffen Ausbildungs- und Arbeitsplätze.

Neben staatlich geförderten *behutsamen Modernisierungen* wirken sich die zunehmenden Haus- und Wohnungskäufe und die baulichen Selbsthilfepotentiale von Migranten tendenziell stabilisierend auf die Wohnbausubstanz aus.

Das immer noch relativ *intakte soziale Netz* unter den Zuwanderern über Familienverbände, Herkunftsnachbarschaften, Vereine wie Moscheen und Kirchen fängt soziale und wirtschaftliche Einbrüche immer noch auf. Darüber hinaus sorgen persönliche Kontakte im Wohnumfeld, beim Einkaufen, bei der Arbeit und in der Kneipe für eine Reduzierung von Konfliktlatenz im Alltagsleben sehr viel deutlicher, als dies populistische Politiker und manche soziologische Analysen vermuten (vgl. Krummacher/Waltz 1996).

Zukunftsbeständige Stadtentwicklung braucht Leitlinien, Prinzipien, Konzepte und Projekte zur Gestaltung der sozialräumlichen Realität; kommunale Handlungsfelder bestehen auf allen Ebenen der Politik, um Zuwanderung zu gestalten und den Zerfall bestimmter, benachteiligender Stadtteile zu stoppen und zu verhindern. Die

152

Kommune muss sich den Migrations-Realitäten stellen und die Migranten wie die übrigen Betroffenen in diesen Stadtteilen konkret beteiligen.

Die unmittelbare Verantwortung für die Gestaltung der Lebensverhältnisse von Zuwanderern und Einheimischen liegt auf der kommunalen Ebene. Toleranz und soziale Gleichberechtigung sind keine abstrakten Werte und Zielvorstellungen. Im Alltag vollziehen sich in Nachbarschaften, in Betrieben, in Schulen, in Sportvereinen immer wieder Prozesse, in denen Toleranz praktiziert wird oder aber verfehlt wird, in denen Integration gelingt oder misslingt. Die räumlichen Bedingungen des Stadtteils und die Berücksichtigung realer Interessen dabei können dafür einen positiven oder negativen Rahmen abgeben. Die politische Ebene, die diesen unmittelbaren Lebensräumen und Lebensbedingungen von Menschen am nächsten ist, ist die Gemeinde, die Stadt (vgl. MAGS 1995, S. 70). Für soziale, zukunftssichernde und stabile Umstände in den Arbeiter- und Zuwandererquartieren müssen die Kommunen allerdings neue Konzepte entwerfen und bewusst die Zuwanderung als Element in ihre Leitlinien, Programme und Projekte aufnehmen.

Über einige Konzepte der jüngsten Zeit in Nordrhein-Westfalen soll an dieser Stelle als „best practice" berichtet werden.

3. Nordrhein-Westfalen – best practice Beispiele

Entsprechend dem bundesweiten Trend bewegt sich die kommunale Migrations- und Integrationspolitik der meisten *Städte* auch in Nordrhein-Westfalen mit wenigen Ausnahmen in einem Korridor aus Abwehrhaltung, Passivität, Durchwursteln, patriarchalischer Fürsorge und engagierten Einzelprojekten (vgl. Krummacher/ Waltz 1999). Deutlich stärkere integrationspolitische Akzente als die einzelnen Städte und andere Bundesländer setzt das *Land* Nordrhein-Westfalen mit der Förderung von Transferstellen, dem Förderprogramm „Stadtteile mit besonderem Erneuerungsbedarf", das die Zuwanderer einschließt, der jahrelangen Förderung von Regionalen Förderungsstellen für die Ausbildung ausländischer und deutscher Jugendlicher (die sog. RAA's), interkulturellen Zentren und Migrantenselbstorganisationen, der Förderung der Migrationssozialberatung, der Verankerung gewählter kommunaler Ausländerbeiräte in der Gemeindeordnung, dem „Landesprogramm gegen Fremdenfeindlichkeit und Rassismus" und schließlich der Einrichtung des Landeszentrums für Zuwanderung.

Vor diesem Hintergrund sind die Entwicklungen in den Städten Duisburg, Essen und Solingen etwas Neues. Sie sollen hier dargestellt werden und am

Ende verallgemeinerbare Anforderungen an Stadt- und Stadtteilentwicklung unter den gegebenen Zuwanderungsbedingungen zusammengestellt werden.

Beispiel 1:
Interkulturelle Stadtteilentwicklungspolitik – Duisburg-Marxloh

Anlässe und Ausgangssituation für das Stadtteilprojekt Marxloh

Anders als in Essen oder Solingen, ist in Duisburg die Entscheidung des Rates und der Verwaltung, sich im Stadtteil Marxloh seit 1993/94 auf das Thema Stadtteilentwicklung und interkulturelles Zusammenleben positiv einzulassen, nicht ein Akt vorausschauender Weitsicht gewesen, sondern eher aus einem sehr akutem inneren Handlungsdruck, verbunden mit erheblichen externen Förderungschancen, heraus entstanden (NRW-Förderprogramm „Stadtteile mit besonderem Erneuerungsbedarf"; EU-Programm „URBAN: Quartiers en crise"; IBA-Modellprojekt „Benachteiligte Stadtteile"). Massive Arbeitsplatzverluste, Desinvestitionen, starke soziale Benachteiligungen der Einwohner(innen) und baulich-räumlicher Verfall waren in Marxloh ebensowenig zu übersehen, wie die sich hochschaukelnden interkulturellen Konkurrenzen und Konflikte. Zuletzt forderte die landesweit Aufmerksamkeit erregende Auseinandersetzung um den Muezzinruf einer türkischen Gemeinde zu Ramadan 1996/97 Beteiligte und Betroffene zu gemeinsamen Handeln und interkulturellem Diskurs auf. Dadurch erhielt das zunächst vor allem auf bauliche Stadterneuerung ausgerichtete Sanierungsprogramm zunehmend neue Impulse zur komplexen Auseinandersetzung mit Migration im Rahmen der Stadtteilentwicklung.

In das NRW-Förderprogramm „Stadtteile mit besonderem Erneuerungsbedarf" wurde das „Handlungsprogramm Duisburg-Marxloh" mit seinen vielfältigen Problemlagen und Defiziten 1993 aufgenommen; ergänzend dazu wurde es mit Mitteln des o.g. EU-Programms "URBAN" und der IBA-Emscherpark gefördert (vgl. EGM 1998 a,b; Stadt Duisburg 1996; MASSKS 1998).

Handlungsprogramm Marxloh: Integrierte Stadtteilentwicklung und
Wirtschaftsförderung unter Einbindung der Migranten

Ein wichtiges Merkmal des „Handlungsprogramm Marxloh" bildet der Ansatz, neben Stadterneuerung, Wirtschaft und Beschäftigung, Wohnen und sozialer Infrastruktur sowie sozialer und interkultureller Arbeit, der Förderung der lokalen Ökonomie des Stadtteils einen besonderen Stellenwert einzuräumen. In dem im Jahre 1996 von der Duisburger SPD-Ratsmehrheit verabschiedeten „Leitbild Marxloh" werden die „multikulturelle Szene" und die „Investitions-

154

bereitschaft nicht deutscher Unternehmen" als wichtige Chancen für die Entwicklungsperspektiven des Stadtteils ausdrücklich genannt. Unter Einschluss des Engagements und der Investitionsbereitschaft der Unternehmen ausländischer Herkunft soll sich Marxloh ökonomisch zu einem „regional bedeutsamen Handels- und Gewerbezentrum" mit überlokalem Einzugsbereich entwickeln (vgl. EGM 1998, S. 38 ff; Stadt Duisburg 1996).

Um dieses Ziel zu erreichen, wurde der Aufgabenbereich der 1994 gebildeten EGM-Entwicklungsgesellschaft Marxloh deutlich erweitert. In der Gründungsphase 1994/95 war die EGM zunächst vor allem als Sanierungsträger, d.h. vor allem für Baumaßnahmen und Flächennutzung zuständig, angelegt. Mit der Verabschiedung des „Leitbild Marxloh" erweiterte sich der Aufgabenkreis der EGM seit 1996 um folgende wirtschaftsrelevante Zielsetzungen (vgl. EGM 1998a,b; Idik/Maschke 1998):

- Verbesserung der Beschäftigungs- und Versorgungslage im Stadtteil,
- Verhinderung weiterer Abwanderungen und Kaufkraftabflüsse,
- Stärkung der Identifikation von Bewohnern und Gewerbetreibendem mit ihrem Stadtteil,
- Förderung von Eigenaktivitäten der Bewohner(innen),
- Beratung und Unterstützung von Bewohnern und Unternehmen zu allen Fragen des Wirtschaftslebens.

Im weiteren Verlauf sind weitere Aktivitäten entstanden, wie z.B. der ‚Runde Tisch', an dem Akteure der Wirtschaft, Politiker und interessierte Bürger regelmäßig teilnehmen, Aufbau einer Stadtteilzeitung, Aufbau eines „Factory Outlet Center", Gründung des Vereins türkischer Geschäftsleute (TIAD), Entwicklung des Konzepts „Monitoring kleinräumiger Entwicklungsprozesse" und dazu eine Reihe von Informations-und Diskussionsveranstaltungen zu verschiedenen Themenbereichen. Im Ergebnis der bisherigen Aktivitäten sind nachweislich „eine Reihe" neuer Ausbildungsplätze entstanden, sowie einige Neugründungen bzw. Betriebserweiterungen erfolgt.

Soziale und interkulturelle Aktivitäten in Marxloh

Das Handlungsprogramm Marxloh umfasst sechs Handlungsfelder:

- Stadterneuerung
- Beschäftigung und Qualifizierung
- Sozialstruktur/soziale Infrastruktur
- Kulturelle/interkulturelle Arbeit
- Lokale Ökonomie
- Wohnen und Wohnumfeld (vgl. EGM 1998b).

155

In die baulich-räumlichen und investiven Handlungsfelder wie Stadterneuerung, Wohnen und Wohnumfeld fließen erwartungsgemäß die größten Anteile der bislang insgesamt etwa 120 Mio. DM Fördergelder (verteilt auf zehn Jahre); es folgen zum Teil in enger Verbindung damit die Bereiche Beschäftigung, Qualifizierung und lokale Ökonomie. Demgegenüber fließen in die eher „weichen" sozialen Handlungsfelder wie Verbesserung der sozialen Infrastruktur sowie kulturelle bzw. interkulturelle Arbeit vergleichsweise geringe Förderanteile. Gleichwohl sind sie für Lebenslagen im benachteiligten Stadtteil und für die Entschärfung der interethnischen Konfliktlagen wichtig.

In diesem Rahmen wurde eine Summe von Aktivitäten und Stadtteilprojekten entwickelt, die, in Zusammenarbeit von Stadtämtern mit Institutionen im Stadtteil wie Kirchen, Schulen, Sozial- und Jugendeinrichtungen und Vereinen, nach partiellen Lösungsansätzen für die drängenden sozialen Probleme der Einwohnerinnen und Einwohner suchen, indem sie (meist befristete) Arbeit, Erwerbseinkommen und begrenzte Ausbildungsmöglichkeiten im „zweiten oder dritten" Arbeitsmarkt schaffen sowie gleichzeitig interkulturelle Beziehungen herstellen und verbessern helfen. Zielgruppen dieser gemeinwesenorientierten Projektarbeit sind Kinder, Jugendliche, Eltern, Senioren sowie lokale Vereine und Vereinigungen.

Zu den Projekten gehören Kinderbetreuung, Ortsteilbüro, Ortsteilcafe, Elternarbeit, Dolmetscherdienste, Stadtteilfeste, Stammtisch der Vereine, „Nahtstelle Kinderkleidung", „Marxloh-Piraten", Müllaktionen, Begrünungsaktionen. Rund 300 Mitarbeiter unterschiedlichster Herkunft erhielten bislang wenigstens befristete Arbeitsmöglichkeiten durch die Projekte.

Zentral für die Weiterentwicklung von Projekten und gezielten Aktivitäten war das Konzept von Kleinsträumen und kleinräumigen Entwicklungsprozessen. Hierüber konnten neue bewohnerorientierte Sichtweisen von Problemen und ihrer Lösung entworfen werden, auch gemeinsame Lösungsmöglichkeiten zwischen Zuwanderern und Einheimischen und ein hohes Maß an Beteiligung an der Planung von konkreten Projekten erreicht werden. Daran waren auch die Wohlfahrtsvereine beteiligt, insbesondere die AWO, der traditionelle Träger des Migrations-Sozialdienstes für die türkische und muslimische Gemeinde (vgl. Schwarthans 1998).

Nicht alles gelingt – ein vorläufiges Resümee

Vergleicht man den Stadtteil Marxloh heute mit der Ausgangssituation vor Beginn des Handlungsprogramms, so zeigt bereits der äußere Augenschein, dass sich der Stadtteil positiv verändert hat. Begrünungen, Fassadenerneuerungen, Wohnungsrenovierungen und Neubauten, soziale Infrastrukturen, Ver-

156

kehrsberuhigungen und überall sichtbare neue Aktionsräume, wie z.B. das Schwelgernstadion, lassen hoffen.

Aber nicht alle Aktivitäten im Rahmen des seit einiger Zeit auf die bewusste Einbeziehung von Migranten ausgerichteten Erneuerungsprozesses in Marxloh können als gelungen bezeichnet werden. Eine Reihe von strukturellen Hindernissen und Missverständnissen lassen teilweise Zweifel an dem Erfolg der begonnenen Kursänderung aufkommen.

- Nach wie vor hängt die Wohnungsversorgung zu einem großen Teil am „Tropf" der *montanverbundenen Wohnungsunternehmen;*
- nach wie vor sind die *Richtlinien für Arbeitsbeschaffungsprogramme* (ABM und ASS) mit ihren starren Kriterien zur Anspruchsberechtigung und Befristung der Beschäftigungsverhältnisse keine gute Grundlage für längerfristige Projekte;
- nach wie vor fehlen Alternativen zu gesponserten *sozialen Aktivitäten,* wenn diese sich teilweise selbständig weiterentwickeln könnten, aber nicht dürfen, weil dann die gesamte Förderung wegfallen würde;
- mit der Zerstückelung des großen Innenhofes „Elisenhof" von einer großen Freifläche, die als Multikultureller Gemeinschaftsraum hätte genutzt werden können durch in den Hof gestellte Zeilenbebauung für Privateigentümer, wurde eine Chance vertan, gemeinschaftliches multikulturelles Leben als etwas Positives sichtbar zu machen;
- die Befristung der Förderprogramme generell stellt langfristige Planung immer wieder in Frage.

Trotzdem: Marxloh hat sich über einen längeren Zeitraum zu einer lebendigen Werkstatt entwickelt, einem Labor, in dem vielseitig ausprobiert wird, wie das interkulturelle Zusammenleben verbessert werden kann. Solche Versuche sollten Schule machen.

Beispiel 2: Agenda interkulturelle Stadtpolitik – Stadt Essen

Anlass

Im Jahre 1986 hatte der Stadtrat erstmals ein Handlungsprogramm zur Integration der ausländischen Arbeitnehmer und ihrer Familienangehörigen verabschiedet und damit Leitlinien für die kommunalen Integrationsbemühungen in Essen festgelegt. Aufgrund veränderter kommunalpolitischer Rahmenbedingungen und einer nach zehn Jahren veränderten Zuwanderungsrealität wurde die Verwaltung vom Rat der Stadt beauftragt, die bisherigen Zielaussagen und Handlungsvorschläge zu überprüfen und ein neues Konzept für die künftige interkulturelle Arbeit in der Stadt Essen zu erarbeiten.

157

Zur Ausführung dieses Auftrages wurde im Herbst 1996 eine städtische Projektgruppe gebildet, die zunächst das Planungsverfahren konzipiert und einen umfassenden Sozial- bzw. Integrationsbericht zur „Lebenssituation nicht deutscher Einwohnerinnen und Einwohner in Essen" erarbeitet hat (vgl. Stadt Essen 1997). In dem Bericht werden gravierende Integrationsdefizite in fast allen Lebensbereichen und sozialräumliche Konzentrationen der Migranten v.a. in den benachteiligten Stadtteilen des Essener Nordens festgestellt.

Partizipativer Planungsprozess

Mit einer Auftaktveranstaltung zum Konzept interkulturelle Arbeit wurde im März 1997 ein aufwendiger partizipativ-diskursiver Planungsprozess eingeleitet. Im Unterschied zu früheren Integrationskonzepten und dem Vorgehen anderer Städte wurde das Essener Planungsverfahren zur Konzepterarbeitung von Anfang an als kooperativer Prozess der Akteurevernetzung angelegt. Als handelnde Akteure sollten und wurden Vertreter aller migrationsrelevanten Institutionen an der Problemdefinition, der Zielfindung, der Entwicklung von Handlungsstrategien und deren Umsetzung beteiligt. Im Akteureforum waren der Ausländerbeirat, die Ratsparteien, alle migrationsrelevanten Ämter und Behörden, darunter auch nichtstädtische, Wirtschaftsverbände, Wohnungswirtschaft und DGB, Wohlfahrtsverbände, einige mit Migrationsfragen befasste Vereine sowie Schulen und Wissenschaft beteiligt.

Die Auftaktveranstaltung mündete in die Bildung von zehn Arbeitsgruppen, die bis zum Herbst 1998 überwiegend konsensuell Handlungsvorschläge bzw. Konzeptbausteine zu folgenden Themenfeldern erarbeitet haben:

- Arbeitsmarktintegration, Beschäftigung und Qualifizierung von Migranten,
- Integration jugendlicher Flüchtlinge,
- Wohnsituation nicht deutscher Haushalte,
- Elementarerziehung,
- Schulsituation und Übergang Schule-Beruf,
- außerschulische Kinder- und Jugendarbeit,
- Soziale Beratung und Betreuung von Migranten und ausländischen Senioren,
- präventiver Umgang mit Jugendkriminalität und
- Umgang mit interkulturellen Konflikten.

Die Koordinierung und Steuerung des Arbeitsprozesses sowie die Erarbeitung von übergreifenden Leitzielen und Querschnittsaufgaben erfolgte in einer Steuerungsgruppe der Arbeitsgruppenleiter(innen). Im Januar 1999 wurde der Konzeptentwurf auf einer Fachtagung des Akteureforums diskutiert, beschlossen und den Ratsgremien zur Beratung und Beschlussfassung vorgelegt. Im

158

April 1999 wurde das „Konzept für die interkulturelle Arbeit in der Stadt Essen" in seinen Grundzügen einstimmig im Rat befürwortet, die Verwaltung mit der Umsetzung beauftragt und hierzu ein Umsetzungscontrolling mit jährlicher Berichterstattung beschlossen (vgl. Stadt Essen 1999, S. 285ff).

Ausgewählte Ergebnisse

Das Leitbild und die übergreifenden Ziele des Essener Konzeptes zielen auf interkulturelle Orientierung der Stadtpolitik, die Förderung von Chancengleichheit sowie interkulturellen Austausch und Partizipation ab (vgl. Stadt Essen 1999, S. 9ff).

Diese Ziele beziehen sich auf alle Bereiche kommunalen Handelns und betreffen die Migrationsminderheiten genauso wie die einheimische Mehrheitsbevölkerung. Dazu gehören im Rahmen der begrenzten Möglichkeiten kommunalen Handelns

- die Förderung von annähernder Gleichberechtigung der Migranten, sozialer Chancengleichheit und Gleichwertigkeit der Lebensbedingungen (Demokratie- und Sozialstaatspostulat),
- die Förderung von Akzeptanz und Verständnis für unterschiedliche Herkünfte, Lebensstile und Handlungskompetenzen (Pluralitätspostulat),
- die Förderung von interkulturellem Austausch und eines Miteinanders, aber auch Akzeptanz von friedlichem Nebeneinander und Respekt vor eigenethnischen, kulturellen und religiösen Lebensformen (Selbstbestimmungspostulat) und
- die Austragung unvermeidlicher Konflikte stets mit friedlichen und demokratischen Mitteln mit dem langfristigen Ziel der Entwicklung neuer kultureller Synthesen und Gemeinsamkeiten.

Als *Zentrale Querschnittsaufgabe* wurde, anknüpfend an das Leitbild, eine interkulturelle Öffnung und Sensibilisierung aller Dienste und Einrichtungen festgelegt. Im einzelnen wurde darunter verstanden:

- vermehrte Einstellung bikultureller Fachkräfte, sowie interkulturelle Aus- und Fortbildung der Fachkräfte,
- Bereitstellung von Sprachdiensten und mehrsprachigen Informationen,
- Sozialraum-, bzw. Stadtteilorientierung der interkulturellen Arbeit,
- verstärkte Vernetzung aller beteiligten Akteure (Regel-, Spezialdienste und Migrantenselbstorganisationen),
- verstärkte Bürgerbeteiligung und „Kundenorientierung" aller Dienste und Einrichtungen,

- Nicht-Tabuisierung interkultureller Konflikte, Anti-Diskriminierungsarbeit, interkulturelles „Konfliktmanagement" sowie
- Öffentlichkeitsarbeit und prozesshafte Weiterentwicklung des Konzeptes.

Abschließende Einschätzung

Das Konzept „Agenda interkulturelle Stadtpolitik" der Stadt Essen basierte auf politischen Entscheidungen und Einsichten, die sich inzwischen durch Wahlergebnisse verändert haben. Es ist zu hoffen, dass nicht ganz vom Wege abgewichen wird, denn die prozesshafte Erarbeitung der Essener Agenda, die Einbindung und aktive Mitarbeit zahlreicher lokaler Akteure sowie die dezentrale Prozesssteuerung haben sich bewährt. Das „Essener Modell" ist als ein gutes Beispiel innovativer Stadtentwicklungspolitik zum Thema Integration und interkulturelles Zusammenleben zu werten (im Detail vgl. Krummacher 1999; Stadt Essen 1999).

Beispiel 3: Interkulturelles Konzept – Stadt Solingen

Die Stadt Solingen mit ihrer besonderen Geschichte hat nach dem Brandanschlag von 1992 das Thema Zuwanderung zu einer zentralen Aufgabe der Stadtentwicklung gemacht. Seitdem sind verschiedene Projekte, vor allem in der Jugendarbeit, in Schulen und Kindergärten und vermehrt in Stadtteilen durchgeführt worden, ausgerichtet auf Integration und Bedürfnisse der Zuwanderer. 1998 wurde das Büro einer Ausländerbeauftragten eingerichtet. Seitdem haben sich entsprechende Initiativen verstärkt. 1999 wurde der „Ausschuss für Zuwanderung und Integration" eingerichtet – ein Pilotprojekt auf Landesebene, das den Ausländerbeirat ablösen und der Vertretung der Ausländer mehr Gewicht geben sollte. Im Zusammenhang mit diesen Entwicklungen wurde der Beschluss des Rates von 1999 gefasst, ein Konzept Interkulturelle Stadtpolitik zu entwickeln.

Wie in Essen ist nach einer Auftaktveranstaltung im Frühjahr 2000 mit den verschiedensten Akteuren aus Verwaltung, Wohlfahrtsverbänden und Vereinen in vier Arbeitsgruppen über ein Jahr an der Entwicklung solch eines Konzeptes gearbeitet worden. In etwa 6 Sitzungen wurden Defizite und Fragen, vorhandene Ressourcen und Notwendigkeiten zusammengetragen und schließlich Projekte- und Maßnahmen entwickelt zu den Bereichen:

- Beschäftigung,
- Gesundheit,
- Wohnen,
- Jugendhilfe/Sport/Jugendkultur.

160

Eine Koordinationsgruppe aus den Leitern der Arbeitsgruppen, der Ausländer-beauftragten und einem wissenschaftlichen Beratungsteam begleitete den Prozess, führte Zwischen-Seminare mit Akteuren durch und bereitet den Ab-schlussbericht vor, der in einen Beschlussantrag an den Rat münden wird, mit Leitbild und Projekten, die den Prozess fortschreiben sollen und das Konzept umsetzen werden.

Zur Zeit der Abfassung dieses Beitrages waren die Ergebnisse noch nicht endgültig fertiggestellt. Die zentralen Merkmale dieses Interkulturellen Gesamt-konzeptes sind vergleichbar mit dem Prozess in der Stadt Essen. Typisch ist auch für das Solinger Vorgehen

- der Prozesscharakter,
- das Verständnis von Zuwanderung als Querschnittsaufgabe,
- die Einsicht in die Notwendigkeit einer interkulturellen Öffnung von Äm-tern und Institutionen,
- die Einsicht in die Notwendigkeit von kleinräumigen und passgenauen Bestandsaufnahmen,
- die Einsicht in die Notwendigkeit von konkreten Projekten als Pilot-maßnahmen und
- die Einsicht in die Notwendigkeit von Partizipation.

4. Schlussfolgerungen: Interkulturelle Stadtpolitik als Zukunftsaufgabe

Die dargestellten Beispiele zeigen eines: Integration der Zugewanderten und fördernde Rahmenbedingungen für das interkulturelle Zusammenleben sind notwendige aber auch mögliche Zukunftsaufgaben der Kommunen – dafür braucht es Konsens, Leitbilder, Konzepte und gut überlegte Projekte und einen ausgesprochenen Willen zu übergreifendem und querschnittsorientiertem Verwaltungshandeln. Worauf es ankommt sei im folgenden zusammengefasst:

Konzept interkulturelle Stadtpolitik

Die Neugestaltung lokaler Migrationspolitik bedarf, vergleichbar dem „Agenda 21 – Prozess", eines konzeptionellen *Leitbildes* mit ausgewiesenen lang- und mittelfristigen (Qualitäts-) *Zielen*, konkreter *Maßnahmen* und *Umsetzungskon-trollen*. Zur Konzeptentwicklung gehören eine solide Bestandsaufnahme bzw. *Sozialberichterstattung*, die Bündelung und Vernetzung vorhandener Ressour-cen und Akteure sowie das partizipative und diskursive Aushandeln von Leitbildern, Zielen und Maßnahmen unter Einbindung der Migrantenvertretungen und anderer lokaler Akteure – und dies bereits in der Erarbeitungsphase. Dazu sind politischer Wille und entsprechende Beschlüsse und die Bereitschaft zur Kooperation und Partizipation von Seiten der Stadt notwendig.

Institutionelle Reformen

Dabei geht es vor allem um *Beteiligung*. Verstärkente Mitsprache- und Vertretungsmöglichkeiten der Migranten können z.B. erleichtert werden durch

- Bestellung eines/einer Ausländerbeauftragten (z.B. Berlin, Solingen),
- institutionelle, vor allem aber realpolitische Aufwertung der Ausländerbeiräte oder ähnlicher Institutionen (z.B. Ratsausschuss Solingen, Duisburg),
- Einrichtung eines Amtes, zumindest einer migrationskompetenten Geschäftsstelle für multikulturelle Angelegenheiten (z.B. MKA Frankfurt/Main),
- regelmäßige Kooperation, Einbindung und Förderung der Migrantenvereine als wichtige Basisorganisationen der Migranten (siehe Akteureforum Essen, Solingen, Duisburg).

Darüber hinaus ist eine *interkulturelle Öffnung* der kommunalen Verwaltung und der sozialen Dienste notwendig. Hierzu bedarf es mehrerer Bedingungen, nämlich:

- politischem Willen zur interkulturellen Öffnung als Grundlage,
- vermehrter Personaleinstellungen von Migrant(inn)en als bikulturelle Expert(inn)en,
- interkulturelle Fort- und Weiterbildung des Stammpersonals,
- Umbau der Migrationsdienste und bessere Vernetzung mit Regeldiensten (nicht gemeint ist Sparpolitik).

Wünschenswert wäre außerdem eine unabhängige Antidiskriminierungsstelle.

Sozialraumgestaltung und lokale Sozialpolitik

Herausragender Ansatzpunkt lokaler Sozial- und Migrationspolitik ist die kleinräumige Sozialraum- und Stadtteilebene. Nachteilsausgleichende soziale Programme und bauliche Maßnahmen, die sichtbare konkrete Verbesserungen der Lebenslagen aller Bewohner(innen) bewirken, können konfliktmildernd wirken. Stadtteilbezogene „Kombi-Projekte" mit den Zielen Infrastruktur- und Wohnumfeldverbesserung, Aufbau von Netzwerken, kombiniert mit lokalen Beschäftigungs- und Ausbildungseffekten sind dafür besonders geeignet. Dazu braucht es langfristig angelegte Stadtentwicklungspolitik, langfristige Förder-

162

programme und Vermittlungsagenturen, wie z.B. der/die Quartiersmanager(in), die dafür Sorge tragen können,

- Kompetenzen, Selbsthilfepotentiale, Interessen und interkulturelle Konflikte im Stadtteil zu erkennen,
- Konflikte zwischen „unten und oben" und zwischen den Betroffenen zu moderieren,
- gute Lösungen für die Bewohner(innen), den Stadtteil und das interkulturelle Zusammenleben auszuhandeln (Anwaltsfunktion).

Literatur

Ausländerbeauftragte der Bundesregierung (Hrsg.) (1998): Bericht der Beauftragten der Bundesregierung für Ausländerfragen über die Lage der Ausländer in der Bundesrepublik Deutschland. Bonn.

EGM-Entwicklungsgesellschaft Duisburg-Marxloh (Hrsg.) (1998a): Projekt Marxloh. 2. Projektbericht. Duisburg.

EGM-Entwicklungsgesellschaft Duisburg-Marxloh (Hrsg.) (1998b): Nachhaltige Stadterneuerung. Projekt Marxloh. Duisburg.

Häußermann, Hartmut/ Oswald, Ingrid (1997): Zuwanderung und Stadtentwicklung. In: Hartmut Häußermann/ Ingrid Oswald (Hrsg.): Zuwanderung und Stadtentwicklung. Opladen, S. 9-29.

Idik, Ercan/Maschke, Heiner (1998): Wirtschaftsförderung in Duisburg-Marxloh. In: Friedrich-Ebert-Stiftung (Hrsg.): Ghettos oder ethnische Kolonien? Entwicklungschancen von Stadtteilen mit hohem Zuwanderanteil. Bonn, S. 71-76.

Krummacher, Michael (1999): Agenda interkulturelle Stadtpolitik. Das „Essener Modell zur Konzeptentwicklung und Empfehlungen zur Übertragung. Schlussbericht der Begleitforschung im Auftrag des MASSKS-NRW. Bochum (= FESA-TRANSFER, Band 7- ISSN 0948-2504).

Krummacher, Michael/ Waltz, Viktoria (1996): Einwanderer in der Kommune. Essen.

Krummacher, Michael/ Waltz, Viktoria (1999): Kommunale Migrations- und Integrationspolitik. In: Dietz, Berthold/Eißel, Dieter/Naumann, Dirk (Hrsg.): Handbuch der kommunalen Sozialpolitik. Opladen, S. 465-477.

MAGS-NRW, Ministerium für Arbeit Gesundheit und Soziales des Landes Nordrhein-Westfalen (Hrsg.) (1995): Zuwanderung in Nordrhein-Westfalen. Düsseldorf.

MASSKS-NRW, Ministerium für Arbeit, Soziales und Stadtentwicklung, Kultur und Sport des Landes Nordrhein-Westfalen (Hrsg.) (1998): Stadtteile mit besonderem Erneuerungsbedarf. Düsseldorf.

Schwarthans, Karl-August (1998): Ein Stadtteil im Wandel. Konsequenzen für einen Wohlfahrtsverband. In: Friedrich-Ebert-Stiftung (Hrsg.): Ghettos oder ethnische Kolonien? Entwicklungschancen von Stadtteilen mit hohem Zuwanderanteil. Bonn, S. 77-81.

Stadt Duisburg. Der Oberstadtdirektor (Hrsg.) (1996): Leitbild für den Stadtteil Marxloh. Duisburg.

Stadt Essen. Der Oberstadtdirektor (Hrsg.) (1997): Konzept interkulturelle Arbeit. Informationen zur Lebenssituation nichtdeutscher Einwohnerinnen und Einwohner in Essen. Essen (= Informationen und Berichte zur Stadtentwicklung, Bd. 93).

Stadt Essen. Der Oberstadtdirektor (Hrsg.) (1999): Konzept für die interkulturelle Arbeit in der Stadt Essen. Essen (= Informationen und Berichte zur Stadtentwicklung Nr. 100).

Rolf Keim

Empowerment gegen Ausgrenzung:
Die Politik der sozialen Stadt entdeckt das Quartier

Armut in der Bundesrepublik hat während der 90er Jahre nicht zuletzt durch ihre räumliche Konzentration in so genannten großstädtischen Problemquartieren eine neue Qualität erreicht. Sie ist nicht nur in Armutsberichten, sondern auch im Erscheinungsbild vieler Städte unübersehbar geworden. Die Konzentration kumulierter Benachteiligung wird heute wieder als eigenständiger Verursachungszusammenhang von Armut und sozialer Ausgrenzung angesehen; danach führen benachteiligte soziale Lagen im Lebensraum benachteiligter Stadtquartiere zu einer Verfestigung sozialer Marginalisierung. Bis zu Beginn der 90er Jahre hatte sich die sozialwissenschaftliche Stadt- und Armutforschung noch überwiegend mit den strukturellen Dimensionen sozialer und räumlicher Benachteiligung befasst. Neuerdings werden aber die wechselseitigen Beziehungen von gesellschaftlichen und quartiersspezifischen Strukturbedingungen und von Verhaltensdimensionen von Bewohner(inne)n und Bewohnergruppen im Quartier für die Durchsetzung und Verfestigung sozialräumlicher Ausgrenzungsprozesse verantwortlich gemacht (vgl. Dangschat 1995; Häußermann 2000). Die Haltungen und Handlungen der Quartiersbewohner(innen) spielen in neueren Untersuchungen eine immer größere Rolle, allerdings überwiegend mit Blick auf ihre Defizite (z.B. hinsichtlich der Arbeitsmarktanforderungen oder der Integrationsbereitschaft von Migranten), die den Anschluss an die Mehrheitsgesellschaft verhindern.

Die neue Qualität von Armut bzw. der Erklärung ihrer Entstehungsbedingungen durch ihre räumliche Konzentration in bestimmten Stadtquartieren hat aber noch eine andere Dimension. Die Problemquartiere sind nicht nur Verursachungszusammenhang von sozialer Marginalisierung, sondern zentraler Ansatzpunkt für sozialpolitische Strategien der Veränderung, d.h. der Beseitigung von Marginalisierung. In der Beschwörung der Integrationsmaschine Stadt werden die Quartiere als Ressource einer neuerlichen sozialen Kohäsion betrachtet. So wird in der Fokussierung von Maßnahmen der kommunalen Sozialpolitik auf den Lebenszusammenhang Problemquartier im Rahmen „integrierter Handlungsansätze" eine Chance für das „Überleben der sozialen Stadt" gesehen.

Die Situation der Problemquartiere und die Lebensbedingungen ihrer Bewohner(innen) sind also – so die These – gekennzeichnet durch eine spannungsreiche Gleichzeitigkeit von Ausgrenzung und Empowerment (oder – wie der Tagungstitel vorschlägt – von Zerfall und Erneuerung). „Spannungsreich" insofern, als dass es sich dabei um einen Prozess gesellschaftlicher „In-Wert-Setzung" handelt, der die Handlungsspielräume der lokalen Akteure absteckt. „In-Wert-Setzung" meint die Anpassung und Aktivierung von Ressourcen – menschliche, technologische, bauliche, organisatorische – hinsichtlich der Anforderungen von Wettbewerbsökonomie und globalisiertem Markt. Die oberste Maxime dieser gesellschaftlichen Optimierungsstrategie ist es, brachliegende Potentiale durch andere Organisationsformen (z.B. von Arbeit, Verwaltungshandeln oder sozialer Sicherung) und die „Förderung" von Eigentätigkeit und Eigenverantwortung der Akteure (Staatsbürger, Beschäftige, Arbeitslose, Quartiersbewohner etc.) zu nutzen.

Gleichwohl verheißt diese Strategie keine „paradiesischen" Zustände. „In-Wert-Setzung" ist ein kontinuierlicher Selektionsprozess, der die „Außer-Wert-Setzung" mit beinhaltet. Wie sich diese Prozesse auf die Entwicklung der Problemquartiere und die Ressourcen ihrer Bewohner(innen) zur Bewältigung ihrer zumeist schwierigen sozialen Lage auswirken, das ist Thema dieses Beitrags.

1. Das Quartier als Ressource – Potentiale seiner Bewohner(innen)

„Milieu" charakterisiert gemeinhin die Ressourcen und Restriktionen der aktiven Lebensgestaltung und Armutsbewältigung im Quartier. Das Milieu fungiert dabei als eine Vermittlungsinstanz zwischen sozialräumlichen Strukturen und Verhaltensdimensionen der Bewohner(innen) bzw. Bewohnergruppen im Quartier. Danach können milieuspezifische Lebenswelten individuelle Handlungsspielräume für die Alltagsbewältigung im Problemquartier eröffnen, abhängig von der materiellen Umwelt und deren Nutzbarkeit sowie von den sozialen Beziehungen und Konflikten der Quartiersbewohner. Die „Renaissance des Milieukonzepts" (Herlyn 1998 ; vgl. auch Matthiesen 1997; Keim 1997) ist wesentlich durch den Bedeutungsgewinn der räumlichen Dimension in der sozialen Ungleichheits- und Sozialstrukturforschung begründet, die in milieuspezifischen Lebenswelten „Filter" und „Verstärker" strukturell ungleicher

166

Lebensverhältnisse wie auch individueller Verhaltensweisen sieht (vgl. Hradil 1987).

Das Problemquartier ist jedoch nicht gleichbedeutend mit einem räumlich begrenzten Armutsmilieu. Vielmehr treffen wir auf z.T. sehr unterschiedliche, konkurrierende oder konfliktträchtige „Sub-Milieus", die im Quartier zusammenleben. Dass diese Staträume dennoch als homogenes sozialräumliches Milieu dargestellt bzw. betrachtet werden, hat mehrere Ursachen. Häufig handelt es sich um statistische oder administrative, weniger um stadträumlich klar abgegrenzte Gebietseinheiten, in denen ein hoher Anteil von „ProblemHaushalten" lebt. Als „Problem" gelten Arbeitslosigkeit, Sozialhilfebezug, Armut und Migranten. Auch unsere Untersuchungsgebiete[1] sind in diesem Sinne stark problembeladene Stadtquartiere, auch wenn sich die Bewohnerstruktur nach ihrer Herkunft in beiden Quartieren unterscheidet. Das Altbauquartier liegt zwischen Hauptfriedhof, Industriearealen, der Stadtgrenze mit einem Niemandsland großflächigen Einzelhandels, einem schmalen Flußgrünzug und schließlich den expandierenden (sozialen und räumlichen) Ansprüchen der Universitäterweiterung. In diesem Gebiet befinden sich ein umfangreiches kommerzielles und soziales Infrastrukturangebot und ein differenzierter Wohnungsbestand: Mietskasernen aus der Gründerzeit, Sozialwohnungen und ehemalige – mittlerweile privatisierte – Werkswohnungen aus den 20er und 30er Jahren, Schlichtwohnungen aus den 50er Jahren, eine privatisierte Genossenschaftssiedlung der 60er Jahre sowie kleinere Gebiete mit freifinanzierten modernen Eigentums- und Mietwohnungen, Reihenhäusern und Eigenheimen neueren Datums. Seit der Industrialisierung haben wir es in dem Gebiet mit Gemengelagen zu tun und den daraus resultierenden Umwelt- und Verkehrsbelastungen. In diesem Gebiet erhält ein Viertel der Bewohner(innen) Sozialhilfe (in der Stadt immerhin jede/r Zehnte), der Anteil der Arbeitslosen unter den 20- bis 54-Jährigen ist doppelt so hoch wie auf gesamtstädtischer Ebene. Über die Hälfte der rd. 7.000 Quartiersbewohner(innen) hat keine deutsche Staatsbürgerschaft, die überwiegende Mehrheit von ihnen kommt aus der Türkei, sonst aus südeuropäischen Mittelmeerländern. In dem Altbauviertel ist die Hälfte der Befragten arm, d.h. sie haben weniger als 50 Prozent des Durchschnittseinkommens.

In dem untersuchten Neubauquartier sind die Anteile von Arbeitslosen und Sozialhilfebeziehern etwas geringer, aber immer noch deutlich überdurch-

---

1 DFG-Forschungsprojekt „Großstädtische Problemviertel als Knotenpunkte sozialer Marginalisierung: Eigenpotentiale der Bewohner" (Leitung: Dr. Rainer Neef, Soziologisches Seminar der Uni Göttingen); qualitative Untersuchung von Fähigkeiten und Ressourcen sowie Formen des Zusammenlebens der Bewohnerinnen und Bewohner in zwei Kasseler Stadtteilen (Alt- und Neubauquartier).

schnittlich. Unter den nicht-deutschen Bewohner(inne)n treffen wir hier vor allem auf Flüchtlinge aus Afghanistan und Eritrea. Ansonsten sind rd. ein Fünftel der Bewohner (Spät-)Aussiedler aus Osteuropa (vor allem Polen) und den Ländern der ehemaligen Sowjetunion.

Zu „Problemquartieren" werden diese Gebiete dann zuerst in der Sicht der Verantwortlichen in den Ämtern der öffentlichen Verwaltung (Sozialamt, Jugendamt, Wohnungsamt), die die Konzentration sozialen Bedarfs erkennen und als (vor allem Kosten- und Versorgungs-) Problem in ihrem Zuständigkeitsbereich benennen. Mit weiteren sozialen Folgeerscheinungen sind die Schulen (Sprachprobleme von Kindern und Jugendlichen aus Familien nicht-deutscher Herkunft) oder die Wohnungsgesellschaften (Wohnungsleerstände) konfrontiert und von daher gezwungen, auf die Problemlagen im Gebiet zu reagieren. Dass diese Gebiete schließlich als ein einheitliches sozialräumliches Milieu wahrgenommen werden, liegt wesentlich an Zuschreibungen von außen und an Stigmatisierungsprozessen. Davon sind dann alle Bewohnergruppen betroffen, – und reagieren entsprechend ihren Möglichkeiten, einige z.B. mit Wegzug.

Wie unterschiedlich die Beurteilungen des Quartiers durch die Bewohner(innen) selber ausfallen und wie differenziert die „Wahr-Nehmung" des sozialen Lebensraums ist, zeigen die folgenden Reaktionen: : „Wieso?", reagiert die 48-jährige Frau etwas irritiert, „warum sollte ich hier wegziehen wollen? Ich bin hier geboren, meine Tochter hat eine Wohnung hier in der Straße. Mit den Ausländern komme ich klar." Der italienische Familienvater sieht sich bedroht durch die dominierende türkische Migrantengruppe, es gebe viel Streit mit den Hausbewohnern; früher sei es ein „sehr ruhiges Viertel gewesen, wo wir mit den Deutschen gut zusammenleben konnten." Die allein erziehende türkische Frau fühlt sich in der Straße erinnert an die Türkei, dadurch habe sie ein Gefühl der Sicherheit. Demgegenüber beklagen der 20-jährige Türke und seine Frau die soziale Kontrolle durch die „religiösen Leute". Die deutsche Frau mit Sozialhilfebezug unterstreicht: „bloß weg hier". Das Mädchen im Nachbarhaus schämt sich dafür, hier zu wohnen und trifft sich mit ihren Freund(inn)en lieber in der Stadt. Der türkische Ladenbesitzer lebt gerne hier; ebenso der deutsche Hausbesitzer, wenn auch die meisten Freunde von früher mittlerweile in andere Stadtteile gezogen sind.

Das Verhältnis der Bewohner(innen) zu ihrem Quartier bewegt sich also nach eigenem Bekunden zwischen schroffer Ablehnung und enger Bindung. Wenn es so ist, dass „der Mensch (...) nicht inmitten der Dinge leben (kann), ohne sich über sie Gedanken zu machen, nach denen er sein Verhalten einrichtet" (Durkheim), dann ist nach den materiellen und immateriellen Dimensionen für Handlungsspielräume der Quartiersbewohner zu fragen. Häufig werden nur Milieuverhaftungen von sozial benachteiligten Bewohnergruppen in ihrer

Wirkung auf Marginalisierungsprozesse betrachtet. In diesem Zusammenhang sind zwei gegensätzliche Effekte hervorzuheben:

- Das Milieu schließt die Bewohner(innen) und Bewohner ein, sie tendieren zu Anomie, soziale Benachteiligung verfestigt sich. Milieu ist hier gekennzeichnet durch die kumulative Wirkung von Armut, sozialem Rückzug sowie abweichendem Verhalten und Konflikten. Der soziale Abstieg der Bewohner(innen) zerstört ihre Handlungsfähigkeiten und führt zusammen mit Stigmatisierung und Ausgrenzung schließlich zum Verfall von Qualifikationen und Potentialen. Pierre Bourdieu (1997, S. 166) spricht davon, dass „die räumliche Versammlung einer in ihrer Besitzlosigkeit homogenen Bevölkerung (...) auch die Wirkung (hat), den Zustand der Enteignung zu verdoppeln, insbesondere in kulturellen Angelegenheiten und Praktiken".
- Oder aber das Milieu fungiert als schützende „Stützstruktur", die objektiv benachteiligende Lagen stabilisiert und ein weiteres Abrutschen verhindert; die Konzentration von Marginalisierten ermögliche solidarische Netzwerke zur Lebensbewältigung im Quartier. In dieser Logik werden die positiven Effekte ethnischer Kolonien diskutiert, und dies ist auch ein Hintergrund für sozialpolitische Ansätze des empowerments in den Quartieren.

Die Bedeutung des erstgenannten Effektes thematisieren vor allem Ansätze, die die Frage der gesellschaftlichen Ausgrenzung und die Entstehung einer urban underclass untersuchen (vgl. Häußermann 1997). Sie sehen in den Quartieren „Räume der gesellschaftlichen Exklusion" (Keim 1997, S. 92). Die besondere Brisanz wird darin gesehen, dass das Leben in Problemquartieren für die Bewohner(innen) weitere benachteiligende Wirkungen hat, die die Abspaltung der Quartiersbewohner von der Mehrheitsgesellschaft besiegeln. Hierzu rechnet Häußermann vor allem das Fehlen von anerkannten Rollenvorbildern (durch Erwerbstätige) für Kinder und Jugendliche, negative Auswirkungen von Verwahrlosungserscheinungen im öffentlichen Raum auf das Selbstbild und die Aktivitätsbereitschaft der Bewohner(innen) sowie die „Selbstisolation" durch dichte und homogene soziale Netze, wodurch Brücken zur Mehrheitsgesellschaft abgebrochen werden.

Andere Studien stellen mit Blick auf die Situation in den randstädtischen Großsiedlungen die Konflikte bzw. die geringen Potentiale der Bewohner(innen) zur Konfliktregulierung in den Mittelpunkt. In der Situation einer Konzentration sozialer Benachteiligung und vielfältig differenzierten Bewohnergruppen (vor allem hinsichtlich ihrer Herkunft) komme es zu einer Überforderung der Nachbarschaften (vgl. Krings-Heckemeier/Pfeiffer 1998).

Der andere Effekt, demzufolge das Quartier als sozialer Lebensraum als eine Ressource zur Stabilisierung sozialer Lagen beitragen kann, wird besonders in der Gemeinwesenarbeit und der Migrationsforschung herausgestellt (vgl.

Hinte 1996; Krummacher/Waltz 1996; vgl. auch Herlyn u.a. 1991; Keim/Neef 2000).

Unsere eigene Untersuchung zielt auf die sozialen Differenzierungen im Quartier. In die Befragung einbezogen sind vielfältige Bewohnergruppen: Deutsche und Nicht-Deutsche, Erwerbstätige, Rentner, Sozialhilfebezieher, allein Lebende, Familien. Die gesellschaftlichen Teilhabechancen dieser Bewohnergruppen sind sehr unterschiedlich. Sie haben nicht die gleichen Möglichkeiten, das Quartier als Ressource zu nutzen und als sozialen Lebensraum positiv zu erfahren. In welchem Umfang das Quartier als Ressource der Alltagsbewältigung für die Bewohner(innen) nutzbar ist, ist abhängig von

- den Erwerbspotentialen, d.h. dem Erwerbsstatus und der Erwerbsbiographie, den Zugängen zu informeller und „Schwarz"- Arbeit und den Potentialen für Eigenarbeit;
- ihrer Kenntnis und Inanspruchnahme von Transferleistungen und sozialen Diensten;
- den Haushalts- und Finanzstrategien sowie den Ausgabezielen der Bewohnerhaushalte;
- der Art und dem Nutzen von Familien-, Verwandtschafts- und Freundesbeziehungen;
- den Aktivitäten in quartiersöffentlichen/halböffentlichen Institutionen und Einrichtungen (Vereine, Glaubensgemeinschaften, Treffs);
- der Form ihrer Nachbarschaftsbeziehungen und
- den Konflikten und Stigmatisierungserfahrungen im Quartier.

Zusammenfassend geht es uns um jene Lebensbereiche, die die materielle Lage und die Soziabilität der Quartiersbewohner bestimmen. Die Frage dabei ist, welche Bedeutung das Quartier als Ressource für die gesellschaftliche Integration der verschiedenen Bewohnergruppen hat.

Materielle Lage	„Nicht - Arme"		„Arme"	
Soziale Lage (Soziabilität u. Erwerbspotentiale)	*Stabile* Haushalte		*Prekäre* Haushalte	*Marginalisierte* Haushalte
Gesellschaftliche Integration und Quartiers-Milieu	*Anschluss* an die Mehrheitsgesellschaft „*trotz*" des Quartiers	*Anschluss* an die Mehrheitsgesellschaft „*durch*" das Quartier	Abgekoppelt von der Mehrheitsgesellschaft und *gestützt* durch das Quartier	Abgekoppelt von der Mehrheitsgesellschaft und *belastet* durch das Quartier

Quartier als Ressource: Integration und Ausgrenzung

170

Beim gegenwärtigen Stand unserer Untersuchung sehen wir drei „Typen" von Bewohner(inne)n, die wir vorläufig als „stabile Haushalte", „marginalisierte Haushalte" und „prekäre Haushalte" bezeichnen wollen. Für alle drei „Typen' hat das Leben im Quartier benachteiligende wie auch stützende Effekte; ihre Auswirkungen für die Haushalte werden durch deren Handlungspotentiale bestimmt.

Die „Stabilen"

Im Quartier leben nach wie vor (alte und neue) „stabile Haushalte"; sie sind Teil der Mehrheitsgesellschaft, trotz des Quartiers. Ihre Verbindung zu den Regeln und Orientierungen der Mehrheitsgesellschaft bleibt bestehen, weil Erwerbs- und Sozialbeziehungen außerhalb des Quartiers existieren. Zu den Quartiersverhältnissen verhalten sich diese Bewohner(innen) „reserviert" bis ablehnend. Sie wohnen überdurchschnittlich lange im Quartier. Gegenüber ihren engen und tragfähigen Familienbeziehungen, die bei den türkischen Migranten in die weitere Verwandtschaft und einen weiteren Personenkreis ihrer Herkunftsgruppe und -region hineinreichen, stehen die Nachbarschaftskontakte zurück. Das Verhältnis zu den Nachbarn ist distanziert, zuweilen auch konflikthaft. Eine Ausnahme sind die langansässigen deutschen Rentner(innen), bei denen die Erinnerung an vergangene Zeiten häufig die Form einer „trotzigen Wagenburg-Mentalität" annimmt. Im Quartier isoliert sehen sich vor allem die stabilen Haushalte minoritärer, d.h. in unserem Fall nicht-türkischer Migrantengruppen, deren sozialer Aufstieg und frühe Integrationsbemühungen nun durch den Abstieg des Quartiers entwertet werden. In materieller Hinsicht leiden die stabilen Haushalte keine Not. Sie sind erwerbstätig oder Rentner(innen) mit ausreichenden Einkommen. Wir treffen auch auf Selbständige im Quartier (Bauunternehmer und Lebensmitteleinzelhändler, Kioskbetreiber und Briefmarkenhändler), nicht wenige sind Hausbesitzer. Die überwiegende Mehrzahl der stabilen Haushalte besitzt finanzielle Reserven, bei den türkischen Haushalten gibt es vielfältige Hinweise auf Immobilienbesitz in der Türkei. Bei ihnen verbinden sich weitreichende Ausgabenziele mit umfangreichen Eigenarbeiten, die sich gerade bei Selbständigkeit, Haus- oder Gartenbesitz auch nutzbringend einsetzen lassen. Ihre beruflichen Tätigkeiten bringen vielfältige Kontakte innerhalb und außerhalb des Quartiers mit sich.

Während sich die Selbständigen und Hausbesitzer materiell an das Quartier gebunden sehen und sich z.T. auch mit ihm verbunden fühlen, formulieren die Erwerbstätigen und auch einige Rentner(innen) eine wachsende Distanz zum

171

Quartier, die sich bisweilen in schroffer Ablehnung und konkreten Wegzugs-absichten äußert.

Die „Marginalisierten"

Auf der anderen Seite treffen wir auf „marginalisierte Haushalte", die den Anschluss an die Mehrheitsgesellschaft verloren haben sowie durch das Quartier zusätzlich belastet und den Quartiersverhältnissen ausgeliefert sind. Hier führen benachteiligende Quartierseffekte und benachteiligte Lebenssituation zu einer Verfestigung von Marginalisierung. Diese Haushalte sind beherrscht durch existenzielle Finanzprobleme, wo die täglichen Schwierigkeiten bei der Bewältigung des Alltags ganz wesentlich den Lebenshorizont bestimmen. Die meisten unter ihnen sind zusätzlich durch Schulden belastet, was das Gefühl der Ausweglosigkeit und den Druck der Finanzmisere weiter verstärkt. Sie be-streiten ihren Lebensunterhalt fast ausschließlich aus Mitteln der Sozialhilfe, einige erhalten noch Arbeitslosenhilfe. Das Angewiesen-Sein auf die Zahlungen und Sachleistungen des Sozialamtes gerät zur Normalität, man fügt sich in eine Form „erlernter Hilflosigkeit" (Lompe 1987, S. 224 ff). Oft währt dieser Zu-stand schon viele Jahre, z.T. kommen sie aus einem Milieu der Armut, wo bereits die Eltern Sozialhilfe bezogen und sie selber noch nie die Erfahrung einer wie auch immer geregelten Erwerbstätigkeit gemacht haben. Schwere Krankheiten oder Unfälle wie auch biografische Brüche (vor allem die Tren-nung vom Partner durch Tod oder Scheidung) werden nicht selten „als Anfang vom Ende" beschrieben. Zwar verläuft die Ausgliederung dieser Personen aus dem Arbeitsmarkt und den anschließenden Versicherungsleistungen in der Regel. weniger „spektakulär", bezeichnet gewissermaßen den kapitalistischen Normalvollzug bei fehlender Qualifikation, fortgeschrittenem Alter und schwin-dendem Arbeitsangebot, dennoch werden diese „Schicksalsschläge" zum Sinn-bild für das eigene Scheitern und des „Ausgeliefert-Seins". Die Folge sind Passivität und Resignation. Art und Intensität ihrer Sozialbeziehungen sind bezeichnet durch soziale Isolation und konflikthafte Beziehungen. Viele deut-sche Bewohner(innen) betreiben eine rigorose Kontaktvermeidung in der Nachbarschaft oder aber befinden sich im Streit mit ihr. Die familiären bzw. verwandtschaftlichen Kontakte sind oftmals abgebrochen oder polarisiert. Engere Freundesbeziehungen gibt es nur wenige und wenn, dann zumeist außerhalb des Quartiers. Für regelmäßige Aktivitäten in Vereinen fehlen die finanziellen Möglichkeiten. Viele haben aber auch nicht die „Energie" und den Mut, sich den prüfenden Blicken der Anderen auszusetzen. Ihre Fähigkeiten zur Erschließung hilfreicher Sozialbeziehungen sind aufgebraucht, zerrieben durch die Erfahrung alltäglicher Not, aus der sie keinen Ausweg sehen. In dieser

172

Situation bedeutet das Quartier bestenfalls passive Unterstützung, einfach weil es den Eindruck vermittelt, sozialer Abstieg sei Teil der Normalität und Anderen gehe es noch schlechter. Das Quartier ist insofern sozialer Rückzugsraum, aber gleichzeitig eine Sackgasse, was die Frustration und Ablehnung noch steigert. Dennoch gibt es auch in diesem Milieu der Armut und Apathie gegenseitige Hilfen und solidarische Beziehungen, sie bleiben aber vereinzelt und in diesem Milieu gefangen und bedeuten keine Möglichkeit für grundsätzliche Veränderungen; sie bieten keine Brücken in die Mehrheitsgesellschaft, sind aber für einige deutsche Haushalte der Anker in einer ansonsten turbulenten Lebenssituation.

Die „Prekären"

Schließlich sehen wir eine dritte, disparate Gruppe „prekärer Haushalte", für die das Quartier eine Brücke in die Mehrheitsgesellschaft bedeutet oder die im Quartier gefangen, aber auch gestützt sind. Ihnen gemeinsam ist, dass sie an der Armutsschwelle leben; die Einkommensquellen sind Versicherungs- und Sozialleistungen sowie unsichere bzw. Neben-Erwerbstätigkeiten. Unter schwierigen materiellen Bedingungen verstehen sie es, „Anschluss zu behalten" in den verschiedenen Zonen des sozialen Lebens: zur Arbeit und an soziale Netze. Sie sind auffällig stark im Kombinieren von Erwerbspotentialen auf der Basis von Teilzeit-, 630-Mark- und kurzfristigen Beschäftigungen mit den verschiedensten Transfers wie Rente, Arbeitslosenunterstützung oder Erziehungsgeld sowie mit informellen Tätigkeiten. Sie sind in der Regel gut darüber informiert, wo sie welche Ansprüche anbringen und realisieren können. Trotz der vielfältigen Quellen bleibt zwar die Unsicherheit der Einkommenssituation bestehen, es werden darin aber ihre Fähigkeiten zur „Regelung" ihrer materiellen Verhältnisse deutlich. Sie haben nur vereinzelt und nur geringe Guthaben, ähnlich „undramatisch" sind aber auch ihre Schuldenbelastungen. Nicht allein durch Sparsamkeit, sondern auch durch eine aktive Haushaltsplanung versetzen sie sich in die Lage, mit dem Wenigen auszukommen. Dennoch führen auch bei diesen Haushalten unvorhergesehene Ausgaben oder Unterbrechungen im Fluss der geringen Einkommen zu unmittelbaren Notsituationen.

Diese Bewohner(innen) haben aktive und unterstützende Sozialbeziehungen, die eine „prekäre Stabilität" ihres Alltags bedeuten. Dabei unterscheiden wir zwei Fraktionen: jene, deren soziale Netze auf das Quartier beschränkt sind und sie dort sozial „gefangen" halten, und solche mit für sie tragfähigen Kontakten auch außerhalb des Quartiers.

• Unter den deutschen „Gefangenen" überwiegen die Nachbarschaftsbeziehungen. Die Hausgemeinschaften geraten teilweise zu „Enklaven in feindli-

173

cher Umwelt". Verwandtschaftsbeziehungen reduzieren sich auf den engsten Kreis der Familie, darüber hinaus sind sie in den meisten Fällen sehr sporadisch oder durch Konflikte belastet. Bei den Migranten scheint dies anders zu sein: hier stehen die verwandtschaftlichen Kontakte im Mittelpunkt, bei den Türken ergänzt durch solche aus regelmäßigen Moscheebesuchen. In der Nachbarschaft verhalten sie sich eher distanziert. Sie nutzen die vielfältigen Angebote im Quartier, fühlen sich hier heimisch, aber fremd in der Stadt.

- Tragfähige Außenkontakte, v.a. in Form von Freundesbeziehungen haben jüngere Türken und allein Erziehende. Für sie ist das Quartier wenig hilfreich, z.T. eher bedrohlich. Das verbindet sie mit einer Gruppe von deutschen Rentner(inne)n, die sich im Quartier zunehmend isoliert sehen und soziale Kontakte in Vereinen auch außerhalb des Quartiers suchen. Diese Haushalte haben ein distanziertes und „instrumentelles" Verhältnis zum Quartier, nutzen seine Vorteile (geringe Mieten, spezielle Infrastruktur), ihre Aktivitäten und sozialen Beziehungen weisen aber über das Quartier hinaus.

Die Ausgrenzungsbedrohungen und die gesellschaftlichen Teilhabechancen werden demnach durch den sozialen Lebensraum im Problemquartier mit bestimmt, allerdings nicht einheitlich im Sinne von entweder unterstützenden oder aber benachteiligenden Effekten. Vielmehr sind die Handlungsräume der Bewohnerhaushalte unterschiedlich ausgeprägt. Herkunft und Erwerbstätigkeit sind dabei keineswegs die allein bestimmenden Faktoren; ebenso wichtig sind die sozialen Beziehungen sowie die Orientierungen der Bewohner(innen).

2. Das Problemquartier im Prozess städtischer „In-Wert-Setzung"

Die städtische Politik ist nur wenig bemüht, die sozialen Differenzierungen im Quartier in ihre Strategien einzubeziehen. Es lassen sich drei Ebenen politischer In-Wert-Setzungs-Strategien im oder für das Problemquartier unterscheiden: die städtebauliche, die soziale und die organisatorische. Zwar gehört es zu den zentralen Zielen integrierter Handlungsansätze im Quartier, diese drei Ebenen untereinander zu verzahnen, dennoch führen sie bisher – nicht zuletzt aufgrund der gesetzlichen Vorgaben zentralstaatlicher Politik – ein relatives Eigenleben. Dafür gibt es aber auch auf kommunaler Ebene verschiedene Gründe. Zunächst wird noch immer den städtebaulichen und neuerdings den organisatorischen In-Wert-Setzungs-Strategien gegenüber dem „Sozialen" eine größere Bedeutung für den gesamtstädtischen Entwicklungsprozess beigemessen. Das wird u.a. daran ersichtlich, dass mehrheitlich die städtischen Planungsämter federführend mit der Durchführung von Projekten des Bund-Länder-Programms „Soziale Stadt" befasst sind. Das verdeutlicht nochmals den Charakter des Programms als (soziale) Städtebauförderung, – und macht so zumindest einen der Böcke zum Gärtner. Zumindest ist die Stadtplanung nicht unbeteiligt an der Entstehung dieser Quartiere. Sie hat eine Steuerungskompetenz für Stadtentwicklungsprozesse und ist von daher an der Verteilung von Lebenschancen in der Stadt beteiligt. Was mit der Aufgabe zentraler sozialer Regulierungen des städtischen Wohnungsmarktes von staatlicher Seite begann (z.B. Wohnungsgemeinnützigkeit, Sozialer Wohnungsbau), haben die Kommunen mit der Abgabe von Planungshoheiten fortgesetzt und ihr Engagement für sozialräumlichen Ausgleich (Stadtteilentwicklungsprogramme wurden bereits in den 70er Jahren nach kurzer Laufzeit abgebrochen) zu Gunsten einer zweifelhaften Wettbewerbsfähigkeit in der Konkurrenz der Städte aufgegeben.

Das „Soziale" gehört in dieser Perspektive bisher zum Bereich des kommunalen „Reparaturbetriebs". Bereits 1963 formulierte Muthesius Anforderungen an die „sozialen Aufgaben der kommunalen Selbstverwaltung"; wichtig seien „allgemeine Maßnahmen, um das ‚Unterhalb-der-Norm-leben-müssen' zu verhindern, hinauszuschieben, zu erleichtern." Erwünscht seien solche Betätigungen auch, „weil wir von der Existenz solcher Einzelpersonen, Familien und kleinen Gruppen negative Einflüsse auf alle anderen sozusagen ‚normalen' Existenzen fürchten" (Muthesius 1963, S. 2). Sicherlich ist diese Sichtweise auch heute noch anzutreffen, allerdings haben die kommunalen In-Wert-Setzungs-Strategien jetzt weitreichendere Ziele. Auf der einen Seite reagiert die Sozialpolitik bei wachsenden Anforderungen und „im Zangengriff staatlicher Konsolidierungs- und Umbaustrategien" (Hanesch 1997) zwar noch mit restriktiven Rahmenbedingungen bei der Vergabe sozialer Leistungen. Auf der anderen Seite gewinnen Strategien der Hilfe zur Selbsthilfe und des empowerment nicht zuletzt aufgrund von städtischen Haushaltskonsolidierungen derzeit wieder an Popularität. So wird erklärt, dass „die finanzielle Krise des Umverteilungsstaates (...) gleichzeitig die herausragende Chance des aktivierenden Sozialstaates (ist)" (Hombach 1999, S. 44; vgl. krit. Dietz/Naumann 1999, S. 502). Es sei die Pflicht der Politik, „eine neue Balance von sichernden Rechten und aktivierenden Pflichten herzustellen" (ebenda). Oberstes Ziel ist dabei die Effektivitätssteigerung der Sozialverwaltung; die lässt sich erzielen durch Veränderungen im Leistungsprofil (Stichwort: Pauschalierung der Sozialhilfe; Hilfe zur Arbeit) und durch organisatorische Veränderungen in der Kommunalverwaltung selber (integrierte Handlungsansätze). Von daher passen Konzepte zur Bewohneraktivierung ins Bild. Unverkennbar liegt der Schwerpunkt derzeit bei den aktivierenden Pflichten.

175

3. Vom Nutzen der Eigeninitiative ohne Partizipation

Den Lebensweisen im Problemquartier wird man nicht gerecht, wenn man sie einfach als defizitär gegenüber den Vorstellungen der Mehrheitsgesellschaft vom „richtigen Leben" ansieht. Wir sehen vielmehr in dem Quartier als Erfahrungs- und Handlungsraum seiner Bewohner(innen) eine Ressource der Lebensbewältigung (vgl. Keim/Neef 2000). Sie zu erkennen, erfordert das Hinterfragen unserer normativen Vorstellungen und Projektionen. Welche materiellen Bedingungen oder sozialen Konstellationen im Quartier „nutzen" oder „schaden", das hängt nicht zuletzt ab von unserem Blick auf das Quartiersleben und dem Bild, das wir uns davon machen. Die Vertreter der Wohnungsgesellschaften, die „Stadtväter", die Träger Sozialer Arbeit, aber auch die auf Originalität verpflichteten und um Anerkennung ringenden Sozialwissenschaftler(innen) ordnen das Quartiersleben nach ihrem eigenen Horizont. Übersehen wird so oftmals „die Fähigkeit der Unterschichten, mit den ihnen auferlegten materiellen Zwängen umzugehen, umzugehen in einer Weise, die ihnen die Selbstachtung beläßt" (Lindner 1999, S. 172).

Dazu gehört ganz wesentlich, die (Über-) Lebensstrategien der Quartiersbewohner gerade im Hinblick auf ihre informellen Erwerbstätigkeiten nicht zu diffamieren oder ans ordnungsrechtliche Gängelband zu legen. Eine soziale Quartierspolitik, die eine Stärkung von Eigenpotentialen fast ausschließlich in Richtung der Befähigung zu „regulärer" Erwerbsarbeit betreibt, wird dem nicht gerecht, sondern impliziert die weitere Ausgrenzung marginalisierter Bewohnergruppen. Die Eigentätigkeiten der Bewohner(innen) werden oftmals als „Durchwurschteln" kritisiert und sanktioniert; „Schwarzarbeit" wird ohnehin als eine Form illegaler Beschäftigung verfolgt.

Auf der anderen Seite wird der im BSHG verlangte „Zwang zur Arbeit" zunehmend zur Geltung gebracht, ein Recht auf Faulheit gebe es nicht. Für die Quartiersbewohner in prekärer oder marginalisierter Lage verstärken diese In-Wert-Setzungs-Strategien im Bereich von Beschäftigung die Fremdbestimmung und ein Gefühl des „Ausgeliefert-seins". Damit verbindet sich schließlich auch eine altbekannte Spaltung von „würdigen" und „unwürdigen" Armen. Dem Ziel einer Befähigung der Bewohner(innen) zur Veränderung ihrer sozialen Lage, zum Erkennen von Perspektiven und der Übernahme von Verantwortung für die eigene Situation sowie die Aufforderung zu selbständigem Handeln wird so systematisch entgegengewirkt.

Schließlich setzt die Strategie des empowerments neben der Sicherheit ökonomischer Ressourcen vor allem die politische Partizipation der Bewohner(innen) voraus. Dafür gibt es bisher in den konkreten Quartiersprojekten nur erste Ansätze. Tatsächlich tun sich die Verantwortlichen in der Stadt (-politik und –verwaltung) schwer damit, Verantwortung zu teilen und Entscheidungsbefugnisse abzugeben. Sie sind vor allem daran interessiert, den Entwicklungsprozess im Quartier unter Kontrolle zu behalten. So bleibt denn auch bei den Akteuren im Quartier die Skepsis gegenüber den Aktivitäten aus dem Rathaus sehr groß; eine „fremdbestimmte Selbstorganisation" ist im quartierlichen Zusammenhang nicht möglich. Es zeigt sich, dass die Stärkung von selbstverantwortlichem Handeln der Quartiersbewohner wie auch von lokalen Initiativen ein langfristiger Prozess ist, über dessen Verlauf alle beteiligten mitentscheiden können müssen. Empowerment und die Entwicklung der Ressourcen im Quartier funktioniert nicht ohne Partizipation der Bewohner(innen) (vgl. Bauer 1998). Die Ressourcenansätze sind von daher kritisch zu hinterfragen, ob hier nicht Eigenverantwortlichkeit und Eigentätigkeit im Sinne eines Zwangs zur Selbsthilfe umgemünzt werden, deren Ziel zuerst eine Lastenumverteilung gesellschaftlicher Risiken und Ungleichheiten ist. So würde die Ausgrenzung benachteiligter Bewohnergruppen im Quartier festgeschrieben.

Literatur

Bauer, Rudolph (1998): Die Schwächen der Starken sind die Stärken der Schwachen. Bodenfunde bei den Ausgrabungen der Zukunft in den Quartieren der Armut. In: Bauer, Rudolph u.a.: Einstürzende Sozialstaaten. Wiesbaden, S. 59-78.
Bourdieu, Pierre (1997): Das Elend der Welt. Zeugnisse und Diagnosen alltäglichen Leidens an der Gesellschaft. Konstanz.
Hanesch, Walter (Hg.) (1997): Überlebt die soziale Stadt? Konzeption, Krise und Perspektiven kommunaler Sozialstaatlichkeit. Opladen.
Häußermann, Hartmut (1997): Armut in den Großstädten – eine neue städtische Unterklasse? In: Leviathan – Zeitschrift für Sozialwissenschaft, Heft 1/1997, S. 12-27.
Häußermann, Hartmut (2000): Die Krise der „sozialen Stadt" In: Aus Politik und Zeitgeschichte – Beilage zur Wochenzeitung Das Parlament, B 10-11/2000, S. 13-21.
Herlyn, Ulfert/Lakemann, Ulrich/Lettko, Barbara (1991): Armut und Milieu. Benachteiligte Bewohner in großstädtischen Quartieren. Basel/Boston/Berlin.
Herlyn, Ulfert (1998): Milieus. In: Häußermann, Hartmut (Hrsg.): Großstadt. Soziologische Stichworte. Opladen, 151-161.
Hinte, Wolfgang (1996): Soziale Kommunalpolitik: Soziale Räume gestalten statt Elend verwalten. In: Theorie und Praxis der sozialen Arbeit, Heft 3, S. 27-33.
Hombach, Bodo (1999): Die Balance von Rechten und Pflichten sichern. Der aktivierende Sozialstaat – das neue Leitbild. In: Soziale Sicherheit, Heft 2, Feb. 1999, S. 41-44.
Hradil, Stefan (1987): Sozialstrukturanalyse in einer fortgeschrittenen Gesellschaft. Von Klassen und Schichten zu Lagen und Milieus. Opladen.
Keim, Dieter (1998): Sozial-räumliche Milieus in der zweiten Moderne. In: Matthiesen, Ulf (Hrsg.): Die Räume der Milieus. Neue Tendenzen in der sozial- und raumwissenschaftlichen Milieuforschung, in der Stadt- und Raumplanung. Berlin, S. 83-97.

Keim, Rolf/Neef, Rainer (2000): Ausgrenzung und Milieu: Über die Lebensbewältigung von Bewohnerinnen und Bewohnern städtischer Problemgebiete. In: Harth, Annette/Scheller, Gitta/Tessin, Wulf (Hrsg.): Stadt und soziale Ungleichheit. Opladen, S. 248-273.

Krings-Heckmeier, Marie-Therese/Pfeifer, Ulrich (1998): Überforderte Nachbarschaften. Soziale und ökonomische Erosion in Großsiedlungen. In: Überforderte Nachbarschaften. Hrsg. GdW. Köln - Berlin.

Krummacher, Michael/Waltz, Viktoria (1996): Einwanderer in der Kommune. Analysen, Aufgaben und Modelle für eine multikulturelle Stadtpolitik. Essen.

Lindner, Rolf (1999): Was ist „Kultur der Armut"? Anmerkungen zu Oskar Lewis. In: Herkommer, Sebastian (Hrsg.): Soziale Ausgrenzungen. Gesichter des neuen Kapitalismus. Hamburg, S. 171-178.

Lompe, Klaus (1987): Die Realität der neuen Armut. Regensburg.

Matthiesen, Ulf (1998): Milieus in Transformation. Positionen und Anschlüsse. In: Matthiesen, Ulf (Hrsg.): Die Räume der Milieus. Neue Tendenzen in der sozial- und raumwissenschaftlichen Milieuforschung, in der Stadt- und Raumplanung. Berlin, 17-79.

Muthesius, Hans (1963): Die sozialen Aufgaben der kommunalen Selbstverwaltung. In: Archiv für Kommunalwissenschaften, Bd. 1/1963, S. 2-22.

Alp Otman

Kommunale Integrationsmaßnahmen. Beispiel: Interkulturelles Büro Darmstadt

1. Zum Integrationsverständnis des Interkulturellen Büros

Unter Integration verstehen wir den komplexen Prozess der Eingliederung der zugewanderten Personen (Migrantinnen und Migranten) in die Aufnahmegesellschaft. Integration ist „Angleichung von Lebenslagen und die kulturelle und soziale Annäherung zwischen Einheimischen und Zuwanderern" (Heckmann 2000, S. 271). Jede Migration findet unter bestimmten Rahmenbedingungen statt und hat einen Integrationsprozess zur Folge, dessen Verlauf sich entsprechend spezifisch gestaltet. Der Prozess der Integration besteht aus einer Vielzahl von Einzel- und Gruppenprozessen – er ist nicht nur individuell sondern auch gruppenspezifisch geprägt. Da die überwiegende Mehrheit der Zugewanderten und ihre Familien – mehr oder weniger starke – Bindungen zu ihrer herkunftskulturellen Gruppe (ihrer jeweiligen Migranten-Community) aufrechterhält, hängt die Eingliederung in die Aufnahmegesellschaft auch davon ab, wie offen die Strukturen der betreffenden Community sind. Integration ist kein geradliniger Prozess – er kann zügig oder schleppend ablaufen, zeitweilig stagnieren oder sich zurückentwickeln. Gleichzeitig finden – parallel oder verschränkt – auch Prozesse der Desintegration statt.

In den 90er Jahren haben soziale Polarisierungen sowie Folgen vom sozialen Abbau sich zu neuen Problemlagen in städtischen Bereichen verdichtet, die mit dem Stichwort „gespaltene Stadt" (vgl. von Freyberg 1996) beschrieben werden. Diese Entwicklung hat auch den Integrationsprozess von zugewanderten Minderheiten erschwert. Kommunale Armuts- bzw. Sozialberichte weisen nach, dass die Mehrheit der Zugewanderten mit größeren sozialen Risiken als die Mehrheit der einheimischen Bevölkerung lebt. Es ist nicht auszuschließen, dass diese „ethnische Unterschichtung" der Gesellschaft sich über die nächsten Generationen hinaus fortschreibt (vgl. Bartelheimer 1998, S. 31). Gleichzeitig zeigt die räumliche Verteilung der sozialen Risiken, dass sich in mehreren Großstädten Stadtteile mit „Multiproblemzonen" herausgebildet haben, in denen ethnische und soziale Segregation zusammenfallen (vgl. Hennig/Lohde-

179

Reiff u.a.1997). Diese Verknüpfung schafft eine günstige Disposition für ethnisierte Spannungen und Konflikte.

Zugleich wird die Gefahr konstatiert, dass innerhalb der Migranten-Communities, die als ethnisch-kulturelle Netzwerke der Zugewanderten zunächst zur Normalität jeder Migration gehören, unter bestimmten Bedingungen die Tendenz der Abschottung stärker wird. Dies kann dazu führen, dass die Communities ihr integratives Potential als durchlässige Übergangsstruktur zur Aufnahmegesellschaft einbüßen und sich zu „Subgesellschaften" (Häußermann/Oswald 1997, S. 23) und damit einem Faktor der Minderheitenbildung entwickeln.[1] Die „funktionale" Segregation geht in eine „strukturelle" über (vgl. Heitmeyer 1998, S. 447).

Solche desintegrativen Faktoren können z.B. aus Erfahrungen mit Alltagsdiskriminierungen oder aus den Aktivitäten des organisierten Rechtsextremismus resultieren und provozieren Gegenreaktionen. Unter solchen Bedingungen finden ethnisch-nationalistische oder religiös-fundamentalistische Strömungen in den Communities einen günstigen Nährboden. Sie werden verstärkt durch parallele Einflüsse aus der ethnischen Medienlandschaft bzw. durch Vernetzungen mit entsprechenden Strukturen in den Herkunftsländern.

Angesichts dieser – langfristig wirkenden – Tendenzen zur sozialen und ethnischen Spaltung der städtischen Gesellschaften sind Maßnahmen erforderlich, die einen starken Integrationswillen der Kommunen deutlich machen. Diese müssen durch neue Weichenstellungen seitens der Länder und des Bundes zur Verbesserung der rechtlichen und politischen Rahmenbedingungen unterstützt werden. Doch die Politik hat die Frage der Integration von Zugewanderten bis jetzt nur als ein Problem von negativen Zuwanderungsfolgen wahrgenommen und ad hoc reagiert, d.h. Integration als eine staatliche und gesellschaftliche Regelaufgabe ignoriert (vgl. Heckmann 2000, S. 26). Auch wenn gegenwärtig die Einsicht gewachsen ist, dass Zuwanderungs-, Asyl- und Integrationspolitik miteinander zusammenhängen, wird die Schlüsselrolle der Integrationspolitik in diesem Zusammenhang immer noch verkannt.

Aber auch bei den „Spezialisten" der Verwaltung für Migrationsfragen, den „Ausländerbeauftragten" der Kommunen, der Länder und des Bundes, sind klare Konzepte für Integration mit erkennbaren Schwerpunkten eher die Ausnahme. Als Regelfall gilt ein „gemäßigtes" pragmatisches Modell des „Multi-

---

1   Esser spricht im Zusammenhang mit der Community der Migrantinnen und Migranten aus der Türkei sogar von „eine(r) ethno-religiöse(n) Subnation der Bundesrebublik" (Esser 1998, S. 16).

180

kulturalismus" auf einer Bandbreite von liberalen bis zu konservativen Varianten.[2]

1.1 Dimensionen der Integration – Ziele und Aufgaben der Integrationspolitik

Es ist wichtig, von einem Integrationsmodell auszugehen, das nicht nur der komplexen Realität des Migrationsprozesses gerecht wird, sondern auch die Ableitung von effektiven Handlungsempfehlungen ermöglicht. Das bedeutet, dass vereinfachte „Sequenzmodelle" genauso wenig brauchbar sind, wie Modelle, die die Migration auf die Zuwanderung von einzelnen Individuen ins Aufnahmeland reduzieren. (vgl. Esser 1979 , S. 19ff oder in Zusammenfassung Auernheimer 1995, S. 84ff).

Statt dessen sollte die seit Beginn der Niederlassung (1973) längst erfolgte und in den 90er Jahren intensivierte Community-Bildung der größeren Migrantengruppen als Realität anerkannt und zum Ausgangspunkt genommen werden.

Integration ist ein mehrdimensionaler Prozess (vgl. Treibel 1990, S. 103ff). Wir können zwischen der strukturellen, der sozialen und der kulturellen Eingliederung unterscheiden. Unter Integrationspolitik verstehen wir eine Politik, die den Prozess der Integration auf allen Ebenen bewusst und zielgerichtet unterstützt und mitgestaltet. Dabei ist es von Bedeutung, wie die verschiedenen Dimensionen (Ebenen) der Integration einander zugeordnet, wie dementsprechend die Ziele und Aufgaben der Integrationspolitik sowie die Methoden der Umsetzung definiert werden.

Integrationspolitik will einerseits die Voraussetzungen für die Eingliederung von Migrantinnen und Migranten in die Aufnahmegesellschaft verbessern und andererseits den Prozess der Eingliederung selbst fördern. In diesem Sinne hat Integrationspolitik zunächst ein doppeltes Ziel: die Öffnung der Institutionen sowohl der Mehrheitsgesellschaft als auch der Migranten-Communities. Dies betrifft alle drei Dimensionen (Ebenen) der Integration.

Strukturelle Integration bedeutet die Eingliederung von Zugewanderten in Arbeit und Wirtschaft, Bildung und Ausbildung, soziale und gesundheitliche Versorgung bis hin zur Politik. Dazu gehört selbstverständlich in erster Linie der Erwerb der Sprache und der Zugang zu Basisinformationen über die Aufnahmegesellschaft. Dazu gehört aber nicht zuletzt auch der Erwerb der Staatsangehörigkeit und der politischen Rechte. Erst wenn die Institutionen der Mehrheitsgesellschaft sich öffnen und die bestehenden Barrieren in den unter-

---

2 Für eine kritische Durchsicht unterschiedlicher Modelle des Multikulturalismus vergleiche Erol Yildiz (1997, S. 230-248).

schiedlichen Bereichen abgeschafft werden, können zugewanderte Personen entsprechende Angebote auch wahrnehmen und am gesellschaftlichen Gestaltungsprozess partizipieren.

Zum Kernbereich der Integrationsarbeit gehören daher alle Aktivitäten, die auf eine bessere schulische und berufliche Qualifizierung von Kindern und Jugendlichen, auf eine Weiterbildung von Erwachsenen – insbesondere von Frauen – hinzielen bzw. eine umfassende Eingliederung von Migrantinnen und Migranten in das Arbeits- und Wirtschaftsleben unterstützen. Die Strukturen der Communities müssen für die Wahrnehmung der entsprechenden Angebote ebenfalls offen bleiben.

Neben der Integration auf struktureller Ebene ist auch die Integration im sozialen Bereich wichtig. Kontakt und Kommunikation zwischen den Personen und Gruppen der Mehrheitsgesellschaft und der Communities sind nötig – sie werden erleichtert durch den Prozess der strukturellen Integration und wirken wiederum positiv auf diesen zurück. Die Bedeutung von sozialen Kontakten bei der Einstellungspraxis von Personal ist empirisch belegt. Daher ist eine weitere Aufgabe der Integrationsarbeit, vielfältige Kontaktmöglichkeiten zwischen Einheimischen und Zugewanderten zu schaffen und den Kommunikationsprozess zwischen ihnen, auch unter dem Aspekt der beruflichen Eingliederung, zu verstärken.

Last but not least bewirken Prozesse der kulturellen Verarbeitung von Migration auf beiden Seiten eine Annäherung in einem neu definierten kulturellen Kontext. Die kulturelle Integration im Sinne einer kulturellen Annäherung oder „Kompatibilität" ist einerseits geprägt durch die o.g. Dimensionen der Integration. Ob die Zugewanderten auf der Wahrung bestimmter Verhaltensmuster, Denkweisen, Gewohnheiten, Brauchtümer etc. bestehen, diese verändern, mit denen der Mehrheitsgesellschaft vermischen oder neue schaffen, steht im Zusammenhang mit dem Integrationsprozess auf der strukturellen und sozialen Ebene. Für diese unterschiedlichen Verarbeitungsweisen des Migrationsprozesses müssen die Institutionen der Mehrheitsgesellschaft und die Strukturen der Migranten- Communities offen sein. Die kulturelle Integration wirkt andererseits auf die strukturelle und soziale Integration durch die Art und Weise ihrer Gestaltung zurück. Insofern setzt Integrationsarbeit im kulturellen Bereich immer interkulturelle Arbeit voraus, die durch entsprechende Aktivitäten und Projekte die gegenseitige kulturelle Annäherung unter Berücksichtigung des widersprüchlichen Charakters dieses Prozesses unterstützt.

182

Auch die identifikatorische Dimension der Integration kann als ein Aspekt des Annäherungsprozesses in einem neu definierten kulturellen Kontext begriffen werden.[3]

Mit anderen Worten: die Aufgaben auf der strukturellen, sozialen und kulturellen Ebene der Integration ergänzen sich gegenseitig, wobei die strukturelle Ebene den Kernbereich darstellt, auch wenn sie im Alltagsdiskurs, in der Politik und in den Medien in ihrer Bedeutung oft nicht wahrgenommen wird. Allerdings ist es auch nicht möglich, ohne eine soziale und kulturelle Annäherung nachhaltige Erfolge auf der strukturellen Ebene zu erzielen.

Eine Integrationspolitik, die sich auf diese Weise definiert und die über die Gestaltung von Rahmenbedingungen einerseits und über Projekte und Maßnahmen andererseits umgesetzt wird, ist auch gefordert, in die aktuelle Auseinandersetzung zur Migrationsthematik einzugreifen und Stellung zu beziehen.

Bei der Debatte z.B., die durch den Begriff „deutsche Leitkultur" eingeleitet wurde, ist darauf hinzuweisen, dass dieser Diskurs von der Migrantenbevölkerung als Versuch der kulturellen Abwertung sowie der Verdeutlichung eines Dominanzverhältnisses begriffen worden ist, Abschottungstendenzen verstärkt hat und einer kulturellen Integration im Sinne einer Annäherung entgegenwirkt.

Viele Parameter, die von der Ausgestaltung der Rahmenbedingungen abhängen, sind dabei mit den Instrumenten einer kommunalen Politik gar nicht oder nur geringfügig zu beeinflussen. Kommunalpolitik kann nur bestimmte Aspekte der Integrationspolitik umsetzen. Sie kann Integrationsprozesse an der Basis unterstützen, indem sie insbesondere die Akteure auf beiden Seiten mit entsprechenden Kompetenzen ausstattet, die Kooperation unter ihnen weiter entwickelt und die Migrantenbeteiligung an kommunalen Gestaltungsprozessen verstärkt. Verwaltungsstellen wie das Interkulturelle Büro Darmstadt, die mit Folgen der Migration befasst sind, haben als Instrumente zur Umsetzung der kommunalen Integrationspolitik in diesem Prozess eine entsprechende Funktion.

---

3 Bei Esser und Heckmann ist die identifikatorische Dimension selbständig und nicht der kulturellen untergeordnet.

2. Zum Konzept des Interkulturellen Büros[4]

Das Interkulturelle Büro der Stadt Darmstadt wurde als eigenständiges Amt mit 4 Stellen 1998 eingerichtet und ist unmittelbar dem Dezernat V[5] untergeordnet.

2.1 Leitbild

Die Nachhaltigkeit eines friedlichen Zusammenlebens von Zugewanderten und Einheimischen erfordert fortschreitende wechselseitige Integration. Das Interkulturelle Büro Darmstadt will zur Integration im kommunalen Rahmen beitragen, indem es Aktivitäten zur Überwindung migrationsbedingter Ausgrenzung und zur gegenseitigen institutionellen Öffnung seitens der Zugewanderten und Einheimischen unterstützt. Die ständige Weiterentwicklung der interkulturellen Handlungskompetenz aller Akteure und der Kooperation unter ihnen ist die methodische Leitlinie des Interkulturellen Büros. Die wichtigste Ressource für effektive Erfolge bei der Integration ist ein möglichst hohes Maß an Beteiligung von Migrantinnen und Migranten.

2.2 Dienstleistungsarten des Interkulturellen Büros

- Clearing, Erstberatung, Weitervermittlung für alle
- Antidiskriminierungsberatung für Migrantinnen und Migranten
- Informationsvermittlung / Aufklärungsarbeit für alle
- Praxisbezogene Weiterqualifizierung für Fachkräfte
- Projektkooperationen mit Ämtern, Institutionen und Vereinen
- Community-Arbeit
- Geschäftsführung für den Ausländerbeirat

2.3 Beispiele für Tätigkeiten in der Dienstleistungsart „Community-Arbeit"

- Fortbildungen für Moderatorinnen und Moderatoren in Vereinen
- Kulturarbeit (Feste und Veranstaltungen - stadtweit und in Stadtteilen)
- Vereinsberatung und -förderung

---

4   Die folgenden Passagen über das Konzept des Interkulturellen Büros sind weitgehend dem Arbeitsbericht des Büros entnommen (Wissenschaftsstadt Darmstadt, Interkulturelles Büro 2001).
5   Dezernat für Wohnen, Schule, Umwelt, Frauen und Interkulturelles.

184

- Initiierung und Koordinierung von Sprachkursen und Elterngesprächs-kreisen in Schulen und Kindergärten sowie in Stadtteilen
- Initiierung und Moderation von Arbeitsgruppen mit Community-Vertreter-innen und Vertretern in Stadtteilen

2.4 Wichtigste Handlungsfelder der kommunalen Integrationsarbeit

- Stadtteilarbeit
- Erziehung und Bildung
- Sozial- und Gesundheitswesen
- Kulturarbeit
- Verwaltung

2.5 Ziele und Maßnahmen in exemplarischen Handlungsfeldern

Ziele	Maßnahmen
Imageverbesserung und stärkere Identi-fikation mit dem Quartier	• Öffentlichkeitskampagnen • Kulturelle Aktivitäten (Stadtteilfeste etc.)
Beteiligung von Migrantinnen und Mi-granten	Vernetzung von Migrantenarbeitsgrup-pen im Stadtteil mit der Stadtteilrunde
Informationsvermittlung	• Informationsveranstaltungen mit Vereinen • Informationsblätter für Eltern
Interkulturelle Qualifizierung	Fortbildungen in interkultureller Kommu-nikation, Konfliktmediation und Gewalt-deeskalation

Stadtteiarbeit

185

Ziele	Maßnahmen
Förderung der Kinder und Jugendlichen	Kooperation für Projekttage an Schulen und Kindergärten
Interkulturelle Qualifizierung	• Fortbildung für pädagogische und sozialpädagogische Fachkräfte • Kooperation beim pädagogischen Tag/Fachtag
Öffnung der Institutionen / Kooperation mit Eltern und Communities	• „Mama lernt Deutsch" • Elterngesprächskreise • Interkulturelle Vermittlung bei schwierigen Elterngesprächen • Bildungsarbeit mit Migranteneltern
Informationsvermittlung	• Informationsveranstaltungen mit Vereinen • Informationsblätter für Eltern

Erziehung und Bildung

Ziele	Maßnahmen
Kultureller Austausch und kritische Verarbeitung der kulturellen Traditionen	• Begegnungsfest • Kulturwoche der Regionen und Kontinente • Exemplarische Präsentationen an Orten städtischer Aufmerksamkeit und Community-Zentren • Präsentationen von Beispielen gelungener kultureller Synthese • Projekte an Schulen und Jugendzentren
Stärkung sozialer Kommunikation im Stadtteil	• Stadtteilfeste • Stadtteilkulturprojekte • Projekte an Schulen und Jugendzentren
Stärkung des Selbstwertgefühls von Migrantenjugendlichen	Projekte an Schulen und Jugendzentren wie „Kunst von benachteiligten Jugendlichen"

Kultur

186

2.6 Methodische Leitlinie: Interkulturelle Handlungskompetenz aller Akteure stärken

Die Integration als wechselseitiger Prozess erfordert sowohl die Öffnung der Institutionen und Strukturen der Migranten-Communities als auch der Mehrheitsgesellschaft. Sowohl in den Institutionen der Aufnahmegesellschaft als auch innerhalb der ethnisch- kulturellen Netzwerke der Migrantenbevölkerung ist die interkulturelle Handlungskompetenz der entsprechenden Multiplikatoren so weiterzuentwickeln, dass der Zugang von Migrantinnen und Migranten zu entsprechenden gesellschaftlichen Bereichen erleichtert wird, die sozialen Kontakte zwischen Personen und Gruppen der Einheimischen und Zugewanderten wachsen und eine kritische Verarbeitung der kulturellen Aspekte der Migrationsprozesse ermöglicht wird.

Insbesondere ist die Aktivierung der Selbstressourcen und die Entwicklung der Partizipationsfähigkeit von Migrantinnen und Migranten so zu unterstützen, dass sie motiviert und vorbereitet sind, über die Modalitäten mitzubestimmen und den Integrationsprozess mitzugestalten.

Darüber hinaus ist es wichtig, innerhalb der Mehrheitsbevölkerung die Tendenzen der Zuwanderungsabwehr, Fremdenfeindlichkeit und Minderheitendiskriminierung zurückzudrängen. Gleichzeitig ist auf die Aktivierung eines bürgerschaftlichen Engagements für eine stärkere Kooperationsbereitschaft mit der zugewanderten Bevölkerung hinzuwirken.

Innerhalb von Migranten-Communities ist die Auseinandersetzung mit Tendenzen einer pauschalen Vorwurfshaltung gegen die Mehrheitsgesellschaft oder des isolationistischen Rückzugs in ethnisch- religiöse Nischen zu führen.

2.7 Ressource für Effektivität: Kooperation mit Communities und Partizipation von Migrantinnen und Migranten

Kommunale Integrationsarbeit erfordert auf jeder Ebene Kooperation mit Migranten-Communities bzw. mit Migrantenfamilien. Ausgangspunkt ist dabei die Wahrnehmung der sozialen und kulturellen Netzwerke der zugewanderten Bevölkerung im Stadtteil und insbesondere der Familiennetze als informelles Strukturelement innerhalb der Communities. Der nächste methodische Schritt ist ihre Anerkennung als eine ambivalente und komplexe Realität des Migrationsprozesses. Das bedeutet nicht unbedingt, mit allen dabei entstehenden Phänomenen einverstanden zu sein. Aber die Anerkennung der Communities als Gesprächs- und Kooperationspartner schafft die Möglichkeit, die positiven Ressourcen der unterschiedlichen Gruppen für eine Integration zu nutzen. Die kommunale Integrationsarbeit muss auf den vorhandenen Selbsthilfepotentialen der Communities aufbauen und sie zur Öffnung der Community-Strukturen nutzen.

In diesem Zusammenhang übernehmen die Migrantenvereine als das formelle Strukturelement der Communities eine wichtige Funktion, indem sie einen einfach regelbaren Rahmen für die Entwicklung von Eigeninitiative und Selbsthilfe bilden. Neben den klassischen Kultur- und Religionsvereinen entwickelt sich ein neuer Vereinstyp, der sich unter Beibehaltung des bürgerschaftlichen Engagements immer mehr der professionalisierten Sozialarbeit mit den Communities zuwendet. Dieser Trägertyp der Sozialarbeit hat den Vorteil, die Faktoren Professionalität und Eigenressourcen der Communities miteinander zu verbinden.

Sowohl im Rahmen der Professionalisierung der Vereinsarbeit als auch im politischen Engagement spielen die Migrantinnen und Migranten der zweiten und dritten Generation eine wichtige Rolle. Denn sie sind besser qualifiziert und machen von ihren Möglichkeiten, sich einzubürgern und bürgerschaftlich zu engagieren, stärker Gebrauch.

Der Prozess der Stärkung der Akteure innerhalb der Migranten-Communities und der Mehrheitsgesellschaft verläuft nicht selten mit widersprüchlichen Effekten. Es kann zu Ungleichzeitigkeiten und Unstimmigkeiten bei wechselseitigen Öffnungs- und Partizipationsprozessen kommen. Die Stärkung der Handlungskompetenz der Akteure der Mehrheitsgesellschaft sollte bewusst mit einem Empowerment-Ansatz für die Zugewanderten verknüpft werden, da sonst die Gefahr der Dominanz von paternalistischen Einstellungen entsteht. Auf der anderen Seite geht die Erweiterung der Eigenressourcen von Migranten-Communities nicht automatisch mit Partizipation und Öffnung einher. Die Stärkung der Handlungskompetenz von Wortführern der Migranten-Communities darf nicht zur Machtausübung gegen Andersdenkende und Ausweitung der Kontrolle über sozial Schwächere innerhalb der Communities führen.

3. Stadtteilarbeit in Kranichstein-Süd

3.1 Struktur des Stadtteils

Kranichstein-Süd ist ein Erneuerungsgebiet, das im Nord-Osten Darmstadts liegt. Hochgeschossige Bauten und Einfamilienhäuser bestimmen abwechselnd das Bild im Stadtteil, das südlich eines Grünzuges mit kleinen Seen liegt. Der größte Teil der Wohnungen wurde im Rahmen des „Sozialen Wohnungsbaus" seit Mitte der 50er Jahre errichtet. Aufgrund öffentlicher Kritik an den Großformen sowie an der fehlenden Infrastruktur wurden die weiteren Abschnitte in den

188

70er Jahren modifiziert: Es entstand eine Mischung aus 3- bis 4-geschossigem Mietwohnungsbau mit Einfamilienhäusern als Reihenhäuser. Auch die Infrastruktur wurde durch Kindergärten und Schulen, soziale Einrichtungen unterschiedlicher Träger und sonstige Dienstleistungen nach und nach verbessert. Auch einige Ladenlokale kamen dazu.

3.2 Negativ-Image des Quartiers

Soziale Problemlagen kumulieren im Hochhaus-Teil. Einzelne Gewalttaten im Quartier werden durch die Medien entsprechend skandalisiert. Aktuell wird die Konfliktsituation zwischen einheimischer Bevölkerung und einer Gruppe von mehrheitlich ortsfremden Aussiedlerjugendlichen besonders negativ wahrgenommen. Entsprechend ist die Imagebildung des Quartiers in der Öffentlichkeit. Für den Stadtteil positiv zu bewerten ist auf jeden Fall, dass trotz der Existenz von Multiproblemzonen Einheimische und Zugewanderte mehrheitlich friedlich zusammenleben. Die subjektiv empfundene Bedrohung aufgrund der Hochhausbauten und unübersichtlicher Straßenzüge ist weit höher als das objektiv unterdurchschnittliche Maß der Bedrohung. Das Gefühl von Anonymität wird verstärkt durch die deutlich wahrgenommene Fluktuation.

3.3 Zur sozialen Situation der zugewanderten Bevölkerung in Kranichstein-Süd

In diesem Stadtteil leben größere Bevölkerungsgruppen mit Migrationshintergrund. Kranichstein-Süd hat eine Population von 24,9% mit nichtdeutschem Pass (im Vergleich zu 15,5 % im gesamten Stadtgebiet) (Wissenschaftsstadt Darmstadt, Amt für Einwohnerwesen, Wahlen und Statistik 2000, S.22). Es ist davon auszugehen, dass außerdem eine größere Gruppe von Aussiedlerfamilien und auch eine kleine aber wachsende Gruppe von Migrantinnen und Migranten mit deutschem Pass dort wohnen. Die soziale Lebenslage der zugewanderten Gruppen im Quartier ist als besonders prekär einzustufen.

Die SH-Dichte liegt bei der nichtdeutschen Bevölkerung extrem hoch: 49,4% im Vergleich zu 20,0 % bei der Bevölkerung im statistischen Bezirk insgesamt (vgl. Wissenschaftsstadt Darmstadt, Sozialverwaltung 2000, S. S. 9) und im Vergleich zu 14% bei der Bevölkerung mit ausländischem Pass im städtischen Durchschnitt (Wissenschaftsstadt Darmstadt, Der Magistrat, Jugend- und Sozialdezernat 1999, S.19). In den letzten Jahren ist eine Zunahme der SH-Dichte sowohl allgemein als auch speziell bei der nichtdeutschen Bevölkerung zu erkennen.

Zusammenfassend kann gesagt werden, dass im betreffenden Quartier eine verschärfte soziale Problematik mit einer hohen Konzentration von Migrantengruppen zusammentrifft, wobei die zugewanderte Population besonders hohen sozialen Risiken ausgesetzt ist.

3.4 Schwierigkeiten der Migrantenbeteiligung am Stadtteilerneuerungsprozess

Die Erfahrungen bundesweit (aber auch aus einem anderen Stadtteil in Darmstadt) haben gezeigt, dass eine unmittelbare Migrantenbeteiligung an den Projekten des Programms „Soziale Stadt" aufgrund einer Vielzahl von Faktoren (sprachliche, kulturelle und soziale Barrieren etc.) ein besonders schwieriges Problem ist. Es hat sich deshalb als erforderlich erwiesen, einen neuen Ansatz zu finden, um eine stärkere Partizipation der zugewanderten Bevölkerung in Kranichstein- Süd zu erreichen.

3.5 Schwerpunkte interkultureller Gemeinwesenarbeit im belasteten Quartier mit hoher ethnischer Konzentration

Die Gemeinwesenarbeit in belasteten Stadtteilen mit einer ethnisch gemischten Zusammensetzung muss sich interkulturell orientieren. Es ist dabei wichtig, einen Dialog mit den wichtigsten Communities der zugewanderten Gruppen zu entwickeln. Der Dialog zwischen den Personen auf beiden Seiten mit Multiplikatorenfunktion sollte auf die Partizipation der Migranten-Communities an der Stadtteilentwicklung gerichtet sein. Wenn es nicht gelingt, die Vertreterinnen und Vertreter der Migrantenbevölkerung hinreichend in die Projekte im Stadtteil einzubeziehen, können die Ressourcen der Migrantenbevölkerung nicht aktiviert werden, auch wenn im Quartier eine funktionierende Vernetzung von einheimischen Akteuren existiert.

Es ist wichtig, die Gemeinwesenarbeit im Quartier auf ein sowohl für die engagierten Kräfte aus den beiden Bevölkerungsgruppen als auch für die Stadtteilbevölkerung insgesamt auf ein als positiv und realistisch anerkanntes Ziel zu beziehen. „Entwicklung von interkultureller Nachbarschaft und Zivilkompetenz vor Ort" eröffnet als Zielsetzung die Möglichkeit, für Aktivitäten und Projekte vor Ort mehr Kraft zu entfalten sowie eine stärkere und nachhaltigere Wirkung zu erzielen.

Entsprechend dieser Zielsetzung sind u.a. folgende Aktivitäten auf Stadtteilebene festgelegt worden:

- Sprach- und Informationsangebote entsprechend dem Bedarf bereitstellen
- Kontakte für ein friedliches und kooperatives Zusammenleben entwickeln

190

- Möglichkeiten für einen kulturellen Austausch zwischen den unterschiedlichen Minderheitengruppen und der Mehrheitsbevölkerung schaffen und
- Ideen und Vorschläge für weitere kleinere Projekte vor Ort entwickeln.

Die Umsetzung dieser Aufgaben wird mit zwei methodischen Schritten zur Stärkung der Stadtteilakteure auf je spezifische Weise verknüpft:

a) Über die regelmäßige Arbeit einer Multiplikatorengruppe der zugewanderten Gruppen im Quartier wird die Voraussetzung einer stärkeren inhaltlichen Beteiligung der Migrantenpopulation bei den Entwicklungsprozessen im Stadtteil geschaffen

b) durch Fachberatung und Fortbildungen wird die interkulturelle Handlungskompetenz der haupt- und ehrenamtlich engagierten Kräfte aus der Mehrheitsgesellschaft sowie den Migranten-Communities gleichzeitig erweitert.

Zu a) Herausbildung eines Gesprächskreises unter den Migrantengruppen und ihre Vernetzung mit der Stadtteilrunde

Ein wichtiges Instrument dieses Dialogs ist ein Netzwerk der Vertreterinnen und Vertreter der wichtigsten Communities im Stadtteil. Sie treffen sich als Gesprächskreis (MIKRA) in unregelmäßigen Abständen und besprechen mögliche Projekte, die aus der Sicht der jeweiligen Communities wichtig und gleichzeitig zur Entwicklung einer guten Nachbarschaft mit Einheimischen geeignet sind. Diese Aktivitäten sollten die Mehrheits- und die Minderheitengruppen vor Ort einbeziehen, auf ein kooperatives Verhältnis untereinander orientieren und eine gemeinsame Identifikation mit dem Stadtteil herstellen bzw. stärken.

Diese informelle und flexible Gesprächs- und Arbeitsstruktur der Multiplikatoren aus den Migrantengruppen vernetzt sich in geeigneter Weise mit den formellen ehrenamtlichen und professionellen Arbeitsgremien im Stadtteil. Dadurch wird gewährleistet, dass bereits im engeren Kreis vordiskutierte Vorschläge aus der Sicht der Migrantengruppen in die Runde der aktiven sozialen Kräfte im Stadtteil gelangen. Dann können sie in Kooperation entweder mit allen oder mit einigen konkrete Gestalt annehmen.

Erst diese gestaffelte Vernetzung (zuerst Migrantengruppen unter sich und dann mit anderen Mehrheitsgruppen zusammen) schafft die Möglichkeit einer stärkeren Partizipation der Migrantengruppen an Aktivitäten der Stadtteilentwicklung. Dadurch erfolgt zugleich ein Schritt zur Öffnung der Migranten-Communities vor Ort.

Stadtteilrunde	Migrantenrunde
Vernetzung der Stadtteilakteure ohne Migrantenvertreter	Aufbau eines Gesprächskreises mit Vertretern von Migrantengruppen
Vernetzung der Stadtteilakteure ohne Migrantenvertreter	c) Aneignung von Kenntnissen d) Erarbeitung von Vorschlägen e) Beteiligung an Projekten f) Ergreifung von Initiativen g) Selbstpräsentation h) Sporadische Vernetzung
Stabile Vernetzung der Stadtteilakteure mit Migrantenvertretern durch Eigendynamik	Stabilisierung des Gesprächskreises mit Vertretern von Migrantengruppen

Phasen eines Beteiligungsprozesses von Migrantengruppen im Stadtteil durch interkulturelle Moderation

Das Interkulturelle Büro übernimmt bei diesem Prozess die Rolle des Moderators bei der Herausbildung des Multiplikatorengesprächskreises aus den Migrantengruppen, unterstützt die Vernetzungsschritte mit der Stadtteilrunde und fördert die entsprechenden Projekte.

Zu b) Erweiterung der interkulturellen Handlungskompetenz der Stadtteilakteure

Das Zusammenleben in Stadtteilen mit multiethnischer Zusammensetzung wird von interkulturellen Konflikten begleitet. Diese Konflikte unterschiedlichster Art gehören zum Alltag. Der Umgang mit ihnen muss allerdings gelernt sein, insbesondere dann, wenn sie drohen, einen gewaltförmigen Verlauf zu nehmen.

Es ist wichtig, diesen Lernprozess, der im realen Leben oft mühsam und zäh abläuft, zu begleiten und zu unterstützen, um Reibungsverluste gering zu halten. Dabei hilft es den haupt- und ehrenamtlichen Kräften vor Ort, wenn ihnen ein gewisses Repertoire von Methoden zur Verfügung steht, die sie kontextbezogen einsetzen können, um Konflikte zu lösen, zu regeln oder ihren Verlauf erträglicher zu gestalten.

Das Ziel ist, durch eine Weiterqualifizierung der ehren- und hauptamtlich engagierten Kräfte im Stadtteil in der Anwendung von Methoden und Techniken der interkulturellen Kommunikation, Gewaltdeeskalation und Konfliktvermittlung einen Multiplikatoren-Pool zu bilden. Die Multiplikatoren des Pools werden mehr und mehr in die Lage versetzt, ein "soziales Frühwarnsystem" für Stadtteilkonflikte zu entwickeln, eine schlichtende und vermittelnde Rolle für

192

bestimmte Gruppen zu übernehmen und durch präventives Handeln das Zusammenleben im Stadtteil in friedlichere Bahnen zu lenken.

Das Interkulturelle Büro stellt für eine solche Weiterqualifizierung entsprechende Fortbildungsangebote bereit und unterstützt den interkulturellen Austausch im Stadtteil.

3.6 Auswertung der bisherigen Praxis

In Kranichstein-Süd ist ein Migrantengesprächskreis mit Vertreterinnen und Vertretern aus sieben Migranten-Communities entstanden (aus türkisch-alevitischen, marokkanischen, afghanischen, eritreischen, irakisch-kurdischen Communities sowie aus Communities der Ahmadiya und der Rußlanddeutschen). Die Runde wird nun sukzessiv weiterentwickelt und auf alle relevanten Migrantengruppen im Stadtteil erweitert.

Niedrigschwellige Sprachkurse für Mütter in Schulen sowie Elterngesprächskreise in Schulen und Kindergärten dienen zur Öffnung der Bildungsinstitutionen im Stadtteil. Zweisprachige Informationsveranstaltungen erweitern die Kenntnisse der Multiplikatoren und anderen CommunityAngehörigen. Durch gemeinsam gestaltete Stadtteilfeste mit Gruppen der einheimischen Bewohnerinnen und Bewohnern vor Ort wird ihre Präsenz positiv sichtbar gemacht und Möglichkeiten für einen kulturellen Austausch geschaffen.

Gleichzeitig erfolgen Schritte zur Vernetzung der Migrantengesprächskreise mit der Stadtteilrunde, an deren Sitzungen Vertreterinnen und Vertreter des Migrantengesprächskreises teilnehmen. Sie informieren die Stadtteilrunde über wichtige Ergebnisse des Migrantengesprächskreises und umgekehrt.

Die haupt- und ehrenamtlichen Einheimischen in der Stadtteilrunde sind durch Fortbildungsangebote in interkultureller Kommunikation, Konfliktmediation und Gewalt- Deeskalation in ihrer Handlungskompetenz gestärkt und für eine Kooperation mit den zugewanderten Bevölkerungsgruppen motiviert worden.

Damit sind zwei wichtige Voraussetzungen zur weiteren Öffnung des Stadtteilnetzwerkes für die Migrantengruppen und ihre stärkere Partizipation im Ansatz erfüllt.

3.7 Fazit

Damit Integrationsarbeit gelingt, ist sowohl das Festhalten an den Integrationszielen und an einem klaren Integrationskonzept als auch ein flexibles Vorgehen erforderlich. Auf kommunaler Ebene können durch ausgewählte Projekte und Aktivitäten Impulse ausgelöst, Beispiele geschaffen und Wirkungen erzielt werden, die sich gegenseitig verstärken und zur wechselseitigen Öffnung von Institutionen sowohl der Mehrheitsgesellschaft als auch der Migranten-Communities beitragen.

Literatur

Auernheimer, Georg (1995): Einführung in die interkulturelle Erziehung. Darmstadt (2. Auflage).

Bartelheimer, Peter (1998): Ist es riskant, „nichtdeutsch" zu sein? Migrationsrisiken im Spiegel des Frankfurter Sozialberichts. In: Zeitschrift für Migration und Soziale Arbeit, Heft 3-4, S. 26-31.

Esser, Hartmut u.a. (1979): Arbeitsmigration und Integration. Königstein/Ts.

Esser, Hartmut (1998): Ist das Konzept der Integration gescheitert? In: Landeszentrum für Zuwanderung Nordrhein-Westfalen (Hrsg.): Eröffnungsfeier 8.1.98. Solingen, S. 12-21.

Freyberg, Thomas von (1996): Der gespaltene Fortschritt. Zur städtischen Modernisierung am Beispiel Frankfurt am Main. Frankfurt am Main.

(1997): Zuwanderung und Stadtentwicklung. In: Häußermann, Hartmut/Ingrid Oswald (Hrsg.): Zuwanderung und Stadtentwicklung. Leviathan, Sonderband 17, S. 9-29.

Heckmann, Friedrich (2000): Gutachten. In: Bayerisches Staatsministerium des Innern (Hrsg.): Zuwanderungssteuerung und Zuwanderungsbegrenzung Teil I, Bericht der interministeriellen Arbeitsgruppe. S. 271-277.

Heckmann, Friedrich (2001): Ethnische Kolonien – Schonraum für Integration oder Verstärker der Ausgrenzung? In: Interkulturelles Büro Darmstadt (Hrsg.): Öffnung der Migranten-Communities. Darmstadt.

Heitmeyer, Wilhelm (1998): Versagt die „Integrationsmaschine" Stadt? Zum Problem der ethnisch-kulturellen Segregation und ihrer Konfliktfolgen. In: Heitmeyer, Wilhelm (Hrsg.): Die Krise der Städte. Frankfurt am Main, S. 443-467.

Henning, Eike/Lohde-Reiff, Robert/Schmeling, Anke (1997): Ethnisch-residentielle Segregation von Migranten in Frankfurt am Main und Amsterdam. In: Frankfurter Statistische Berichte 3.

Treibel, Annette (1990): Migration in modernen Gesellschaften. Soziale Folgen von Einwanderung und Gastarbeit. Weinheim.

Wissenschaftsstadt Darmstadt, Amt für Einwohnerwesen, Wahlen und Statistik (Hrsg.) (2000): Darmstadt in Zahlen 1999. Darmstadt.

Wissenschaftsstadt Darmstadt, Der Magistrat, Sozial- und Jugenddezernat (Hrsg.) (1999): Armut in Darmstadt – Zweiter Bericht, Beiträge zur Sozialberichterstattung. Darmstadt.

Wissenschaftsstadt Darmstadt, Interkulturelles Büro (Hrsg.) (2001): Arbeitsbericht 1998-2001. Darmstadt.

Wissenschaftsstadt Darmstadt, Sozialverwaltung (2000) (Hrsg.): Kranichstein – Entwicklungsbericht – 1997-2000. Darmstadt.

Yildiz, Erol (1997): Die halbierte Gesellschaft der Postmoderne. Opladen.

Zwischen Marginalisierung und selbstreflexiver Interkulturalität

Sven Sauter

Neue Konzepte von Fremdheiten im (stadt-) räumlichen Feld:Über die Beschreibung und Bedeutung von Übergangsräumen für Jugendliche aus Immigrantenfamilien

1. Einleitung: Doppelte Übergangsräume

In großen Städten lassen sich heute Verschiebungen des Verhältnisses von Kultur und Gesellschaft beobachten, die im Zusammenhang von weltweiten Migrationsbewegungen und kultureller Globalisierung zu sehen sind.

„Die Kopräsenz von Migranten und länger ansässigen Bevölkerungsgruppen und die Herausbildung neuer, kulturell vermittelter Formen sozialer Ungleichheit sowie neuer Verknüpfungen bisher separater gesellschaftlicher Sphären – Kultur, Politik, Ökonomie – sind Transformationen, die zuallererst in Städten sichtbar und wirksam werden. Auch neue Formen der gesellschaftlichen Bearbeitung dieser Veränderungsprozesse, insbesondere die Zunahme von Versuchen, Gesellschaft kulturell zu moderieren, haben insbesondere für große Städte Bedeutung." (Welz 1996, S. 131)

So beschreibt Gisela Welz in ihrer Studie zur *„Inszenierung kultureller Vielfalt"* (1996) aus kulturanthropologischer Perspektive ihr Forschungsfeld Weltstadt und versucht dabei ein kulturanalytisches Modell zu entwickeln, das zum einen eine Kulturtheorie der Weltstadt entwirft und zum anderen Weltstädte nicht nur als Ergebnis ökonomischer Globalisierungsprozesse begreift, sondern auf kulturelle Aspekte hinweist, die eine Stadt zur Weltstadt machen. Eine Beobachtungsweise liegt dabei auf der „cultural brokerage", der kulturellen Vermittlung, die im Prozess der Positionierung der Städte als Weltstädte als Strategie aufscheint, um kulturelle Vielfalt herzustellen und zu repräsentieren (vgl. ebenda, S. 145ff).

In diesem Beitrag möchte ich versuchen, die Aneignungsprozesse von bedeutsamen Räumen für Jugendliche aus Immigrantenfamilien im städtischen Milieu (das im Falle von Frankfurt am Main als „Weltstadt" verstanden werden kann) auf zwei Ebenen beschreiben. Zum ersten auf der Ebene der Rekonstruktion eines sozialen Raumes, den Verarbeitungsweisen und Entstehungsbedingungen, darüber hinaus suche ich nach möglichen Perspektivenerweiterungen, die auf einer theoretischen Ebene sowohl ein anderes Vokabular als auch eine veränderte Zugriffsweise ermöglichen. Der Frage nach kultureller Vielfalt versus kultureller Differenz wird dabei eine große Bedeutung zugemessen.

197

Wenn es dabei um die Genese neuer kultureller Formen geht, dann beginne ich sogleich mit einer Bedeutungsverschiebung, verlasse den – physischen – Ort der Weltstadt und hebe einen markanten, lebensgeschichtlichen – also zeitlichen – Ort hervor, in dem kulturelle Neuschöpfungen initiiert werden können: die Adoleszenz als Lebensphase mit immensen körperlichen, emotionalen und kognitiven Veränderungen (vgl. Mertens 1996), die nicht nur individuell wirken, sondern auch soziokulturell wirksame Positionierungen nach sich ziehen. Die Adoleszenz als Lebensphase der kulturellen Neuschöpfungen konnte bereits 1923 Siegfried Bernfeld in die erziehungswissenschaftliche Forschung einbeziehen. Einer sich gerade etablierenden Jugendforschung gab er folgendes mit auf den Weg:

„Insofern man das Wort Jugend nicht bloß im metaphorischen Sinn gebraucht, sondern damit einen gewissen, in vielen Beziehungen dem erwachsenen sehr ähnlichen oder mit ihm sogar identischen, in anderen Beziehungen aber unbezweifelbar unerwachsenen Lebensabschnitt meint, (spricht man von Jugend im kulturellen Sinn). Diese Jugend ist von direkter, aktiver kultureller Bedeutung, einerlei, ob man sie gegebenenfalls für fördernd oder für schädlich erklärt; denn sie nimmt an den Inhalten der Kultur und ihren Veränderungen teil." (Bernfeld 1923, S. 146, Hervorhebung von mir)

Dies ist als kleine Erinnerung, zu einer Zeit, in der Jugend im öffentlichen wie auch im wissenschaftlichen Diskurs vor allem als gefährdete und gefährliche Jugend (vgl. dazu Breyvogel 1998) dargestellt wird von weitreichender Bedeutung, wenn man verstehen will, wie sich die Ausgestaltung der Adoleszenz an die Aneignung und Nutzung spezifischer Räume koppelt.

Im weiteren möchte ich diese „aktive kulturelle Bedeutung von Jugend", wie Bernfeld es in seinem einflussreichen Aufsatz emphatisch hervorhob, näher beschreiben und dabei auch die Orte, an denen sich dieses kreative Potential entfalten kann, mit in den Blickpunkt der Analyse nehmen. Dabei ist es folgerichtig, Jugend bzw. Adoleszenz als psychische und physische Reifungsphase selbst als Übergangsphase zu beschreiben: nicht mehr Kind, noch nicht erwachsen zu sein, dieser Raum zwischen den Lebensstufen ist von den Adoleszenten zu durchschreiten, um dabei spezifische Aufgaben zu lösen, die sich mit der Entwicklung und Realisierung von reflektierten Lebensentwürfen in Verbindung mit psychischen Prozessen herstellen. Wenn die Adoleszenz also ein Übergangsraum ist, dann wäre, um in diesem Bild zu bleiben, die Adoleszenz von Jugendlichen aus Immigrantenfamilien ein doppelter Übergangsraum.

Dieser doppelte Übergangsraum ließe sich folgendermaßen beschreiben: Viele Immigranten der so genannten „ersten Generation" sind immer noch auf der Reise, hier in der bundesdeutschen Gesellschaft noch nicht angekommen. Dies hat verschiedene Gründe, vor allem aber ergänzen sich zwei Lebenslügen negativ: zum einen die „Lebenslüge" (vgl. Bade 1994) der Bundesrepublik

Deutschland, kein Einwanderungsland zu sein; und zum anderen die Lebenslüge vieler Einwanderer, nur vorübergehend hier zu arbeiten und bald wieder in die „Heimat" zurückzukehren. Die Nachkommen der Einwanderer wider Willen, müssen sich aber gezwungenermaßen mit dieser Situation auseinandersetzen, und eine Brücke zu schlagen zwischen der Herkunft der Eltern und dem marginalisierten Status, der ihnen qua Staatsbürgerschaftsrecht als in Deutschland geborene Ausländer zugewiesen wird.

Den bislang nur skizzierten doppelten Übergangsraum möchte ich im folgenden näher beschreiben und dabei auf empirisches Material zurückgreifen, das ich im Rahmen meiner Forschung zu adoleszenten Ablösungsprozessen von Jugendlichen aus Immigrantenfamilien erhoben habe. Zwei Jahre lang habe ich mit jungen Männern und jungen Frauen aus einer türkischen Folkloregruppe, die sich in einem Frankfurter Migrantenverein organisierte, Einzel- und vor allem Gruppengespräche geführt und mit ihnen über Themen wie Familie, Eltern, Rassismus und Ausländerfeindlichkeit, kurz gesagt: über ihr Alltagsleben gesprochen (vgl. Sauter 2000). Aus diesen Gesprächen habe ich eine Szene ausgewählt, die ich in den Zusammenhang zum Thema Übergänge und räumlicher Positionierung stellen möchte. Nach der Darstellung des empirischen Materials unternehme ich eine theoretische Reflexion, die zum Ziel hat, eine weitreichende Perspektivenerweiterung in den erziehungswissenschaftlichen Diskurs über Fremdheit einzubringen.

Zunächst möchte ich ein Fenster zu meiner empirischen Forschung öffnen und ich beginne mit einer kleinen Fallstudie:

Tülay ist eine Deutsche. Sie ist in Frankfurt geboren, zur Schule gegangen und arbeitet als Verkäuferin. Eine ganz normale Jugendliche. Nur waren ihre Eltern Einwanderer aus der Türkei, die nach über dreißig Jahren Arbeit in Deutschland für sich hier keine Zukunft mehr sahen und in die Türkei zurückkehrten. Dieses Bild der Normalität wird durch die Tatsache gestört, dass Tülay keinen deutschen Pass besitzt. Sie ist mit einem jederzeit widerrufbaren Aufenthaltsrecht hier in diesem Land, das doch eigentlich ihr Land ist. Aber das andere Land, die Türkei, ist auch ihr Land. Trotzdem antwortet Tülay, wenn man sie fragt, woher sie kommt: „Ich bin ein Frankfurter Mensch." Tülay lebt, wie sie sagt, in zwei Kulturen. Probleme tauchen nur da auf, wo die Grenzen der Gemeinschaft nur allzu schnell gezogen werden: „Ich fühle mich manchmal als Ausländer, wenn ich so sehe, wie man gegen Ausländer ist. Aber manchmal sage ich: Ich bin kein Ausländer, ich fühle mich hier zu Hause." Diese Kategorie „Frankfurter Mensch" will in keinen formalen und ethnisch definierten Bezugsrahmen lokaler communities passen.

Wie sieht sich beispielhaft Tülay, wie sehen sich türkische Jugendliche der so genannten zweiten und dritten Generation hier in Deutschland, wie bewerten sie ihr Zusammenleben mit den Deutschen, mit anderen, im multiethnischen Geflecht der Stadt? Mit welchen Kategorien operiert man in diesem Feld? Was ist die Perspektive der Beobachtung? Kann man denn überhaupt von Multikultur,

Ethnizität, ethnischen Konflikten sprechen – und damit enge Kategorien an diese unterschiedlichen Lebensentwürfe und -realitäten anlegen, so wie sie von den Jugendlichen aus der Folkloregruppe aufgezeigt werden, oder verhält es sich so, wie Tülay es sagte: Sind die Jugendlichen alle „Frankfurter Menschen"? Diese im Anspruch universalistisch anmutende Einbeziehung in eine kleine Einheit eines nicht unbedingt selbstgewählten territorialen Bezugsrahmens, verweist auf die Probleme, die sich ergeben, wenn man versucht, das Zusammenleben in einem städtischen und heterogenen Vielvölkergemisch makroskopisch zu beschreiben.

Wie sich die Jugendlichen angesichts dieser Problemlage selbst definieren, wo sie ihren Platz in der Gesellschaft markieren, will ich im weiteren aufzeigen. Daraus resultierten eigene Standortpositionierungen, die im Gespräch deutlich wurden. Wichtig dabei ist, die Orte, an denen diese Positionierungen entstehen, in die Betrachtungsweise mit einzubeziehen.

2. Ein neues Bild der Fremden

Was das Selbstbild der deutsch-türkischen Jugendlichen angeht, so zeigt sich eine sehr reflektierte Haltung gegenüber Themen der eigenen Verortung, ich vermeide hier absichtlich das Wort „Identität". Ich möchte zu Beginn des ersten Gruppengesprächs mit der Fokloregruppe wissen – und frage bewusst nach deren Heimat –, wo sie sich zu Hause fühlen. Die Antwort überrascht im ersten Moment: „Wir sind nirgends mehr zu Hause." Diese symbolische Heimatlosigkeit wird aber aufgefangen durch ein Prinzip Heimat, das sich zusammensetzt aus anderen Bezugsgrößen, nicht im Sinne territorialer Einheiten, sondern eher aus wichtigen psychosozialen Elementen. Heimat ist da, wo man sich am wohlsten fühlt, und das kann der Freundeskreis sein, die Folkloregruppe, mit der die Freizeit geteilt wird oder auch die Familie. „Wir sind nirgends mehr zu Hause" ist eine Beschreibung des Ortes, der nicht existiert, keine eindeutige Zuordnung möglich werden lässt. Eine Utopie, im Sinne der eigenen Ortlosigkeit. Dieser Zustand wird aber nicht beklagt, sondern in einem kontinuierlichen Prozess ständig und situativ mit persönlichem Sinn gefüllt.

Dabei entstehen Fragen, Fragen, die aber nicht eindeutig zu beantworten sind und auf keine Antwort warten: „Aber manchmal ist es ja ganz anders, manchmal frage ich mich, wohin ich eigentlich gehöre?", so Tülay. Der erste Bezugspunkt ist dann (in diesem Beispiel) der der Türken, der zweite der der Deutschen und der dritte schließlich der Bezugspunkt der Fremden. Was die bisherige Klassifikation (als Deutsche-Türken oder Türkische-Deutsche) ausmachte, wird aufgelöst, die Bindestrich-Identität fällt zugunsten des Inmitten der beiden Leerformeln; der Ort der Jugendlichen ist also eher der Bindestrich als eine formal nationalsstaatliche Zugehörigkeit vor oder nach dem Bindestrich. Das Gefühl von Zugehörigkeit entsteht nicht entweder in einer Kultur der Mehrheit oder in einer Kultur der Minderheit der Migranten, sondern gerade in diesem Bereich des *nirgendwo mehr zu Hause sein*. Dieser Ort inmitten der Kulturen, ist die Fremde. Fremd sein heißt nicht oder nicht mehr, in dieser oder jener Kultur fremd zu sein, vielmehr heißt es, sich von der Entscheidung zu einer eindeutigen Verortung verabschiedet zu haben.

Ein neues (utopisches) Fremdheitskonzept hat sich damit konturiert. Dieses Fremdheitskonzept hat einen relevanten Ort, es ist entstanden in einer lebensgeschichtlichen, biographischen Auseinandersetzung mit gesellschaftlichen und familiären Bestimmungsgrößen und wird artikuliert im Aushandlungsraum der Folkloregruppe, einem lebensweltlichen Ort, den Begegnung, intersubjektive Verständigung und das Verhandeln relevanter Themen der Jugendlichen prägen.

Findet dieses neue Fremdheitskonzept, das ist meine kritische Frage, eine angemessene Berücksichtigung im sozial-, kultur- und erziehungswissenschaftlichen Diskurs? Die Antwort muß im wesentlichen negativ ausfallen, denn die Interkulturalitätsdiskussion hat ihre Optik größtenteils noch immer auf die folgenschwere Metapher vom Leben *zwischen* den Kulturen eingestellt (vgl. Gemende u.a. 1999).

Albert Scherr hat in seiner Kritik und Weiterentwicklung soziologischer und erziehungswissenschaftlicher Fremdheitsdiskurse für den Kontext interkultureller sozialer Arbeit bzw. interkultureller Pädagogik vorgeschlagen, die Thematik von Fremdheit konsequent sozialkonstruktivistisch anzugehen und Fremdheit nicht als quasi natürliche Tatsache des sozialen Lebens anzusehen (vgl. Scherr 1999, S. 49). Er merkt hierzu an:

„Bezogen auf Immigranten besteht die Aufgabe sozialwissenschaftlicher Aufklärung also nicht nur und primär darin, ausgehend vom Postulat, dass Migranten Fremde sind, empirisch zu erforschen, in welcher Hinsicht diese sich von uns unterscheiden. Vielmehr ist die Wahrnehmung von Migranten als Fremde, ihre Bedingungen, Formen und Folgen, selbst als eine soziale Praxis zu untersuchen." (Scherr 1999, S. 53)

Zwei soziale Praxen stehen sich also gegenüber. Sehen wir zunächst die soziale Praxis von Jugendlichen aus Immigrantenfamilien an, so wie sie sich im Gespräch darstellte und wie sie im Widerspruch zur sozialen Praxis der wissenschaftlichen Beschreibung steht:

Tülay: Die wollen dich ja auch manchmal nicht. Du gehst in die Türkei, in deine eigene Heimat, da bist du auch fremd.

Sven: Ja.

Tülay: Da fühlst du dich auch nicht wohl. Die meisten meinen so, ja du bist in Deutschland geboren, du bleibst auch da und kommst nur einmal im Jahr hierher und dann denkst du, du bist hier Türkin oder was? Ja...ich hab das oft erlebt. So oft erlebt. Wie meine Oma zu mir gesagt hat: Ach ja, wie eine Deutsche benimmst du dich und so, du hast dich auf das eingelassen. Passiert auch mal.

Sven: Das ist enttäuschend?

Tülay: Ja, enttäuschend. Und da kann man sicher auch nicht Einfluss nehmen, ich versuch das ja, aber wenn das nicht klappt.

Sven: Ja.

Tülay: Weil man in zwei Kulturen aufwächst. Das ist es.

„Weil man *in* zwei Kulturen aufwächst", sagt Tülay, sie sagt nicht: *zwischen* zwei Kulturen. Das kennzeichnet eine andere Bewertung des Aufwachsens als Adoleszente aus Immigrantenfamilien. In diesem Spannungsfeld, dem unendlich weiten Raum in zwei Kulturen vollzieht sich die Gratwanderung zwischen Scheitern und einem gelungenen Lebensentwurf. Dabei werden die „eigenen Wurzeln als etwas fremdes bestaunt, und die Fremde wird als das Eigene wahrgenommen. Keine Mumifizierung althergebrachter Identitäten, sondern virtuoser Umgang mit Standpunkten und Perspektiven" (Senocak 1993, S. 15).

Diese Formulierung von Zafer Senocak, selbst ein Beispiel für eine uneindeutige Existenz zwischen allen Kategorien (als Deutscher, Türke, Intellektueller und Poet), die in ein positives Inmitten überführt worden ist, und der als „Übersetzer" wirkt (vgl. Waldhoff 1997), diese Formulierung also beschreibt die Fähigkeit zur – wie ich es nennen möchte – selbstreflexiven Ethnisierung am besten und lässt die verschiedenen Konzepte der Person im soziokulturellen Leben gegen die stereotypen und homogenisierten Fremdbilder erkennbar werden.

Dieses Inmitten findet noch eine weitere Metapher: Wie Salman Rushdie (1995) in seinem Erzählband *Osten, Westen* schreibt, ist der wichtigste Bestandteil des Buchtitels das Komma. Denn dieses Komma, so schreibt Rushdie, ist er selbst. In seiner Geschichte „*Der Courter*", die eine westliche und eine östliche Erzählperspektive als Synthese der beiden vorangegangenen je isolierten Perspektiven vereint, entfaltet Rushdie diese Metapher:

„Aber auch ich habe Stricke um den Hals, habe sie bis auf den heutigen Tag: Stricke, die mich hierhin und dorthin zerren, nach Osten und nach Westen, während die Schlingen sich immer enger zusammenziehen und mir befehlen: Entscheide dich! Entscheide dich! Ich bocke, ich schnaube, ich wiehere, ich bäume mich auf, ich schlage aus. He, Stricke, ich will mich nicht zwischen euch entscheiden müssen! He, Lassos, Seile, ich entscheide mich für keines von euch – und für alle beide. Hört ihr mich? Ich weigere mich zwischen euch zu wählen." (Rushdie 1995, S. 216)

202

Genau diese luzide Metapher gilt auch für die Jugendlichen aus der Folklore-gruppe, so wie sie sich in den Gesprächen darstellen. Sie sind Türken *und* sie sind Frankfurter. Gleichzeitig und uneindeutig.

Als „Frankfurter Türken" leben sie genau auf der Schnittstelle zwischen allen Anforderungen, die von mindestens zwei Seiten auf sie einwirken. Die Eltern verlangen oftmals ein Bekenntnis zur Tradition und einer ethnischen Herkunft, die selbst für die Eltern schon nicht mehr mit der Kultur identisch ist, die sich jetzt in ihrem Herkunftsland gebildet hat.

Die Bedeutung von Konzepten wie „nationaler Identität" oder „Nation" – die bisher mit Fremdheit gleichgesetzt wurden – wird neu bestimmt, ihnen kommt nun kein trennendes Merkmal der Gesellschaft mehr zu, vielmehr wer-den sie als integraler Bestandteil der Gesellschaft angesehen. Türken gehören nun mal zu Deutschland: „Wir leben hier! Wir sind hier geboren und aufge-wachsen", so beschreiben diese Jugendlichen ihren Anspruch auf Teilhabe und behaupten sich in diesem für sie uneindeutigen Raum.

Die Positionierung der Jugendlichen ist also mehrbezüglich, das heißt nicht statisch und weder defizitär noch beschädigt und an lokale angeeignete Orte gebunden. Dennoch wird sie in einem Spannungsfeld hergestellt. In der Türkei als „Deutschländer" meist abschätzig als nicht *richtige* Türken bezeichnet, in Deutschland als „Ausländer" ausgegrenzt aus der Gesellschaft, zumindest aber aus der demokratischen Teilhabe daran, fühlen sich viele doppelt fremd: *„Wenn ich in meiner Heimat bin, bin ich einesteils auch fremd"*, und in Deutschland erzeugt der Ausschluss aus der Gesellschaft ein entgegengesetztes Wir-Gefühl.

Wie ich bereits als Beispiel für die schwierige Kategorisierung angeführt habe, ist die *lokale Verortung* ein Kennzeichen für ein Unbehaust-Sein in einer dem ethnischen Denken verpflichteten Gesellschaft. Dennoch ist und kann Heimat der Stadtteil sein, die sozialräumliche Verortung, welche das unmittel-bare Umfeld stellt und die aus diesem Bezugsrahmen herausgelöst wird. Die Jugendlichen sind – in meinem Beispiel – Frankfurter und formal keine (was sie nicht sein dürfen) Deutsche. Sie wachsen als Fremde und Vertraute in zwei Kulturen auf und können sich darin jeweils situativ zurechtfinden, nicht wie ein Chamäleon, das nur seine Farbe wechselt, sondern eher wie ein Reisender mit seinem Schatten: *„Und dann nimmt man eben die ganzen Kulturen mit in den Urlaub und dann stellt man die Frage: Was ist jetzt die Richtige?"*, so erzählt Tülay.

Anhand ihrer Aussagen und Reflexionen zeigen die Jugendlichen, dass die verschiedenen „Kulturen", denen sie angehören, sich untereinander ergänzen, vermischen und dass es ein situatives Wechseln der ethnischen Selbstverortun-gen gibt. Zuerst steht jedoch immer eine soziale oder auch lokale (d.h. nicht ethnische) Verortung im Vordergrund.

Inmitten von zwei Sprachen und zwei Kulturen zu leben, ist eine besondere Fähigkeit dieser Jugendlichen, die die Chancen und Möglichkeiten des Zusammenlebens in einer pluralistischen Demokratie hervorheben, oder um es mit dem eingangs erwähnten Begriff von Bernfeld auszudrücken: ihr direkter, aktiver Beitrag an der Kulturentwicklung liegt hier begründet. Diametral gegenüber steht diesem Verständnis vom Zusammenleben in einer pluralistischen Demokratie das *ethnische Denken*, welches von einer homogen gedachten Mehrheitskultur ausgeht, die sich gegen fremde Einflüsse zu behaupten sucht. Eine naive multikulturelle Schwärmerei, mit ihrer Betonung der normativ hoch besetzten Vielfalt erscheint hier als Problem (vgl. zusammenfassend: Welz 1996, S. 107ff aus systemtheoretischer Perspektive: Radtke 1991, 1995), weil sie mit unangemessenem Vokabular nicht in Tiefendimensionenen vordringen kann, auf denen sich lokale Verortungen und Selbstdeutungen verbinden und zudem einen impliziten Beobachterstandpunkt nicht reflexiv einzuholen vermag.

3. Theoretische Implikationen

Theoretische Reflexionen und eine Klärung des eigenen Kulturbegriffes erscheinen vor dem Hintergrund der bisherigen Ausführungen als dringend geboten, eine Vergewisserung des eigenen Standortes steht als Aufgabe an – und damit verbunden eine Prüfung der Angemessenheit der Instrumente. Fremde in der Mitte der Gesellschaft scheinen keinem erziehungswissenschaftlichen Erwartungshorizont zu entsprechen. Man nimmt sie allenfalls an den Rändern der Gesellschaft wahr. Sie begegnen einem – so die Vorstellung – nur in der Peripherie. Das heißt: Es gibt ein homogenes Zentrum und davon abgegrenzt eine homogene Peripherie. Eine Ursache dieser Sichtweise liegt in einem darauf aufbauenden, ungeklärten Kulturbegriff.

Sein „Unbehagen am Kulturbegriff" formulierte Zafer Senocak so:

„Der Kulturbegriff ist an eine bestimmte Wahrnehmung der Welt, des Menschen und seiner Geschichte gebunden. Wenn von ‚Kulturkonflikt' gesprochen wird, hat man die Grenzen des eigenen Kulturbegriffs erreicht. Der Blick auf den Anderen fällt auf einen selbst zurück. Auf der Grundlage der eigenen ‚Kultur' werden Differenzen festgestellt, die beseitigt werden müssen, um den Konflikt zu lösen. Ansonsten droht die Aufgabe der eigenen Identität, zumindest aber eine Identitätskrise." (Senocak 1994, S. 59)

Wie kann man sich diesem Sachverhalt stellen? Senocak schlägt unter anderem folgendes Prinzip vor, das, wie bereits aufgezeigt, auch von den Jugendlichen aus der Folkloregruppe angewendet wird.

204

„Man verabschiedet sich vom Begriff der Kultur und begreift die eigene Sprache nicht als Mittel der Auseinandersetzung mit anderen ‚Kulturen‘. Haben wir einmal erkannt, dass unsere Sprachen unbrauchbar sind, verabschieden wir uns vom Definierenmüssen des Anderen, um uns selbst zu definieren. Wir müssen ihn nicht fesseln um uns zu befreien." (ebenda, S. 62)

Sich selbst definieren zu müssen, davon hat Tülay Abstand genommen. Aber das Definieren wird von anderen benutzt. Der formale Rahmen, die Grenzen des Staatsbürgerrechts definiert Tülay und die anderen Jugendlichen, die in Deutschland geboren sind, als Ausländer. Sie selbst fühlen sich nicht als Ausländer, sie sind keine Ausländer, werden aber so behandelt. Der emphatisch angebrachte Begriff der Vielfalt beginnt hier unscharf zu werden.

Um es in einer These zu formulieren: es geht mir um ein Plädoyer für eine Perspektivenerweiterung. Der weitverbreiteten und nachhaltig wirkenden Formel der „Pädagogik der Vielfalt" (Prengel 1993), die in einem fast beliebigen Nebeneinander Alter, Geschlecht, Behinderung und Kultur zu einem unangemessenen Fremdheitscocktail mischt, der das dialektische Verhältnis von Gleichheit und Differenz nicht angemessen abzubilden vermag, möchte ich eine *Pädagogik der Differenz* gegenüberstellen, die einen sowohl methodologischen als auch theoretischen Zugang zu den eben skizzierten Fremdheitskonzepten eröffnen kann.

Diese Perspektivenerweiterung möchte ich nun präzisieren. Dabei werde ich einen weitreichenden Entwurf kurz skizzieren, der für mich zur Zeit die tragfähigste Theoriebaustelle darstellt, um Migration, Globalisierung, „neue Ethnizitäten" (vgl. Hall 1994; 1997b) gleichermaßen und analytisch zu beschreiben. Es ist also mehr ein Steinbruch, ein noch zu bauendes Gebäude, denn ein schon fertiges Haus, mit fest eingerichteten Zimmern:

„Die Sensibilisierung für Differenzen und die gleichzeitig wachsende Skepsis gegenüber binären Oppositionen hat in verschiedenen Feldern der *Cultural Studies* zur Entwicklung neuer Konzepte und Modelle zur Beschreibung komplexer sozialer Realitäten geführt." (Lutter/Reisenleitner 1998, S. 127)

An diesem Steinbruch baut Homi K. Bhabha, vergleichender Literaturwissenschaftler am Chicago Humanities Institute. Er bricht radikal mit der Perspektive des bisher dominierenden Blicks auf ethnische Minderheiten, Fremdheit und ihre kulturellen Repräsentationen. Die gegenwärtigen Kulturwissenschaften brauchen – so fordert Bhabha – eine neue, „kritische" Theorie gerade dann, wenn sie kulturelle Unterschiede im Fokus haben. Diese Lücke füllt die postkoloniale Theorie:

„Die postkoloniale Theorie zwingt uns dazu, die grundsätzlichen Beschränkungen des konsensorientierten und abgekarteten ‚liberalen‘ Verständnisses kultureller Gemeinschaften zu überdenken. Mit Nachdruck behauptet sie, kulturelle und politische Identität werde mittels eines Alteritätsprozesses konstruiert. (...) Die Zeit, in der man Minderheiten mit ganzheitlichen und organischen Wertvorstellungen ‚assimilieren' konnte, ist definitiv vorbei. Schon wie wir von Kulturgemeinschaften sprechen, muß aus postkolonialer Perspektive neu überdacht werden." (Bhabha 1996, S. 347)

Bhabha spricht in diesem Zusammenhang von Kultur als postkolonialer Gegenmoderne, „da Kultur mindestens ebenso sehr zu einer unangenehmen, verstörenden Praxis des Überlebens und der Provisorien wird – zwischen Kunst und Politik, Vergangenheit und Gegenwart, Öffentlichkeit und Privatsphäre –, wie ihre strahlende Präsenz Lust, Aufklärung oder Befreiung verheißt" (Bhabha 1996, S. 348).

Unter postkolonialer Perspektive versteht Bhabha nicht etwa, dass das Zeitalter des Kolonialismus überwunden wäre, im Gegenteil, es geht vor allem darum, zu neuen Wegen der Beschreibung und des Verstehens zu kommen, ohne koloniale Denkmuster, Wahrnehmungsweisen und Strategien weiter zu reproduzieren. Es steht hier also eine Reflexivwerdung des Kolonialismus und seiner Folgen in Rede. „Unter Postkolonialismus ist das Bewusstwerden der Folgen einer jahrhundertelangen Kolonisierung des größeren Teils der Welt durch den kleineren zu verstehen", so eine Definition von Peter Weibel (1997, S. 14).

Ziel dieses Ansatzes ist es, einen Perspektivenwechsel zu erreichen. Dabei entsteht folgende Frage: Kann denn noch ganz unverfänglich und unvoreingenommen von Kultur gesprochen werden, von Identität, von Ethnizität und Minderheiten? Kultur ist alles andere als eindeutig, was ebenso für die anderen genannten Begriffe gilt.

Ein wesentliches Ziel der postkolonialen Theorie ist zunächst eine Rückgewinnung oder Wiederbesetzung der Begriffe und Konstrukte (Kultur, Tradition, Identität etc.), die fast alle im Wörterbuch der essentialistischen und kulturalistischen Wissenschaften Eingang gefunden haben. In diesem Sinne bietet die postkoloniale Theorie wirkungsvolle Interventionsmöglichkeiten, um die klassischen eurozentrischen Diskurse über Fremde als Machtinstrumente zu entlarven, um das homogene und uniforme Bild des Fremden aufzubrechen. An anderer Stelle verweist Bhabha auf die dislokative Kraft der Moderne zum einen als Zeitalter der Diaspora durch weltweite Migrationsbewegungen und zum anderen auf die Dislokation neuer Informations- und Kommunikationsregimes:

„Angesichts der postmodernen Medien müssen *Dis-Lozierungen*, historische Kultur oder ethnische ‚Affiliation' heute durch einen problematischen Bruch in der indigenen – ja endogenen – Bindung des ‚ontologischen Wert[s] des Andersseins' – des politischen Subjekts oder kulturellen Staatsbürgers – an ‚seine Situation (...) die stabile und präsentierbare Bestimmung einer Lokalität (den *topos* des Territoriums, des Bodens, der Stadt...) gedacht werden." (Bhabha 1997, S. 24)

206

In diesem Spannungsfeld wird das durch die postkoloniale Präsenz entstehende „Nicht-am-Platz-sein"[1] verdoppelt durch ein „Nicht-in-der-Zeit-sein" (vgl. ebenda, S. 25). Diese Thematik der Raum-Zeit-Kopplung ist bislang – so hoffe ich – in diesem Beitrag in ihrer untrennbaren Verflechtung erkennbar geworden.

Dabei ist es im Ansatz der postkolonialen Studien ein zentrales Anliegen, Handlungsspielräume und Entwürfe zu rekonstruieren, die nicht mehr untrennbar mit einem schicksalhaften Verständnis von Kultur, Identität und Ethnizität verbunden werden, sondern vom Subjekt aus so gedacht werden, dass Veränderung, Unsicherheit und Unbestimmbarkeit mit in diese Überlegungen hineingenommen werden können und müssen. Differenz wird unter postkolonialer Perspektive jenseits von den üblichen Polarisierungen, Dichotomien und Stereotypen von Fremd-Vertraut, Osten-Westen, Norden-Süden, Nah-Fern usw. als binäre Bestimmungsmerkmale eines kolonialen Typus der Wissensproduktion verstanden.

Dass in diesem Entwurf keine allumfassende und harmonische Theorie entstehen kann, ist offensichtlich und beabsichtigt. Es geht also nicht um das Gegensatzpaar Theorie/Praxis, sondern um ein „Außerhalb", das die Artikulation beider – Theorie und Praxis, Sprache und Politik – in ein produktives, ergänzendes Verhältnis setzt (vgl. Bhabha 1996, S. 350). Ein produktives und ergänzendes Verhältnis, so wie es Homi Bhabha beschrieben hat, soll zwischen Theorie und Praxis entstehen. Fragmente einer neu zu denkenden Betrachtung der Gesellschaft sind hier zusammengefügt (vgl. Hall 1997a, zusammenfassend: Lutter/Reisenleitner 1998). Was in diesen unterschiedlichen Zugangsweisen und theoretischen Bezügen gemeinsam bleibt, ist der Blick auf Kultur und ihre Repräsentationen, den „signifiying practices" wie es Hall (1997a) nennt. Als zentrale Prämisse der Cultural Studies gilt, „dass all die verschiedenen Formen von Wirklichkeit, all die verschiedenen Praktiken, durch welche die Menschheit geformt wird, erklärungsbedürftig sind. Sie können nicht auf sich selbst reduziert werden" (Grossberg 1994, S. 23).

Dabei werden die Inklusionns- und Exklusionsverhältnisse moderner Gesellschaften kritisch analysiert, der Blick freigelegt auf die Konstruktion und Erfindung des Fremden. Wie kann hinsichtlich dieser neuen Theorieentwicklungen die geforderte Pädagogik der Differenz entwickelt werden? Noch existieren nur Bruchstücke dazu und es ist eine anstehende Aufgabe, diese Einzelteile kontinuierlich zu einem tragfähigen und anschlussfähigen Ganzen zu verbinden. Einen Baustein möchte ich an dieser Stelle liefern: In einem Interview mit

---

1 Es ist kein Zufall, dass die Autobiographie von Edward Said unter dem Titel „Am falschen Ort" (2000) erschienen ist, in der er seine Kindheits- und Jugenderfahrungen in Jerusalem, Kairo und dem Libanon bis zur Emigration in die USA beschreibt.

207

Jonathan Rutherford (1990) hat Homi Bhabha sein Konzept der *Hybridität* vorgestellt und in Bezug zu relativistischen oder universalistischen Sichtweisen gesetzt, die gleichermaßen auf Differenz aufbauen. Statt Differenz (difference), die kulturelle Repräsentationen ausschließlich nach eigenen dominanten Wertmaßstäben und kulturellen Konzepten begreift, ließe sich gerade mit Blick auf das urbane, so genannte „multikulturelle" Leben, auch Vielfalt (diversity) hervorheben.

Gerade im Kontext großstädtischen Lebens und darin wirkender Urbanität wird immer wieder die Vielfalt beschrieben:

„Vielfalt einerseits von Nutzungen und andererseits von Nutzern – unterschiedliche soziale Gruppen, kulturelle Formen und Verhaltensweisen, Normen und Werte." (Dangschat 1995, S. 179)

Wobei von der soziokulturellen Heterogenität auf kulturelle Vielfalt geschlossen wird:

„Kulturelle Vielfalt bedeutet also zweierlei: Erstens eine Begegnung im neutralen öffentlichen Raum, bei der rasch Gemeinsamkeiten und Fremdartigkeiten abgewogen werden müssen, die entsprechendes Annäherungs- oder Abstoßungsverhalten auslösen. Zweitens muß es homogene Räume geben, die sicherstellen, dass man mit seinesgleichen unter sich ist, was einerseits die Nervenreizungen der hyperurbanen Innenstädte ausblendet, andererseits das Gegenüber zum Spiegel des eigenen Ichs macht, um sich in einer Welt unterschiedlicher Anforderungen zurechtfinden und einordnen zu können." (ebenda, S. 183).

Der Stadtsoziologe Jens Dangschat plädiert im Zusammenhang von zunehmender sozioökonomischer Polarisierung und soziokultureller Heterogenisierung in den Städten dafür, die Besetzung von Räumen unter symbolischen Aspekten der Machtfrage zu betrachten und dabei auch den Blick auf die „vergessenen Räume" zu lenken.

Bhabha geht in dieser Hinsicht einen Schritt weiter, er fundiert seine Theorie nicht auf dem Begriff der Vielfalt, sondern benutzt den Begriff *difference* weiterhin, jedoch in einer ideologiekritischen Weise. Er untersucht damit die unterschiedlichen Formen und das Wechselspiel der internen Symbolgebung und externen Bedeutungsverleihung. Für das ubiquitäre Vorhandensein von Exklusion und Rassismus in modernen und sich multikulturell verstehenden Gesellschaften liefert Bhabha die Erklärung, dass an diesem Beobachtungspunkt der Universalismus nachhaltig eingreift: „Dies geschieht durch den Universalismus, der paradoxerweise Vielfalt erlaubt und ethnozentrische Normen, Werte und Interessen verschleiert" (Bhabha 1990, S. 208).[2] Und weiter den eigenen Zugriff begründend:

---

2 Übersetzungen der Originalquellen Bhabhas von mir.

„Meine Absicht, eher über kulturelle Differenz, denn über kulturelle Vielfalt zu reden, liegt darin begründet, anzuerkennen, dass diese Art der liberal-relativistischen Perspektive für sich selbst unangemessen ist und die normative Warte, von der aus gesehen kulturelle und politische Urteile gefällt werden, nicht erkannt werden kann. Mit dem Begriff der kulturellen Differenz versuche ich mich selbst in die Position des Übergangs zu stellen, in diesen produktiven Raum der Konstruktion von Kultur als Differenz, im Geiste der Alterität bzw. der Fremdheit." (Bhabha 1990, S. 209)

Hier setzt Bhabha mit der Idee der Übersetzung (translation) an. Übersetzung meint dabei, dass alle Kulturen miteinander verknüpft sind, da sie – so unterschiedlich sie auch sein mögen – Formen der Symbolbildung und Bedeutungsverleihung sind und damit Repräsentationssysteme. „Mit Übersetzung meine ich zuallererst einen Prozess der Entfremdung und Zweitrangigkeit *in Beziehung zur Sache selbst*" (Bhabha 1990, S. 210, Hervorh. i.O.). Dieser Prozess der distanzierten Beobachtung, der Selbst-Befremdung, hat eine besondere Qualität für die kontextuelle und rekonstruktive Betrachtung einer spezifisch adoleszenten Ethnisierung. Meiner Ansicht nach liegt hier genau die Stärke einer methodologischen und theoretischen Durchdringung eines postkolonialen Blickes mit rekonstruktiver (Adoleszenz-) Forschung. Ethnische Kategorien werden dekonstruiert und mittels der selbstreflexiven Zugänge auf subjektiv und gesellschaftlich induzierte Strategien und Handlungsformen zugespitzt. Als kultureller Praxis kommt dieser Strategie ein wichtiges – weil subversives Element zur Seite: Hybridität als Bekenntnis zur Unbestimmbarkeit.[3]

Bhabha versteht unter diesem Konzept folgendes und verweist dabei auf eine zentrale Metapher:

„Der Begriff der Hybridität entstammt zwei vorgängigen Beschreibungen, die ich in der Genealogie der Differenz und der Idee der Übersetzung gegeben habe, da, im Akt der kulturellen Übersetzung (Repräsentation und Reduktion zugleich), die Zurückweisung des Essentialismus einer originären Kultur enthalten ist. So sehen wir, dass alle Formen von Kultur in einem Prozess der Hybridität entspringen. Für mich ist es aber nicht so sehr wichtig, dass aus der Hybridität zwei Spuren hervorgehen, die auf eine dritte hin zusteuern. Hybridität ist eher ein ‚dritter Raum' der neue und andere Positionen möglich macht." (ebenda, S. 211)

Wichtig für das Verständnis von Hybridität ist zudem, dass Bhabha selbst die aktuelle Konstitution moderner Nationalstaaten als hybrid ansieht. Da es keine lineare Geschichtsentwicklung geben könne, durchdringen und vermischen sich

---

3 Die Angst vor Unbestimmbarkeit hat Zygmunt Bauman als das wesentliche Element in seiner Fallstudie zur Soziologie der Ambivalenz hervorgehoben und er schreibt über das Phänomen der Fremdheit: "Einige Fremde sind freilich nicht die *bis-jetzt Unentschiedenen*; sie sind im Prinzip *Unentscheidbare*. Sie sind die Vorahnungen jenes ‚*dritten Elementes*', das nicht sein sollte. Sie sind wahre Hybriden, die Monster – nicht einfach *unklassifiziert*, sondern *unklassifizierbar*. Sie stellen nicht einfach diese eine Opposition hier und jetzt in Frage: Sie stellen Oppositionen überhaupt in Frage (...)." (Bauman 1992, S. 80, Hervorh. von mir)

209

koloniale mit modernen Strategien, Erscheinungen und Narrationen (vgl. Bhabha 1994, S. 139ff).

Dieser dritte Raum wird von Bhabha mehr als Metapher denn als „Identität" verstanden, er sieht Hybridität als Identifikationsprozess mit und durch ein anderes Objekt – was auf eine ambivalente Haltung im Subjekt und seiner Handlung verweist. Die Metapher des „dritten Raumes" thematisiert dabei das Leben in Übergängen, in instabilen Räumen. Ambivalenz wird indes nicht negativ – als Defizit – verstanden, sondern als *Handlungskompetenz* und Möglichkeit, die Spannungen zwischen Wünschen und Realitäten kreativ aufrechtzuerhalten und damit kulturelle Übersetzungen als produktives Moment zu sehen. Diese Metapher des dritten Raumes sehe ich auch als charakteristisch für den Aushandlungsraum der Folkloregruppe an. Die Folkloregruppe als realer und virtueller Raum, als Treffpunkt der Jugendlichen und selbstgeschaffener Rahmen, sehe ich als wichtigen Ort, als sozialen Raum, in dem Aushandlungsprozesse stattfanden. Hier wurde ein Reflexionsraum möglich, der ein bestimmtes Handlungsfeld und eine spezifische Praxis der Jugendlichen aus der Folkloregruppe erkennen ließ.

Die Adoleszenz wie auch der selbstreflexive Raum der Gespräche erscheinen dann gleichermaßen als Übergangsräume, die sich manifestierten am Ort der Begegnung in der Folkloregruppe. Der Korridor einer neu gefundenen Sprache schöpft das Vermögen, über eigene Themen der Selbstverortung zu reflektieren. Dies wird geäußert in einem dritten Raum, der von der Folkloregruppe hergestellt und aufrechterhalten wird. Das darin entstandene, neugeschaffene Fremdheitskonzept hat – so meine These – auf Handlungskompetenzen und Selbstverortungen Einfluss genommen, die je nach individuellen Geschichten und Lebensskripten ausgestaltet wurden und den Umgang mit Differenz und Unbestimmbarkeit kennzeichnen. Diese Aneignung geschieht jenseits zielgerichteter pädagogischer Einflussnahme, in einem scheinbar eindeutig zur Nutzung vorgesehenen sozialen und zeit-räumlich lokalisierten Raum. Die Folkloregruppe als Teil einer selbstorganisierten Immigrantenarbeit im sozialräumlichen Bezug, lässt eine weitere mögliche Aneignung und Bedeutungsverleihung erkennen, verlässt man eine eindimensionale Betrachtungsweise der kulturellen Verdinglichung und rekonstruiert die individuell unterschiedliche Bedeutungsverleihung und Repräsentation in Fallbeispielen.

Um aber keine Missverständnisse aufkommen zu lassen: Es geht bei dieser analytischen Betrachtungsweise auch um das Spannungsfeld der Selbstbeschreibung und der Repräsentation von außen, d.h. um ein eminent politisches Verständnis dieser Repräsentationsprozesse.

„Politisch zentral bleibt dabei allerdings die Frage, wer man innerhalb dieser Vieldeutigkeit sein müsse, um rechtliche und politische Anerkennung und kulturelle Repräsentati-

210

on beanspruchen zu können. Wer ist, bzw. was bedeutet es ‚einer von uns' zu sein?"
(Lutter/Reisenleitner 1998, S. 129)

Das bedeutet, es gilt Hybridität zu sehen als Wegmarke in einem offenen Aushandlungsprozess, der nicht endgültig und definitiv in eine bestimmte Richtung
verweist, eine Position eindeutig belegt und gleichzeitig Wissenschaft und
Politik als kulturelle Praxis aufzeigt, die auf Exklusionsprozessen gründen.
„Der Prozess der kulturellen Hybridität lässt etwas neues, unterschiedliches und
noch unkonturiertes entstehen. Eine neue Ära der Verhandlung von Bedeutung
und Repräsentation" (Bhabha 1990, S. 211). Betonen möchte ich dabei noch
einmal das Ziel der Anstrengungen, die darin münden, subjekthafte Widersprüchlichkeiten und Konfliktdeutungsmuster entgegen dem Druck zur Homogenisierung und Eindeutigkeit aufrechtzuerhalten: „In dem der dritte Raum
ausgelotet wird, können wir der Politik der Polarität entgehen und unser Selbst
als ein Anderes neu erfahren" (ebenda).Unser Selbst als ein Anderes neu erfahren, heißt weiter zugespitzt, dass das Verstehen des Fremden in einem selbst ist.

Es wurde bisher argumentiert, dass zum einen eine neue Bestimmung des
Begriffes Kultur notwendig ist, um zu neuen Beschreibungsformen zu kommen.
Der Entwurf von Bhabha aus dem Umfeld der *cultural studies* ist dabei eine
theoretisch wegweisende, aber prinzipiell abstrakte Variante. Wenn dabei ein
eher methodologisch und forschungspraktisch gangbarer Weg eingeschlagen
werden soll, dann bietet sich eine weitere Neudefinition von Kultur an, die im
Untersuchungsfeld von modernisierungstheoretischen Konzepten zur Analyse
von lokalen Communities vor dem Hintergrund globaler Transformationen
erscheint. Ein wichtiger Ansatzpunkt kann dabei die von Ulf Hannerz aus
sozialanthropologischer Perspektive entwickelte Revision des Kulturbegriffs
sein. Hannerz hat in seiner Studie „Cultural Complexity" (1992) Formen der
städtischen Heterogenität untersucht und sich dabei die Frage gestellt, welche
Voraussetzungen gegeben sein müssen, um die im städtischen Raum ubiquitäre
Vielfalt in eine produktive „Heterogenese" umzuwandeln. Ein wichtiger Aspekt
dabei ist die *innere Offenheit*. Diese kommt dadurch zustande, dass „einzelne
Bewohnergruppen und Kulturformen nicht hermetisch gegeneinander abgeschlossen sind, sondern statt dessen die verschiedenen Bewohnergruppen und
Kulturformen sich ständig in ungeplantem Kontakt miteinander befinden und
zufälliger Austausch und gegenseitige Wahrnehmung möglich ist" (Hannerz,
zit. nach Welz 1996, S. 142).

Hierbei können sich „modes of managing meaning" (Hannerz zit. ebd.)
herausbilden, die sich auf ein gegenseitiges Aushandeln von unterschiedlichen
Bedeutungsverleihungen und Sinnstiftungen stützen. Diese modes of managing
meaning, diese spezifischen Formen des Umgangs und des Hervorbringens und

Weitergebens von kulturellen Bedeutungen bezeichnet Welz als das Herzstück eines sozialanthropologisch fundierten Begriffs der Stadtkultur (vgl. ebenda).[4]

In dieser Hinsicht ist besonders das Konzept von Martin Albrow hervorzuheben, der – wie auch im Ansatz der cultural studies charakteristisch – sich um ein beständiges Reflektieren der Begriffe und Instrumente bemüht und in seinem Aufsatz „*Travelling beyond local cultures*" (1997) Globalisierung als lokalen Prozess anhand von Fallstudien aus dem Londoner Vorort Tooting untersucht. Albrow geht davon aus, dass die Instrumente einer Beschreibung der Städte unter dem Einfluss der Globalisierung einer grundsätzlichen Revision bedürfen, die Perspektive der „nation-state sociology" (Albrow 1997, S. 37) nicht mehr angemessen die komplexe soziale Realität widerspiegelt. Sein Ansatz erscheint auf den ersten Blick als weitreichende Ergänzung des Ansatzes der postkolonialen Studien, er geht aber – anders als der primär kulturanalytische und kritische Blick der cultural studies – konkret und primär empirisch im Forschungsfeld Stadtraum vor. Auf der Suche nach einem neuen Beschreibungskonzept jenseits der klassischen Paradigmen schlägt Albrow folgendes vor:

„The missing term here surely has to be ‚socioscape', the vision of social formations which are more than the people who occupy them at any one time. Under globalized conditions people are increasingly uncomfortable when referring to them in old structural terms like ‚community' or ‚neighbourhood'." (Albrow 1997, S. 38)

Albrow zeigt in seinen Fallstudien einen grundsätzlich unterschiedlichen Grad des Zugehörigkeitsgefühls und der je individuellen Bedeutungsverleihung des städtischen Raumes an, der sich nur individuell anhand der „Nutzer" rekonstruieren lässt, gleichwohl aber auf strukturelle Erfahrungen und soziale Lagen verweist, wie die Nutzungsgeschichten aufzeigen. Albrow spannt diesen weiten Rahmen, zeigt die individuellen Fallbeispiele mit dem Ziel auf „not to confirm a general picture, nor to find a common thread. Indeed it would be possible to construct a different general type of orientation to living the global city to each of our respondents" (Albrow 1997, S. 50).

Diese Orientierungen, ihre unterschiedlichen Entstehungsbedingungen und gemeinsamen Bezüge gilt es herauszuarbeiten, um zu einem neuen Verständnis des Konzeptes von Stadtraum zu gelangen. Hierbei zeigt sich, dass eine *local*

---

4   Der Begriff der Kultur wird dabei einer grundlegenden Revision unterzogen, indem mit dem Verständnis von Kultur der Ethno-Wissenschaften gebrochen wird, der von einer gemeinsam geteilten Kultur (einer Gesellschaft oder Gruppe) ausgeht, und statt dessen eine "distributive" Vorstellung von Kultur entwickelt hat, die danach fragt, welche Bedingungen des Zugangs zu Kultur bestehen, wie die unterschiedlichen *modes of meaning* im Spannungsfeld kultureller Differenzen und sozialer Ungleichheit bestehen können (vgl. Welz 1996, S. 143; zur Neuformulierung von Kultur als Aushandlungsprozess vgl. Wimmer 1996; zur unterschiedlichen Bedeutungsverleihung Hall 1997a).

culture gekennzeichnet ist durch die „possibility that individuals with very different lifestyles and social networks can live in close proximity without untoward interference with each other" (Albrow 1997, S. 51).

Diese sich darin abzeichnenden sozialen Gestaltungsweisen nennt Albrow *sociospheres*, „evoking a common use of the term ‚sphere' to mean a field of concern or relevance which does not have in any geometrical sense to be spherical. It leaves open whether older categories like family, community, friendship or newer ones like partnership, enclave and lifestyle group apply to these formations, recognizing that along with delocalization there is also a growing indeterminacy in applying such classifications" (Albrow 1997, S. 52).

Als Ausblick auf ein weites Forschungsfeld, das noch auf seine Erschließung wartet, formuliert Albrow:

„We know precious little about the ways in which the different sociospheres relate to each other except in stereotypes formed in the stage of nation-state sociologies." (ebenda)

Beide vorgestellten Ansätze berufen sich auf das Konzept der Differenz statt auf einer eindimensionalen (und unkritischen) Betrachtungsweise von Vielfalt. Was sich dabei zeigt, ist, dass mit dieser veränderten Optik Räume von Fremdheiten ausgelotet werden können, die bisher nicht in den Blick kamen. Fremdheit ist hierbei nicht verortet in einer binären und polaren Differenz zwischen *den* Kulturen. Fremdheit, bzw. das Bild der Fremdheit ist zugleich eine soziale und kulturelle Raumteilung, die sich lokal auswirkt. Diese Raumteilung als Zeichen von Differenzsetzung und damit einer gesellschaftlichen Ausschließungspraxis, gilt es mit diesem Zugriff weiterhin zu untersuchen. Die beschriebenen sozialen Raumteilungen lassen sich ebenso wie die subversiven Strategien, die sich gegen diese Raumteilungen stellen, in hybriden Kulturen verankern. Das Interesse an den Momenten des Übergangs und des Bruchs statt an den Konzepten von Ursprung und Einheit beruht in der eben skizzierten Theoriebildung, wie es Elisabeth Bronfen und Benjamin Marius (1997, S. 7) formulieren, auf der Umstellung des Blickes von der Identität zur Differenz. Den Blick auf Brüche, Übergänge und das Periphere zu lenken, das war hier mein Anliegen, um damit neue Impulse für die erziehungswissenschaftliche Fremdheitsdiskussion im Kontext urbaner und sozialräumlicher Formationen freizusetzen, die eine Verbindung von sozialen und symbolischen Topographien ermöglicht (vgl. dazu Carter et al. 1993). Der nach wie vor bestimmende Blick der Migrationsforschung auf Jugendliche aus Immigrantenfamilien verhindert jedoch ein weitergehendes Erkenntnisinteresse, das sich gerade nicht mehr an wesenhaften Merkmalen wie Kultur, Identität, Ethnizität usw. festsetzt – sondern Aushandlungsprozesse und Selbst-Konstruktionen als konstituierend für raum-zeitliche Selbstpositionierungen erkennen kann. Vor diesem Hintergrund

213

war es mir schließlich in der Kritik der skizzierten Ansätze erziehungswissenschaftlicher Migrationsforschung wichtig, darauf zu verweisen, dass „Fremdheit" kein Resultat einer wie auch immer gedeuteten verdinglichten „Herkunftskultur" sein muss, sondern sich als je individuelle Bedeutungsverleihung in einem dafür relevanten lokalen Ort entfalten kann.

Literatur

Albrow, Martin (1997): Travelling beyond local cultures. Socioscapes in a global city. In: John Eade: Living the global city. Globalization as a local Process. London/New York, S. 37-55.

Bauman, Zygmunt (1992): Moderne und Ambivalenz. Das Ende der Eindeutigkeit. Hamburg.

Bade, Klaus J. (Hrsg.) (1994): Das Manifest der 60. Deutschland und die Einwanderung. München.

Bernfeld, Siegfried (1992): Über eine typische Form der männlichen Pubertät (1923). In: Bernfeld, Siegfried: Sämtliche Werke in 16 Bänden. Hrsg. von Ulrich Hermann. Weinheim, Basel (Band 1, Schriften 1914-1938), S. 139-159.

Bhabha, Homi K. (1990): The Third Space. In: Rutherford, Jonathan : Identity, Community, Culture, Difference. London, S. 207-221.

Bhabha, Homi K. (1994): The Location of Culture. London; New York.

Bhabha, Homi K. (1996): Postkoloniale Kritik. Vom Überleben der Kultur. In: Das Argument 215, S. 345-359.

Bhabha, Homi K. (1997): Globale Ängste. In: Weibel, Peter/Zizek, Slavoj (Hrsg.): Inklusion : Exklusion. Probleme des Postkolonialismus und der globalen Migration. Wien, S. 19-43.

Breyvogel, Wilfried (1998): Der „gefährliche" Jugendliche auf der „Bühne der Sichtbarkeit". Sichtbarkeit und Transparenz in der Mediengesellschaft. In: Breyvogel, Wilfried (Hrsg.): Stadt, Jugendkulturen und Kriminalität. Bonn, S. 84-111.

Bronfen, Elisabeth/Benjamin, Marius/Therese, Steffen (Hrsg.) (1997): Hybride Kulturen. Beiträge zur anglo-amerikanischen Multikulturalismusdebatte. Tübingen.

Carter, Erica/Donald, James/Squires, Judith (1993): Space and Place. Theories of identity and location. London.

Dangschat, Jens S. (1995): Multikulturelle Gesellschaft und sozialräumliche Polarisierung. In: Schwarz, Ullrich (Hrsg.): Risiko Stadt? Perspektiven der Urbanität. Hamburg, S. 179-191.

Gemende, Marion/Schroer, Wolfgang/Sting, Stephan (Hrsg.) (1999): Zwischen den Kulturen. Pädagogische und sozialpädagogische Zugänge zur Interkulturalität. München/ Weinheim.

Grossberg, Lawrence (1994): Cultural Studies. Was besagt ein Name? In: IKUS-Lectures Nr. 17 & 18/, S. 11-82.

Hall, Stuart (1994): Rassismus und kulturelle Identität. Ausgewählte Schriften 2. Hamburg.

Hall, Stuart (1997a): Representation. Cultural Representations and Signifying Practices. London.

Hall, Stuart (1997b): New Ethnicities. In: Donald, James/Rattansi, Ali (ed.): Race, Culture and Difference. London, S. 252-259.

Hannerz, Ulf (1992): Cultural complexity. Studies in the social organization of meaning. New York.

Lutter, Christina/Reisenleitner, Markus (1998): Cultural Studies. Eine Einführung. Wien.

Mertens, Wolfgang (1996): Entwicklung der Psychosexualität und der Geschlechtsidentität. Band 2: Kindheit und Adoleszenz. Stuttgart u.a.

Prengel, Annedore (1993): Pädagogik der Vielfalt. Verschiedenheit und Gleichberechtigung in interkultureller, feministischer und integrativer Pädagogik. Opladen.

Radtke, Frank-Olaf (1991): Lob der Gleichgültigkeit. Die Konstruktion des Fremden im Diskurs des Multikulturalismus. In: Bielefeld, Uli (Hrsg.): Das Eigene und das Fremde. Neuer Rassismus in der alten Welt? Hamburg, S. 76-96.

Radtke, Frank-Olaf (1995): Interkulturelle Erziehung. Über die Gefahren eines pädagogisch halbierten Anti-Rassismus. In: Zeitschrift für Pädagogik, 41. Jg., Nr. 6, S. 853-864.

Rushdie, Salman (1995): Osten, Westen. München.

Said, Edward (2000): Am falschen Ort. Autobiographie. Berlin.

Sauter, Sven (2000): Wir sind Frankfurter Türken. Adoleszente Ablösungsprozesse in der deutschen Einwanderungsgesellschaft. Frankfurt am Main.

Scherr, Albert (1999): Die Konstruktion von Fremdheit in sozialen Prozessen. Zur Kritik und Weiterentwicklung soziologischer und erziehungswissenschaftlicher Fremdheitsdiskurse. In: Kiesel, Doron et al. (Hrsg.): Die Erfindung der Fremdheit. Zur Kontroverse um Gleichheit und Differenz im Sozialstaat. Frankfurt am Main, S. 49-65.

Senocak, Zafer (1993): Atlas des Tropischen Deutschland. Berlin.

Senocak, Zafer (1994): War Hitler Araber? IrreFührungen an den Rand Europas. Berlin.

Waldhoff, Hans-Peter (1997): Ein Übersetzer. Über die sozio-biographische Genese eines transnationalen Denkstils. In: Waldhoff, Hans-Peter/Tan, Dursun/Kürsat-Ahlers, Elcin (Hrsg.): Brücke zwischen den Zivilisationen. Zur Zivilisierung ethnisch-kultureller Differenzen und Machtungleichheiten. Das türkisch-deutsche Beispiel. Frankfurt am Main, S. 323-364.

Weibel, Peter (1997): Die koloniale Kondition. In: Peter Weibel/Slavoj Zizek (Hrsg.): Inklusion : Exklusion. Probleme des Postkolonialismus und der globalen Migration. Wien, S. 13-18.

Welz, Gisela (1996): Inszenierung kultureller Vielfalt. Frankfurt am Main/New York City/Berlin.

Wimmer, Andreas (1996): Kultur. Zur Reformulierung eines sozialanthropologischen Grundbegriffs. In: Kölner Zeitschrift für Soziologie und Sozialpsychologie, Jg. 48, Heft 3, S. 401-425.

Werner Lindner

Jugendliche in der Stadt: Im Spannungsfeld von Devianz(-Phantasien) und urbaner Kompetenz

1. Einleitung

Gegenwärtig ist die Gesellschaft der Bundesrepublik in all ihren Themen und Debatten geprägt durch Unsicherheit – und in deren Gefolge immer auch durch Misstrauen und Angst. Je deutlicher das Bewusstsein der „Risikogesellschaft" sich durchsetzt, um so mehr scheint sich „Sicherheit" als zentrales Moment eines neuen gesellschaftlichen Konsenses herauszukristallisieren. Um die schwindenden Bindungskräfte der globalisierten Gesellschaften zu stärken wird das Heil neuerdings in einem Sicherheitsaktionismus gesucht, der jeden bisherigen Reform- oder Vollzugsstau eilig auflöst. Was man schon lange durchsetzen wollte und sich bisher nicht zu beantragen traute – insbesondere nach dem 11. September 2001 kann keiner mehr dagegen sein. „Sicherheit" hat sich als öffentlich artikuliertes Bedürfnis nahezu verselbständigt: Nicht mehr, was und warum geschützt werden soll, steht im Mittelpunkt, sondern dass möglichst alles geschützt werden soll, mobilisiert das allgemeine Denken und Handeln. „Sicherheit" ist damit zu einem symbolischen Zentralbegriff in einer hypertrophierenden Kriminalitäts- und Unsicherheitsdebatte geworden.

Die ausgeweitete Debatte um Sicherheit und Kriminalität hat eine sich zusehends verselbständigende Themenkonjunktur erzeugt, die nach periodisch anschwellenden Medienberichterstattungen im Kontext von Wahlkämpfen keineswegs abgeflaut ist. Wo im Zuge der turnusmäßigen Veröffentlichung der polizeilichen Kriminalstatistik (PKS) Jugendgewalt zur „größten Herausforderung für Polizei, Justiz und Politik" (Klingst 1998) hochstilisiert wird, hat die Verbindung von Kriminalität, Sicherheit und Prävention eine neue Qualität erreicht, die immer auch Jugendliche in besonderem Maße betrifft.

Je deutlicher sich erweist, dass die nationale Politik globalen Entwicklungen ein ums andere Mal hoffnungslos unterlegen ist, wird es offenbar bedeutsam, wenigstens noch in der Innen- und Kriminalitätspolitik politische Handlungsfähigkeit und Gestaltungsmacht zu demonstrieren: ‚Sicherheit' als Kernelement symbolischer Ersatzpolitik. Flankiert wird diese Lage durch eine immer hektischere Beschleunigung der Gesetzgebungsmaschine, in der sich die Fülle

217

der nicht nur aufeinander folgenden, sondern nebeneinander konkurrierenden und sich gegenseitig überbietenden Initiativen, Anträge, Entwürfe, Beschlüsse nachgerade überschlägt (vgl. Frehsee 1997; Gössner 2001; Hirsch 2001). Legitimiert werden die Bemühungen um die innere Sicherheit gewöhnlich mit Verweis auf zwei gleichermaßen fragwürdige Konstrukte. Zum einen wird die Polizeiliche Kriminalstatistik (PKS) bemüht, ohne zu vergegenwärtigen, dass diese eine reine „Verdachtsstatistik" ist, bei der nur ein Bruchteil von Ermittlungsverfahren wirklich mit einem Urteil endet. Die PKS ist daher überhaupt nicht in der Lage, eine wirkliche gesellschaftliche Problemlage zu erfassen, sondern drückt allenfalls aus, in welchem Umfang darauf mit dem Etikett ‚Kriminalität' und den Instanzen Polizei und Justiz reagiert wird (vgl. Lehne 1998, S. 171).

Als Gegenbild zu dieser statistischen „Sicherheit" wird das „subjektive Sicherheitsempfinden" bemüht, welches sich aber gleichfalls als ein Konstrukt erweist, denn es beruht weniger auf konkreten Straftaten, als vielmehr auf der Angst davor (Kriminalitätsfurcht-Paradoxon). In einer Spirale der Furchtvermarktung zwischen Medien, Politik, Polizei (auch die private Sicherheitsindustrie mischt kräftig mit) werden diejenigen Unsicherheiten bzw. regelrechte Sicherheitspaniken erst erzeugt, die sodann zur Bekämpfung anstehen. Wo Politik und Medien geradezu als Nährboden zur Erzeugung und Steigerung der Kriminalitätsfurcht wirken, ist die folgerichtige Antwort auf die Frage, was man denn gegen Kriminalitätsfurcht tun könne: „Kaufen Sie sich eine andere Zeitung" (zitiert nach Blankenburg 1996, S. 169).

In einer solchen Situation findet das öffentliche Misstrauen einen historisch vertrauten Ankerpunkt: Jugendliche. Ein solch vornehmlich devianzorientierter Blick lässt sich in seinen Traditionen bis in das 18. Jahrhundert zurück verfolgen und bestärkt die öffentliche und pädagogische Besorgnis, die seit je in ein pauschalisiertes negatives und defizitorientiertes Jugendbild einmündete: „Wer vor 1911 vom „Jugendlichen" sprach, meinte für jedermann verständlich eine kriminelle oder verwahrloste Person jugendlichen Alters" (Roth 1983; 114); ein anderer zeitgenössischer Autor etikettierte die so genannten „Halbstarken" als „klar bewusste Feind(e) der Ordnung." (Schulz 1912, S. 33)

An diese Traditionen eines einseitig schematisierten Jugendbildes ist in der aktuellen Situation zu erinnern. Denn in der Gegenwart wird der Themenkontext von „Jugend" und „Stadt" fast ausschließlich in einer problem-, devianzoder präventionsorientierten Perspektive konturiert, die angesichts neuerer Debatten um Jugendkriminalität, innere Sicherheit und einer hierauf bezogenen Stadtpolitik an Gewicht gewonnen hat. Dabei geraten Perspektiven, die Jugendliche in der Stadt auch unter dem Blickwinkel positiver, kreativer und bewältigungsorientierter Verhaltensmuster im Sinne einer „urbanen Kompetenz" wahr-

218

nehmen zwangsläufig ins Hintertreffen. Im folgenden werden einige Struktur-muster dieser Wahrnehmungs- und Bewertungsraster analytisch skizziert.

2. „Sicherheit" in der Stadt

Stellt man den Begriff der „Sicherheit" in Bezug zur Stadt, so eröffnet sich ein Spannungsfeld, das die gesamte Entstehungsgeschichte der Stadt, ihrer Funktio-nen und Zwecke umfasst. Bereits die dem Mittelalter entstammende Maxime „Stadtluft macht frei" verweist auf wesentliche Elemente des Städtischen: Freisetzung aus traditionellen Verwurzelungen und Bindungen, aus der Heim-eligkeit oder auch Enge naher, verwandtschaftlicher Sozial- und Kontroll-muster. Indem das Leben in der Stadt nicht (mehr) durch das enge Miteinander weniger Bekannter, sondern durch eine Vielzahl anonymer und flüchtiger Kontakte geprägt ist, wird deutlich: Die Stadt ist der Ort des Unbekannten. Fremdheit und, damit verbunden, eine prinzipielle Unsicherheit ist die genuine Stadterfahrung (vgl. Benjamin 1980; Simmel 1984; Sennett 1990). Die Stadt ist der Ort der Differenz, des Heterogenen und seiner Widersprüchlichkeiten. In Ihrer Funktion als Marktplatz bezeichnet die Stadt zugleich den Ort des Austau-sches unterschiedlicher Waren, Ansichten, Funktionen und Dienstleistungen:

„Aller Bewegung zusammen ergibt die Bewegung der Stadt. Alles ist beschäftigt; alles läuft einem Ziel zu, das in einem fort überall und nirgendwo ist. In gleicher Richtung strömen die ungeheuren Kolonnen der großen Fahrzeuge, die schön in der Masse und durch ihre Bewegung sind. Alles flimmert und glitzert, die großen und die kleinen farbigen Schaufenster, die Lichter, die Leuchtreklame, nichts ist beständig, wechselnd wie die Gedanken der Menschen, die alles beleben, wird immer ein Ding vom andern belebt." (Brentano 1987, S. 12)

Die Urbanität der Stadt und deren zivilisatorische Wirkung beruht darauf, dass ihre Räume nicht geschlossen und nicht vollständig sozial kontrollierbar sind. Die lebendige Stadt ist die Stadt der Überraschung und des Unvorhersehbaren, in der die Präsenz der Bewohner und Bürger eine wichtige Rolle spielt. „Urbane Kompetenz" bezeichnet hier das Vermögen, sich in der modernen Stadt zurecht zu finden, zu leben und angemessen zu entfalten. ‚Sicherheit' hingegen ist seit je Kernpunkt einer allgemeinen, auch immateriellen Infrastruktur. Das Verspre-chen der Sicherheit gilt gleichsam als Kern dessen, was (in der Definition von H. Popitz) den „Ordnungswert der Ordnung" als Basislegitimation von Herr-schaft ausmacht. Die Bewahrung der öffentlichen Sicherheit und Ordnung gilt als eine die Staatlichkeit begründende und legitimierende Aufgabe (vgl. Voß 1997, S. 39).

3. Die Stadt zwischen Unwirtlichkeit und Unwirklichkeit

Der Übergang von der modernen Industriestadt zur nachmodernen Stadt lässt sich auf drei Ebenen beobachten:

1. Auf der ersten Ebene wird der Übergang von der industriellen Arbeitsgesellschaft in eine postmoderne Wissensgesellschaft von einer allgegenwärtigen Standortdebatte beherrscht, die als Verbetriebswirtschaftlichung aller gesellschaftlichen Bereiche deutlich wird. Diese Debatte schlägt unmittelbar auf die Städte durch, deren Bemühen um Standortvorteile darauf abzielt, möglichst Niederlassungen zukunftsträchtiger Dienstleistungsunternehmen anzusiedeln (vgl. Hitz u.a. 1995).

2. Die hier vorzugsweise umworbenen Unternehmen betreiben in erster Linie *symbolische Ökonomie*: Kultur, Design und Freizeit im Kommunikations-, Finanz-, Multimedia- und Beratungssektor. Die Produktion und Konsumtion kultureller Zeichen ist dabei, die Produktion der herkömmlichen Schlüsselindustrien zu durchdringen, bisweilen abzulösen; dies wird exemplarisch deutlich daran, wie traditionelle Konzerne der Schwerindustrie – Thyssen, Mannesmann oder Veba – ihre Investitionen in die Kommunikationstechnologie lenken.

3. In den neuen Arbeitsbereichen werden weniger materiale Gegenstände, sondern vielmehr symbolanalytische Dienstleistungen produziert, die sich mit Information, Kommunikation, dem Design von Zeichen und Bedeutungen befassen: Bank-, Post- und Mediendienste, Beratungsagenturen, Kommunikations- und Kommandozentralen, Makler und Agenturen aller Art, Video- und Fitness-Center, Kinopaläste. Die Existenz neuer, „virtueller Unternehmen" mit ihren immateriellen „Produkten" zeigt immer unübersehbarere Auswirkungen auf die Stadt. Eindeutig identifizierbare Produktionsstätten verschwinden aus dem Stadtbild; durch die Ersetzung von Personal durch Software und der entsprechenden Reduzierung von Arbeitsräumen sinkt der Bedarf an Büroflächen in den Innenstädten überall dort, wo unmittelbare Face-to-face-Kontakte entbehrlich sind.

Angesichts dieser Entwicklung mutieren die historischen Stadtkerne zu Museen, hinter deren Fassaden High-Tech und Event-Kommerz regieren. Aber auch außerhalb der City wird ohne Vorbehalte aufgegriffen, was das Stadtbild irgendwie vital erscheinen lässt:

„Während an einigen Orten gemalte Scheinlandschaften die Häuserwände sprengen, wird andernorts städtebauliches Facelifting durch Haut-Transplantationen versucht, indem Neubauten durch umgepflanzte Altstadtfassaden verkleidet werden.... Der Zusammenhang von Form und Funktion wird aufgelöst, der Widerspruch wird zur Pointe:

220

Stolze Bürgervillen bergen Agenturen und Banken, Fachwerkhäuser Kaufhauskonzerne."(zitiert nach Boettner 1989, S. 105)

Was bleibt sind austauschbare Kulissen, hinter denen sich wahlweise Verwaltungseinheiten, Anwaltskanzleien, Reisebüros, Arztpraxen oder Sonnenstudios verbergen können. Inmitten der um sich greifenden Verhübschung der Innenstädte, in denen sich selbst Bahnhöfe als „Erlebnisorte mit Gleisanschluss" stilisieren, nehmen die so genannten „Nicht-Orte" (Augé 1994) zu, die allein noch zum Durchqueren, Passieren und kurzen Verweilen eingerichtet sind: Restaurants, Fast-Food-Ketten, Bankautomaten, Tankstellen, Kaufhäuser, Supermärkte. Aktivitäten, die früher den öffentlichen Raum der Stadt belebten, werden möglichst schnell, reibungslos und anonym abgewickelt – wenn sie nicht ohnehin völlig von zu Hause aus erledigt werden durch Teleshopping, Telearbeit, Telebanking, Online-Dienste, Home-Services etc. Mit diesem Zuwachs an städtischen *Orten ohne Sozialität* korrespondieren wiederum exemplarische Jugendkulturen durch die Kultivierung einer *Sozialität ohne Orte.*

Die Stadt mutiert „zu einem verhüllten Erlebnispark, einem Museum, einem Historienfilm – zu einer analogen Stadt, die man auch anderswo, in einer Disneyworld, irgendwo auf dem Land, aber mit gutem Verkehrsanschluss für Touristen und viel Animation für die Erlebnishungrigen einrichten könnte" (Rötzer 1995, S. 29f). Sie gerät zur bloßen Attrappe, die in neuartigen Vergnügungsparks – Simulationen der Stadt – immer perfektere Überbietungen findet. Hier gewinnen so genannten „weiche Standortfaktoren", vorzugsweise bestimmte Imagefaktoren, an Gewicht – und „Sicherheit" ist einer dieser Imagefaktoren.

Um potentielle Investoren anzulocken, korrespondiert das Vorgehen der Städte mit der Symbolorientierung der Dienstleistungsökonomie. Auch die symbolische Ausrichtung des so genannten „broken-windows"-Ansatzes: „Verwahrlosung" als Zeichen für etwas anderes, belegt dieses Entsprechungsverhältnis. Entsprechend stehen *Strategien des Scheins* im Vordergrund: das Sauberhalten der so genannten städtischen „Visitenkarten" oder/und vielfältige Inszenierungen, die nahezu jedes City-Management zu einer „Festivalisierung der Stadtpolitik" verleiten (Häußermann/Siebel 1993).

Einerseits hat die Kernstadt eine hohe symbolische Bedeutung für die Repräsentation der neuen Dienstleistungsökonomie. Auf der anderen Seite dient die Innenstadt als Reproduktionsraum für die Ausgestoßenen der Stadt. Bei den gegenwärtigen Auseinandersetzungen um die Innenstädte geht es wesentlich *um die Kontrolle von Bildern und Bedeutungen.* Bezeichnenderweise zielen die Ausgrenzungsstrategien der Geschäftsinhaber und der lokalen Ordnungspolitik vor allem darauf ab, *die Sichtbarkeit von Marginalisierung in bestimmten Räumen zu unterbinden"* (Ronneberger 1998). Diese Form der Verdrängung

221

aus dem Bereich des Sichtbaren aber bedeutet, die jeweilige Gruppe ihrer öffentlichen Wahrnehmbarkeit zu berauben und damit ihre Existenz auszulöschen, die in einer medialen Gesellschaft vornehmlich über die Sichtbarkeit erfolgt (vgl. Breyvogel 1997, S. 6).

Zugespitzt existieren in dieser Perspektive nur noch zwei Sorten von Menschen: Kunden und Störer. Um ersteren einen möglichst unbeschwerten und „stressfreien" Aufenthalt in der City zu gewährleisten, sollen durch „Gefahrenabwehrverordnungen"(GAV) alle irgend möglichen Belästigungen vermieden werden (vgl. Baumann 1997). Eine neue Zitadellenökonomie grenzt alles aus, was die (Konsum-)Ordnung auch nur im Ansatz stören könnte: Lärmende Kinder, skateboardfahrende Jugendliche, Bettler, Raucher oder Trinker, ambulante Händler, Straßenmusikanten, Drogenabhängige, auch Menschen, die nur wie Trinker oder Drogenabhängige *aussehen* – sie alle werden im Raster der neuen Normen erfasst, von vielfältigen unterschiedlichen Sicherheitsdiensten beobachtet und gegebenenfalls ausgesondert:

„Es entsteht im politischen, administrativen, betrieblichen sowie Freizeitbereich eine neue städtische Kulturform, die man als ‚Sicherheitskultur' umschreiben kann. Oberstes Gebot ist danach die städtische Produktion von Sicherheit, die immer nach einem marktökonomischen sowie subjektiv-informellen Aspekt hin ausdifferenzierbar ist. Insoweit ist es unsinnig, von einer Diskrepanz zwischen subjektivem Sicherheitsgefühl und objektiver Sicherheitslage zu sprechen. Beides sind zwei Seiten einer Medaille." (Beste 1997, S. 188)

In den allerorten entstehenden Urban Entertainment Centers existiert die Stadt nur noch als Simulation. Inmitten ihrer neuen „polyvalenten Fertiglandschaften" (Smoltczyk 1998, S. 86) wird die Öffentlichkeit durch Themenparks und Malls ersetzt. Die neuen Konsumfestungen simulieren einen Mythos der heilen Welt, der sich an einer Kleinstadt und der Vision der heilen Gemeinschaft von Gleichgesinnten orientiert, aber nur hier funktioniert:

„Die Atmosphäre eines solchen Gebäudes besteht nicht mehr im Atem der Dinge, in der erlebbaren Ausstrahlung bestimmter Raumaspekte, sondern im Trubel der Funktionen, die selbst nur eines atmen: Service, Leistung, Bequemlichkeit, Schutz..." (Knodt 1992, S. 116)

Sobald sich Verstöße gegen die neue Sicherheitskultur auch nur andeuten, setzt sich ein intensives Kontrollprogramm in Gang. Dabei wird die Überwachung einzelner Personen oder Zielgruppen abgelöst durch die Kontrolle von Räumen. Das Lebenszeichen der Stadt, die von der Differenz und ihrer die Sozialstrukturen übergreifenden Kommunikation lebt, wird damit aufgehoben. Manche Einschränkungen des Verhaltens werden zunächst kaum wahrgenommen, weil sie in der Gestalt von Fun, Frohsinn und Vergnügen auftreten. Die Kontrolle erfolgt in ihrer harmlosesten Form durch freundliche, in Micky-Maus- oder sonstiger Verkleidung daherkommenden „Helfer", die keine Befehle aussprechen, sondern immer nur auf den bestehenden Konsens, dass sich alle risikolos vergnügen wollen, hinweisen. Hier besteht kein Widerspruch mehr zwischen Kontrollen und den Freiheiten des Vergnügens, denn die Kontrolle findet in der Form des Vergnügens selbst statt (vgl. Holert/ Terkessidis 1996):

„Das meiste wird im vorweg geregelt: durch Raumplanung, Architektur und Techno-Prävention werden unerwünschte Personen ebenso ferngehalten wie unerwünschte Ereignisse. Wo auf diese Weise ein künstliches Paradies entsteht, ist die Wahrscheinlichkeit von Mißhelligkeiten auf ein Minimum reduziert. Die größten Einkaufszentren sind überdachte kleine Konsumstädtchen, in denen tadellose Sauberkeit herrscht, und wo es außer emsigem Kaufen keine legitime Verhaltensweise mehr gibt. Ausruhen? Nur bei Verzehr. Stundenlang auf einer Parkbank sitzen? Ausgeschlossen. Da würden dann die zwar unaufdringlichen, aber doch omnipräsenten privaten Sicherheitsdienste einschreiten. In unangebrachter Kleidung herumlungern? Das wäre wohl ein Sakrileg. Aber solche Leute kommen ja gar nicht erst." (Scherer 1997, S. 20f)

4. „Sicherheit" und „urban control"

Wo es mit freundlichen Hinweisen nicht mehr getan ist, greift die Strategie der „urban control" (Davis 1994). Indem sich die Eingriffsschwelle von der *vollzogenen* zur *möglichen* Straftat verlagert, erfolgt eine Umkehr der Beweislast, die sich mit einer Vorverlagerung der Strafbarkeit in so genannten *deliktunspezifische* Faktoren verbindet. Wo in einer ausgeprägten „Verdachtskultur" der Devianzbegriff weit in das Vorfeld potentiell störender Handlungen vorverlegt wird, ist die Intervention bereits auf die Bekämpfung von Gelegenheitsstrukturen und vermeindlichen Risikokonstellationen jedweder Art ausgerichtet. Dabei bemühen die in der Öffentlichkeit agierenden privaten Sicherheitsdienste die Fiktion, ihr Einsatz läge schließlich im allgemeinen Interesse – vielmehr aber geht es um die Begrenzung ganz spezifischer Absatzrisiken ihrer Auftraggeber:

„Nicht auf die allgemeinen, sondern auf die besonderen Interessen einer zahlungskräftigen Kundschaft ist die Ermessensausübung privater Sicherheitsdiener gerichtet. Es geht nicht um die Privatisierung staatlicher Kontrollaufgaben, sondern um die wirtschaftliche Nutzung eines privaten Kontrollbedarfes, der sich für die Inanspruchnahme öffentlicher Räume durch alle Bürger als partikulare Ausgrenzungsstrategie erweist."(Voß 1997, S. 49)

Wie Städte im Zuge dieser drei „S" (Sicherheit, Sauberkeit, Service) praktisch mit marginalen Gruppen umgehen, ist beispielhaft dokumentiert (vgl. Reschke 1997; Brüchert 1997; Amtsblatt der Landeshauptstadt Stuttgart, Brunst 1997; Krasman/Marinis 1997; Stadt Karlsruhe, kassiber 33). Ob in Hamburg, Berlin, Kassel, Krefeld, Frankfurt oder sonstwo: Alle Maßnahmen favorisieren die Beseitigung der kritischen Szenen – und dazu gehören allemal Jugendliche, die den Konsumfrieden stören könnten – durch die Definition von so genannten

„gefährlichen Orten". Hier können wesentliche Persönlichkeitsrechte außer Kraft gesetzt werden. Hier können ohne Begründung Personalienüberprüfungen oder Leibesvisitationen vorgenommen und zeitlich unbegrenzte Platzverweise ausgesprochen werden. (Was eine Person tut oder lässt, nachdem sie vertrieben worden ist, interessiert nicht mehr – Hauptsache sie verschwindet.) Die Expansion kommunaler Ordnungsvorschriften wird flankiert von einer extremen Kontrolldichte: Neben panoptischer Installation von Überwachungskameras (in jedem Parkhaus, jedem Kaufhaus, jedem Bankautomaten, Tankstellen, Bahnsteigen) ist es nicht ungewöhnlich, dass Polizeibeamte, Einheiten des Bundesgrenzschutzes, Rauschgiftdezernat, Mitarbeiter des Ordnungsamtes, bisweilen ein spezielles SoKo-Mitte, die Fremdenpolizei, private Sicherheitsdienste, Mitarbeiter der städtischen Verkehrsbetriebe und Mitarbeiter der Bahn AG nebeneinander agieren. Abgesehen von der z.T. unkoordinierten Überlagerung unterschiedlicher „Sicherheitsdienste" verdeutlicht sich, welche finanziellen Mittel hier zusätzlich mobilisiert werden.

Die an den vorab definierten „gefährlichen Orten" *deliktunspezifischen Prüfungen* ziehen *anlassunabhängige* Kontrollen nach sich. Damit haben alle „Verdächtigen", die hier angetroffen werden, damit zu rechnen, ohne Angabe von Gründen kontrolliert und durchsucht zu werden. Wer wann wo und wie zum Objekt des Argwohns und des Zugriffs wird, hängt immer weniger von manifester Normübertretung, sondern von höchst diffusen Normalitätsvorstellungen ab. Je mehr reglementiert wird, desto mehr Eingriffsanlässe ergeben sich zwangsläufig. So ahndet eine eigens erstellte Gefahrenabwehrverordnung (GAV) in Krefeld mittlerweile unsachgemäßen Umgang mit Abfällen, Nicht-Anleinen von Hunden, Autowäsche, das Betreiben von Lautsprecheranlagen in Fußgängerzonen, Parken auf Grünflächen, Verbrennen von Schlagabraum, Füttern von Tauben und wildes Zelten. Sie richtet sich aber auch direkt gegen bestimmte Personengruppen wie Nichtsesshafte, Bettler, „illegale" Prostituierte oder Drogenabhängige. In Kassel werden Bettler(innen) präventiv beobachtet; als Maßnahme bei „Aggression" werden die Personalien festgestellt und nach der Sicherung des Erbettelten Strafanzeige erstattet. Bei Mitnahme auf die Polizeiwache wird auch versucht, durch die Verabreichung von Brechmitteln „Beweise" für den Drogenhandel zu Tage zu fördern (vgl. Brunst 1997, S. 3).

5. Subjektive und objektive „Sicherheit" in der Stadt

In dem Maße, wie diese Sicherheitsdebatte alle anderen Themen durchdringt und z.T. dominiert, rückt auch deren (aus den USA importiertes) Kernstück:

224

„Zero Tolerance" in den Mittelpunkt (Cornel 1997; Ortner u.a. 1998). Indem der hier vertretene „broken-windows"-Gedanke jegliche Unordnung (disorder) als Vorform und Prädiktor von *möglicher* Kriminalität sieht, geht es nicht mehr um faktische Gesetzesüberschreitungen, sondern um Ordnung, Disziplin und Sauberkeit. Im Gefolge einer allumfassenden Umdeutung alltäglicher Lebensverhältnisse in einen kriminalitäts- und damit auch präventionsbezogenen Sachverhalt wandelt sich schließlich selbst das Anlegen von Fahrradwegen oder die Stadtreinigung von Themen der Mobilität, Hygiene und Ästhetik zu Motiven der Kriminalprävention (vgl. Blankenburg 1996, S. 177).

Vor diesem Hintergrund ist die öffentliche Wahrnehmung Jugendlicher gesondert zu thematisieren. Die historische Kontinuität von jugendlichen Störungen der Ordnung, Medienaufmerksamkeit und Kriminalisierung ist mitlaufender Bestandteil der Geschichte der Städte (vgl. Lindner 1996; Cremer-Schäfer 1997). Dass Jugendliche die Ordnung, zumal aus Lust an der Provokation stören, ist spätestens seit den fünfziger Jahren bekannt (vgl. Bondy 1957; Kaiser 1959). Seit den Höhepunkten fremdenfeindlicher Gewalt zu Beginn der neunziger Jahre aber hat das öffentliche Bild der Jugend zu einer prägnanten Veränderung in der allgemeinen Bewertung geführt.

Denn über sie wird gegenwärtig vornehmlich im Tenor der Krise debattiert: Jugendliche sind demnach entweder gefährlich oder gefährdet – tertium non datur. Das gesellschaftliche Unbehagen, die grassierende jugendpolitische Ratlosigkeit im Umgang mit der nachwachsenden Generation wird in Form der Pathologisierung einer ganzen Jugendgeneration ausagiert, die sich in entsprechenden Angstäußerungen widerspiegelt:

– „U-Bahn-Station K.: Da krabbeln Gestalten herum. Ich fürchte mich nicht vor den Sandlern, aber vor den jungen Betrunkenen, die mit kurz geschorenen Haaren. Wenn die auf dich losgehen, keiner hilft Dir. Das ist eine Bedrohung. Leute werden überfallen in der U-Bahn, das weiß ich aus der Zeitung."(Kfm. Angestellte, 27 Jahre, zitiert nach Karazman-Morawetz 1996, S. 26)

– „Die Parks sind ja am Tag angenehm, aber wenn es finster wird, da meide ich sie. Es ist eigentlich noch nichts passiert, aber ich sehe da oft Jugendliche in Gruppen herumstehen, man weiß ja nie, was denen einfällt. So eine Ansammlung Jugendlicher, das ist mir nicht geheuer." (Sozialarbeiterin, 49 Jahre, zitiert nach Karazman-Morawetz 1996)

Wenn Jugendlichen eine generelle Gewaltbereitschaft zugeschrieben, Verwahrlosung, Orientierungs- und Normlosigkeit unterstellt wird, dann hat die neue Sicherheitsdebatte besondere Auswirkungen für sie. Denn nun werden ihnen noch engere Grenzen gezogen. Dabei wird ignoriert, dass Grenzüberschreitung und Provokation entwicklungstypische Realitätsproben für Jugendliche darstellen, bei denen sie etwas über die Gesellschaft lernen, indem sie deren Re-

225

geln – vorzugsweise spielerisch – übertreten. Inmitten unserer Sicherheits-bedürfnisse läuft vieles darauf hinaus, den Eigensinn und die Kreativität Jugendlicher im Keim (also: präventiv) zu ersticken – oder pädagogisch zu vereinnahmen. Wo die allseits angezielte Verringerung von Tatgelegenheiten auf leicht überwachbare Monostrukturen zielt, wird die notwendige Erfahrungs-vielfalt von Kindern und Jugendlichen zwangsläufig auf ein Minimum reduziert. Denn das Sicherheitsgefühl ist laut Befragungen am stärksten, wenn Sichtbar-keit (gute Ausleuchtung), Aussicht (freier Blick möglich) und Fluchtwege, die für Täter schwer zu erreichen sind, vorhanden sind (vgl. Flade 1996, S. 22ff).

Ein Beispiel dafür, wie sich jedoch die Angst vor der Gefahr letztlich selbst bestätigt, zeigt der aus den USA stammende Versuch, das Problem der Jugend-kriminalität mit abendlichen Ausgangssperren zu lösen. Im Ergebnis wird damit weniger eine Reduzierung der Kriminalität, sondern allenfalls eine weitere Verödung innerstädtischer Bereiche erreicht – die dann wiederum das Unsi-cherheitsgefühl steigert.

In einer Untersuchung zur Sicherheit in den neuen Bundesländern werden folgende jugendtypische Verhaltensweisen kurzerhand als „Zeichen öffentlicher Unordnung" und „Indikatoren für problematische Entwicklungen" genannt: Graffitti, Jugendlichengruppen an Straßenecken, öffentlicher Alkoholkonsum, Betrunkene, Anmache vorübergehender Personen (Flade 1996, S. 17). Als probate Antwort wird die fürsorgliche Belagerung der Jugend genannt, die deren latentes Gefährdungspotential pädagogisch kontrollieren soll:

„Hier geht es weniger darum, die Jugendlichen ‚von der Straße zu holen' und sie einzubinden (nomen est omen, W.L.), als vielmehr, die Konzentration Jugendlicher an bestimmten Stellen im Wohngebiet zu vermeiden, die zu Verunsicherungen führen können. Hier anzusiedelnde Maßnahmen sind (...) Jugendclubs, auch um Jugendliche von kommerziellen Vergnügungsstätten (Achtung: Jugend muss geschützt werden!, W.L.) fernzuhalten." (Flade 1996, S. 34)

Dies trifft besonders für Gruppen männlicher Jugendlicher zu:

„Mangels Alternativen sind ihre Treffpunkte Einkaufszentren und Kioske bzw. Trink-hallen mit Straßenverkauf von Getränken, Eis, Imbiss etc. Wegen der relativ geringen Zahl solcher Treffpunkte und jugendspezifischer Einrichtungen sind sie meist stark besucht. Die Zahl solcher Treffpunkte sollte erheblich erhöht werden, um punktuelle Konzentrationen solcher problematischer Gruppen zu vermeiden." (Flade 1996, S. 88; Hervorhebung von mir, W.L.)

„Eingebunden" werden sollen die Jugendlichen. Alles, was nicht pädagogisch begleitet wird, setzt sich dem Verdacht aus, neue Probleme zu verursachen. Sobald Jugendliche sich anderswo als in pädagogischen Reservaten zu entfalten wagen, werden ihnen fürsorgliche Grenzen gezogen. Konnten sich etwa in ländlichen Gebieten Jugendliche bislang dadurch erproben, dass sie mit der Clique des Nachbardorfes rivalisierten und den Maibaum stahlen, so wurde

226

auch dies mittlerweile zur Straftat erklärt (vgl. Elwert 1998). Was immer Jugendliche anstellen, es wird entweder verboten oder sofort vermarktet. Jedes neu gefundene „Risiko" wird sofort als Event entschärft; Bungee-Springen – ursprünglich eine ritualisierte Mutprobe der Eingeborenen Neuseelands – wird hierzulande vom TÜV beaufsichtigt:

„(Die) Vorstellungen von Jugend als einem kreativen Potential sind verschwunden und finden sich höchstens noch in dem Reden über das schutzbedürftige Kind. Die Etiketten und das Vokabular des ‚Pessimismus als pädagogische Triebkraft' haben sich modernisiert, die Denkweise und Argumentationsstruktur bleibt identisch mit der ‚professionellen Ideologie der Sozialpathologen' bzw. der ‚Kultur sozialer Probleme'." (Cremer-Schäfer 1997, S. 79)

Wo Jugendliche – unterstützt von einer prosperierenden „Sorgenfalten-Soziologie" – nur noch als öffentliche Pflegefälle, als Ansammlung von Defekten und Defiziten oder als bedrohliche Meute bzw. kriminogene Bande wahrgenommen werden, gilt auch eine Jugendclique – entgegen allen Erkenntnissen der Jugendforschung – nicht mehr als eine produktive Form des Umgangs Jugendlicher miteinander, sondern primär als gefährliche Subkultur. Stehen Jugendliche zusammen, erzeugen sie im öffentlichen Meinungsbild als „Zusammenrottung" Angst und Bedenken – tun sie das nicht, trifft sie die Diagnose der Isolation, Vereinsamung oder Lebensuntüchtigkeit. Beide Varianten rufen alsbald Pädagogen auf den Plan. Entziehen sich Jugendliche aber deren pädagogischen Belagerungen, dann wird dies nicht etwa als Signal interpretiert und respektiert, in Ruhe gelassen zu werden. Vielmehr werden sie – Stichwort: aufsuchende Jugendarbeit – weiter verfolgt, um auch ihre letzten informellen Freiräume pädagogisch zu besetzen (vgl. Scherr 1997).

6. Sicherheitskonzepte und Präventionsmaßnahmen

Wurde bislang erst die ausgeführte Tat bestraft, so ist nun der Umschwung von der Reaktion zur Prävention aktuell. Wo bereits der *Tatverdacht* als Eingriffsschwelle genügt, verfliessen die Grenzen zwischen formellen und informellen Reaktionen auf Abweichungen. Dem entspricht wiederum eine *Entgrenzung der Prävention in der Risikogesellschaft*, in der jederzeit jedem alles passieren kann. Prävention verstanden als „Vorgriff auf mögliche zukünftige Entwicklungen" kann aber angesichts des Verlustes allgemeingültiger Normalisierungsstandards nur bedeuten, dass Probleme bekämpft werden müssen, „bevor diese als solche sichtbar werden, und dies heißt in den meisten Fällen auch, bevor die Betroffenen die Situation selbst als problematisch wahrnehmen" (Lüders 1995, S. 45).

In einer bis zur Absurdität ausgewachsenen Präventionsdebatte (vgl. Lindner 1999; Freund/Lindner 2001) werden deren Risiken und Nebenwirkungen konsequent ignoriert, wird Stadt-, Sozial- oder Jugendpolitik durch (Kriminal-) Präventionspolitik überformt, bisweilen ersetzt. Dabei aber ist Prävention zum symbolischen Sedativum, zum magischen Fantasma einer immer unübersichtlicheren Gesellschaft erwachsen. Wo Gewissheiten sukzessive schwinden, lässt allein hoffen, dass möglichen Risiken dann doch wenigstens präventiv noch einigermaßen zu begegnen wäre. Es ist eben tröstlich zu glauben, was einen beruhigt.

Die strukturelle Zukunftsorientierung der Prävention stößt aber mindestens dort auf Probleme, wo sich Lebensentwürfe und Lebenslagen zusehends offener, d. h. unberechenbarer darstellen. Wo es keine zuverlässigen Prädikatoren für künftig erwartbares Handeln gibt, findet die Prävention keine brauchbaren Ankerpunkte mehr in der Zukunft, auf die sie gerichtet ist. Und dies hat Folgen für die Prävention, deren Gewissheiten über die eigenen Folgen brüchig werden. Denn man kann nicht verhüten, was man nicht weiß, und vollends nicht das, was man nicht wissen kann. Schlimmer noch: Das Wissen um die Unsicherheit der Lebensverhältnisse leitet die Präventionslogik graduell über zur Risikophobie. Denn, dass keine gesicherten Erkenntnisse vorliegen, ist nicht bloß keine Entschuldigung, sondern muss geradezu als Appell zu noch viel größerer Vorsicht begriffen werden und dazu, jede Handlung von der Annahme des Schlimmsten zu beurteilen (Denn was ist schließlich nicht alles gefährlich oder schädigend, oder potenziell gefährlich bzw. schädigend?!).

Und da Prävention nie breit genug und auch nie früh genug ansetzen kann, ist schließlich nicht mehr klar, wo überhaupt anzusetzen ist. Irgendwann ist dann alles Prävention. In einer solchen Entkopplung von Handlungsbedarf und gesicherten Erkenntnissen liegen alle Zutaten bereit für einen finalen präventionsstrategischen Overkill. Zugleich bereitet das präventive Misstrauen den Boden für *kontrafaktische Wirklichkeitsannahmen und Motivunterstellungen*: Wo Projektion und wirkliches Verhalten Jugendlicher nicht übereinstimmen, werden diese eben fabriziert; wo Anknüpfungspunkte für präventives Einschreiten nicht auszumachen sind, werden diese geschaffen. Indem Polizei, Ordnungs- und Sicherheitsdienste sich selbst die Voraussetzungen für das eigene Handeln verfertigen, sind sie vornehmlich damit befasst, erst die Realität zu erzeugen oder zu konstruieren, deren vorgeblich bedrohte Ordnung sie durch ihr Tun wieder herstellen wollen. In der Projektion werden Jugendliche zu denen, als die man sie sieht, damit man an ihnen das verhindern kann, was man von ihnen befürchtet – natürlich alles rein präventiv!

Spätestens ab diesem Punkt erweist sich eine solche Haltung als sich selbst erzeugendes, autokatalytisches Phänomen. Denn überall, wo die Konstruktion

228

der Wirklichkeit durch Präventionsstrategien erfolgt, gerät schließlich nicht mehr Abweichung, sondern *Normalität* in den Blickpunkt argwöhnischer Beobachtungen. Wo Eingriff, Zugriff und Registrierung gemäß dem Präventionsdenken bereits im Vorfeld abstrakter Gefährdungslagen geschehen, muss man sich notgedrungen mit den Orten und Zielgruppen beschäftigen, die – etwa in der Kriminalitätsprävention – *prä*-kriminogen bzw. „potenziell viktimogen erscheinende Situation(en)" sind (Heinz 1997, S. 66). Dies aber wirft die Frage auf, inwiefern das Vorbereitungsverhalten, das zu einem Delikt führen könnte, objektiv noch von anderen Episoden im Alltagshandeln von Jugendlichen unterscheidbar ist. So wird schließlich der Alltag selbst zu einem präventionsorientierten Sachverhalt in einer Welt, die ihrer Selbstverständlichkeiten beraubt ist. Denn in einer vorgeblich bedrohten (zumindest fragilen) Ordnung kann dann allem und jedem, jeder Geste, jedem Zeichen, jedem Blick, jeder Bewegung präventive Bedeutung zukommen durch die Ahnung, dass es sich hierbei um Vorboten möglicher Abweichungen handeln könnte:

„Das Vorbeugungsprinzip ermuntert (...) zum Vorgriff auf das, was man noch nicht weiß, zur Berücksichtigung zweifelhafter Hypothesen und bloßer Vermutungen; es lädt nachgerade dazu ein, die abwegigsten Vorhersagen, die Warnungen falscher oder wahrer Propheten ernst zunehmen, die sich im Übrigen nicht leicht voneinander unterscheiden lassen (...) (und gibt die) Bahn frei für die wildesten Spekulationen und verrücktesten Fantasien." (Ewald 1998, S. 17)

7. Urbane Kompetenz

Das Konzept der urbanen Kompetenz enthält demgegenüber einen *kulturellen* Kern, da es letztlich eine *Kultur der sozialen Aufmerksamkeit* statt eines Habitus eifernden Misstrauens oder aber der Gleichgültigkeit anzielt und kulturelle oder sozialpolitische Partnerschaften statt Sicherheitspartnerschaften favorisiert. Hierzu gehören die nachfolgenden Aspekte:

1. In Erinnerung zu rufen sind die beschränkten Handlungschancen und die Vergeblichkeit vornehmlich polizeilicher Lösungen. Eine Polizei als alleiniger Problemlöser ist eine obrigkeitsstaatliche Phantasie, die selbst der Polizei nicht gefallen dürfte. Innere Sicherheit kann nie das Produkt von Behörden und Bürokratien sein, sondern ist immer abhängig von der Bewertung und Partizipation der Bürger (vgl. Steinert 1997, S. 32).
2. Das Thema „Innere Sicherheit" ist wieder vom Kopf auf die Füße zu stellen. Weil die Sicherheitsdebatte sich mittlerweile verselbständigt hat, ist es geboten, diese einer Politik unterzuordnen, die sich an Lebensqualität, Toleranz und sozialer Gerechtigkeit orientiert:

„Gegenstände, Zuständigkeiten und Apparate Innerer Sicherheit sind grundsätzlich nachgeordneter Natur. ‚Innere Sicherheit', der Bereich des Straf- und Polizeirechts markiert eine Art letzte Verteidigungslinie der Gesellschaft. Sie wird erst dort erreicht bzw. überschritten, wo alle anderen Vorkehrungen, Regelungen oder Instanzen versagen und sich die gefährdeten Phänomene überhaupt dazu eignen, durch straf- oder polizeirechtliche Vorschriften und ihnen folgende Maßnahmen angemessen beantwortet zu werden."(Pütter 1997, S. 2)

Polizeiliche, kontrollierende und/oder repressive Strategien stehen demnach erst am Ende einer Handlungskette und nicht am Anfang, so wie dies gegenwärtig der Fall ist.

3. Ein Großteil dessen, was in den vorgenannten Untersuchungen als Bedrohung erlebt wurde, zählt zu den *unhintergehbaren Lebensbedingungen in der Stadt*. Aus diesem Grund sind die Städte und ihre jeweiligen Kooperationspartner aufgerufen, öffentliche Lernprozesse in Richtung urbane Kompetenz zu fördern. Mit dem Eingeständnis, dass es keine perfekte Sicherheit gibt, wäre auf eine neue Unsicherheits-Toleranz hinzuarbeiten, denn: „Ohne Unsicherheiten gibt es keine Gestaltungschancen und ohne diese ist alle Pluralität, alle Besonderheit am Ende" (Diederichs 1997, S. 1).

4. Daher ist in der Stadt eine öffentliche Debatte zu führen, in der geklärt wird, welche Sicherheit die Bürger erwarten können und welche nicht. Hier wären Diskussionen darüber anzuregen, wie man sich in einem gemeinsamen öffentlichen Raum bewegt. Die dort zu erreichende Ordnung aber kann keine partikulare sein: Sie kann nicht ausschließlich die der Mittelschicht sein, sie kann aber auch nicht einzig und allein die des Einzelhandels oder anderer sozialer Gruppierungen sein. Es geht darum, Möglichkeiten und allgemein akzeptierte Formen herauszufinden, die unterschiedlichen, z.T. widersprüchlichen Vorstellungen von Urbanität auszutragen. Urbanität ist keine Heile-Welt-Utopie, sondern der Prozess dieses Austragens. Denn die Stadt ist immer beides: vertraute Heimat und anonyme Maschine, Ort der Anonymität und Ort der Identifikation. Die Aufgabe besteht darin, diese in möglichst fruchtbarer Spannung zu erhalten (vgl. Siebel 1994).

5. Da eine solche Auffassung von Urbanität verschiedene Stadtzonen unterscheidet, verbietet es sich, ein Verständnis bürgerlicher Vorort-Idylle, welches etwa für dörfliche Gemeinschaften gelten mag, nun auf die gesamte Stadterfahrung zu übertragen. Einer solchen Auffassung widerspricht es, dass unter dem Primat der Beschäftigung mit dem eigenen Selbst, unter der Dominanz von lokalbezogenem und individuellem Erleben die öffentlichen Angelegenheiten primär auf der Basis von Affekten (Nähe, Geborgenheit) geregelt werden. Genau dies pointiert der Ausspruch von Karl Kraus:

230

„Ich verlange von der Stadt, in der ich leben soll: Asphalt, Straßenspülung, Haustorschlüssel, Warmwasserleitung. Gemütlich bin ich selber" (Sennett 1986).

6. „Urbane Kompetenz heißt städtisch mit der Stadt umzugehen"(Ipsen 1997, S. 2). Erst der Kontrast zwischen dem geschützten privaten Raum und der Öffentlichkeit ergibt die Spannung, den Reiz und die Attraktivität des Städtischen. Wo sich jedoch Intimisierung und Lokalbezug als Leitkriterien durchsetzen, läuft das Leben in der Stadt auf eine Beschränkung der Erfahrung hinaus, geht der Sinn für die res publica verloren. Der Stadt diese Spannung zu nehmen, hieße, sie des wesentlichen Kernpunktes ihrer Existenz zu berauben:

> „Es geht darum, zu verstehen, warum Städte anders sind als das eigene Wohnquartier und die Nachbarschaft und warum dies auch so sein muss. Lebendige Städte können nicht heimelig sein, in ihnen müssen unterschiedliche Lebensstile und Lebensschicksale aufeinander treffen. Damit verbunden ist immer ein gewisses Maß an Aversionen, Irritationen und Ängsten." (Ipsen 1997, S. 2)

Eine solches Bewusstsein, als eine Dimension urbaner Kompetenz, erfordert es, permissive Muster zu betonen, zu vermitteln und vorzuleben. Aber dies darf weder in eine diffuse Toleranz für Alles und Jedes einmünden, noch unter der Dominanz der gewöhnlich artikulationsstarken Mittelschichten geschehen, sondern muss auch Milieus einbeziehen, die sich schwer im öffentlichen Meinungsaustausch behaupten können.

7. Auf einer weiteren Ebene ist der „politisch-publizistische Verstärkerkreislauf" (Diederichs 1997, S. 2), wo immer möglich, zu unterbrechen. Entsprechende Konzepte umfassen eine aufmerksame und offensive städtische Kommunikation (nach innen und nach außen), die insbesondere populären Phrasen aus der Politik entschieden entgegenarbeitet.

8. Auf einer nächsten Ebene ist der politisch, ökonomisch und medial vorangetriebene Kreislauf der Abtrennung von Entfaltungs- und Kommunikationschancen und seine kontraproduktiven Folgen (z. B. ein elektronisch befestigtes öffentliches Schweigen; Sennett 1986, S. 357) für die Stadt zu unterbrechen. Bestand die Kultur der Großstadt vormals im Erleben und Erfahren von Klassen-, Alters-, Rassen- und Geschmacksunterschieden jenseits der eigenen und vertrauten Sphäre, so ist die heutige Großstadt abgetrennt in unterschiedlich segmentierte, monofunktionale Sphären. Festzustellen ist eine Entwicklung, in der manche Bewohner aus ihren Vierteln fast nie herauskommen, während die Bewohner der restlichen Stadt diese Viertel meiden und sich gleichzeitig immer mehr in soziale Enklaven und zusehends abgeschottete Arbeits-, Konsum- oder Wohnbereiche zurückziehen. In dem Maße, wie die Bewohner nur noch in ihren eigenen Milieus leben, gehen ihnen Entwicklungs- und Erfahrungsmöglich-

keiten verloren. In der Folge wird nur noch das Bekannte, Vertraute wahrgenommen, das, was in die vorhandenen (Vor-)Urteils- und Stilmuster passt. Damit aber werden sie der produktiven Aneignung in wirklichen Verständigungsprozessen beraubt. In diesem Zusammenhang ist eine Stadtpolitik gefragt und gefordert, anzuregen, zu animieren, gegenzusteuern, sich aktiv und langfristig auf allen Ebenen für eine Revitalisierung der „Stadtkultur" einzusetzen.

9. Angemessener als die Reduzierung auf polizeiliche oder sonstige Kontrollmaßnahmen wären daher ein langfristiges Engagement für das Leitbild einer „sozialen Großstadt" oder für die „Kulturlandschaft Stadt". Eine kulturelle Belebung der Innenstädte hätte jedoch mehr zu sein als die Beteiligung an periodisch wiederkehrenden Kirmes- oder Verkaufsmärkten, die mit „urbaner Kompetenz" wenig gemein haben:

„Die inszenierte Mitte der Stadt ist von schlechten Bildern voll und perspektivenleer. Eine wirkliche Mitte gibt es nur dann, wenn es einen Ort gibt, wo Gesellschaft nicht gespielt wird, sondern tatsächlich geschieht. Sehen und Gesehen-Werden, Café, Kino, Theater usw., das alles sind Dekorationen des gesellschaftlichen Lebens. Sie können deshalb privatwirtschaftlich nachgestellt werden. Soll mehr da sein, müssen entsprechende Räume geschaffen werden, Räume für zentrale gesellschaftliche Handlungen und private Handlungsautonomie, die nicht aufs Konsumieren beschränkt ist ... Die Regie müßte wieder fallen, Autonomien eingeräumt werden." (Hoffmann-Axthelm 1995, S. 71)

Dabei befördert die bislang vorfindbare Zerstreuungskultur allenfalls die Langeweile, die sich in ihr vergessen will. Statt dessen müsste eine breite Beteiligung an einer Stadtpolitik auch dort erfolgen, wo es über unmittelbare und kurzfristigeVerwertungsinteressen hinausgeht (z.B. Public-Private-PartnershipKonzepte (PPP) in sozialen und/oder kulturellen Projekten).

10. Was im öffentlichen Blick als jugendliche Devianz etikettiert wird, kann in einer anderen Lesart durchaus als Form „urbaner Kompetenz" gelesen werden, soweit die sich ausbreitenden Strategien zur Festivalisierung und Inszenierung der Straße und die Aufmerksamkeitsbedürfnisse der Jugendlichen aufeinander zu laufen. Auf der einen Seite gerät die Exotik der Abweichung zum festen Bestandteil der Kulturindustrie, auf der anderen Seite spielen bestimmte Jugendszenen mit den Möglichkeiten und Gelegenheiten der Stadt. Mit HipHop, Techno, Graffiti, Streetball, Skate- und Kickboards entstehen Jugendkulturen, die sich explizit auf die moderne Stadt und ihre Strukturen beziehen. Hier beweisen Jugendliche ihre urbane Kompetenz, indem sie die Stadt als Bühne der Sichtbarkeit für ihre Belange nutzen. Hier werden die städtischen Sozialisationsbedingungen weniger regellos-aggressiv (vgl. Baudrillard 2000) als flexibel-kreativ ausagiert. Exemplarisch ist zum einen die *Hip-Hop-Kultur* anzuführen, deren Graffiti nicht

mehr reale, sondern optische, symbolisch-imaginäre Besetzungen von Räumen, bzw. Oberflächen anzielen (Baudrillard 1982; Bourdieu 1998; Zukin 1999; Rose 1997; Wenzel 1997 u. 2001). Als multimediale High-Tech-Kultur ist Techno in herkömmlichen sozialräumlichen Kategorien nicht mehr zu erschliessen, denn ihre Symbolorientierung überspringt alle bisherigen sozialökologischen Zonenmodelle oder unterläuft sie. Techno-Fans legen an einem Wochenende hunderte von Kilometern zurück und die szeneinterne Kommunikation läuft über Flyer oder das Internet; so korrespondieren die Benutzeroberflächen von Multimedia mit den flüchtigen Aneignungen rasch wechselnder Locations in den Städten. „Urbane Kompetenz setzt ein verbindendes, nicht ausschließendes Denken voraus. Für das verbindende Denken ist das „Und" kennzeichnend, für das „ausschließende Denken" das „Entweder – Oder". Es ist ein Denken jenseits von „Schwarz und Weiß", des allein moralischen „Gut und Böse". Es bedeutet, sich auf die gemeinsamen Grundlagen des Verschiedenen einzulassen und die Angst und Abwehr des Befremdlichen und den Wunsch zu seiner Ausgrenzung zu kontrollieren. Es setzt die Fähigkeit voraus, in Ambivalenzen zu denken und diese zu ertragen (Breyvogel 2000, S. 5; vgl. auch Früchtl 1998). Hier treten die spezifischen urbanen Kompetenzen in den Vordergrund, die erforderlich sind, um sich in der Stadt, inmitten der Turbulenz ihrer Phänomene, Signale und Symbole zurechtzufinden: „Checking" – der rasch taxierende Blick an vorbeihuschenden Objekten, der bereits ein ausgearbeitetes Setting von Codes voraussetzt, sozusagen „Haken, an denen der Betreffende seine Vorkenntnisse, sein Typenwissen aufhängen kann" (Boettner 1989, S. 51). Schärfung und prompte Löschung von Wahrnehmungen, das Bewältigen punktueller und transistorischer Begegnungen im „Kontaktieren", das Dechiffrieren der Zeichen und Gesten, die in der Stadt als „soziale Ampelanlage" (Boettner 1989, S. 65) fungieren. Im „Schalten" (Boettner 1989, S. 69) und im „Zapping" verlaufen mediale und urbane Reaktionen ineinander: Schnelles Abchecken von rasant wechselnden Oberflächen, Fragmentierung, Switch, Schnitt, Zoom, Überblendung, Schärfung und prompte Löschung der Wahrnehmungen korrespondieren mit der Beschleunigung der Erlebniszeitmaße, welche den Kategorien Tempo, Plötzlichkeit und Kontrast folgen.

Dass „Aufmerksamkeit" (Franck 2000) der entscheidende Rohstoff der modernen Informationsgesellschaft ist, haben Jugendliche intuitiv ebenso erfasst, wie die sich auf breiter Front durchsetzende Bedeutungsverschiebung von realer zu expressiver Lebensführung: esse est percipii (Sein ist Wahrgenommenwerden). Die Bemühungen arbeitsloser Jugendlicher nicht etwa um einen Job, sondern um ein Paar der neuesten Nike-Schuhe (vgl.

Franz 1995) und die Satellitenschüsseln auf den städtischen Flüchtlings-unterkünften sind nur zwei Hinweise darauf, wie symbolische Ersatzbühnen faktische Marginalisierungen überformen. Hier spielen zwar sozialräumli-che Orientierungen noch eine gewisse Rolle, aber nur als Lückenbüßer für den erhofften Sprung zur Teilnahme an jener Globalkultur, die in den Medienbildern und Identifikationsangeboten der Warenwelt stets und überall präsent sind. Den Jugendlichen geht es weniger um sozialräumliche Aneignungen und der damit verbundenen Auseinandersetzung um den konkreten Raum, sondern um symbolische Präsenz und imaginäre Teilhabe am Spiel der Zeichen und Bilder. So fungiert ein Basketball-Schuh weniger als reales Sportgerät, sondern als reines Zeichen, z. B. als „Emblem des schnellen Abgangs" bei den „Men in Sportswear" (Höge 1999).

11. Angetrieben von der „mythischen Angst, nicht auf Sendung zu sein" (Tür-cke 2001) kultivieren viele Jugendliche allenfalls noch Signale des ‚Irgend-wie-Dabeiseins', bei denen das Problem der Glaubwürdigkeit oder der konkreten Lebensbewältigung in den Hintergrund getreten ist. Wo in der städtisch-medialen Öffentlichkeit vornehmlich durch Habitus-Präsen-tationen noch symbolische Aufmerksamkeitseffekte (Distinktionsgewinne) zu erzielen sind, lautet der Imperativ der Anerkennung „Medientauglich-keit" und verdeutlicht sich in dem Wunsch: „Ich möchte, dass sich die Leute auf der Straße nach mir umdrehen" (Lindner/Stuckert 1995). Wo das reine Signal für sich selbst steht – und das ist in der Stadt exemplarisch der Fall – ist allein noch die Fähigkeit entscheidend, diese Signale effektvoll einzusetzen und treffsicher mit ihnen zu jonglieren. Dies dokumentiert die Aussage eines jugendlichen Sprayers:

„Die Leute, die auf dem Bahnhof warten, die werden damit (mit den Graffitti, W.L.) konfrontiert. Die konsumieren das ja. Die sitzen auf dem Bahnhof und gucken sich die Züge an mit Namen drauf. Is' wie bei einer Biermarke, die machen soviel Werbung, der Name bleibt einfach drinne. Coca-Cola will seine Werbung überall sehen, und das wollen wir auch. Du musst Dir vorstellen, du sitzt in Essen oder Dortmund auf dem Hauptbahnhof und da kommen eins, zwei, drei Züge vorbei, auf denen „Tom" steht. Dann lächelst du. *Die Leute gucken, und das ist eben das Feine.* Du könntest jetzt aufspringen und sagen: Hier! Ich war das!" (Lindner/ Stuckert 1995;162; Hervorhebung von mir, W.L.)

Dass diese Formen der Selbstdarstellung dem Kreislauf von Enteignung, Entwertung und Recycling unterliegen, ist den Jugendlichen zum Teil bewusst, wird aber als Preis für die eigene Selbst-Inszenierung in Kauf genommen.

12. In weniger kommerziell geprägten Jugendszenen hingegen wird die Stadt zur Bühne, auf der Darstellungen von Gefährlichkeit, Kampfesmut und Durchhaltewillen inszeniert werden (vgl. Findeisen/Kersten 1999, S. 88ff

234

und 139ff). Eine plausible Entzifferung ihres Handelns im Sinne urbaner Kompetenz wird möglich, sofern in der Stadt zwischen „Atmosphäre" und „Situation" differenziert wird. Zum einen steckt die Stadt voller latenter Möglichkeiten (Atmosphäre), zum anderen gilt es für Jugendliche inmitten dieser Atmosphäre, Kontrolle und Herrschaft innerhalb bestimmter Situationen zu gewinnen:

„In der Situation ist die Atmosphäre geortet und strategisch ausgelotet. Jetzt gilt es zu handeln, spontan oder geplant, politisch oder individual-anarchistisch. Hier erweist sich das souveräne Subjekt, das eingespielte Kollektiv. Die Situation ist kein langweiliger Standard, sie erfordert Geschick im Handeln und Weitblick bei der Datenerhebung. Aber sie ist im Prinzip intelligibel, dem (jugendlichen, W. L.) Kennerblick bleibt nichts verborgen oder dunkel. Man kann sie überblicken, wenn man nur versteht, sich in die geeignete Beobachterposition zu bringen. *Das blitzschnelle Überführen von Kontingenz in Bestimmtheit kennzeichnet das erfolgreiche Umgehen mit der Situation.* (...) Die Umwandlung von Kontingenz in Situation beendet jedesmal eine atmosphärische Konstellation und macht aus ihr eine Situation, die man bearbeiten kann: (jugendliche) Praxis." (Diedrichsen 199, S. 59)

An dieser Schwelle von Erkenntnis und Handeln, die immer auch eine von spezifisch urbanen Kompetenzen ist, vergewissern sich Jugendliche der Möglichkeiten in der Stadt, sie werden zu „Helden der Heuristik"(ebenda).

„Über weite Strecken der Geschichte war unsere Zivilisation Brennpunkt eines aktiven gesellschaftlichen Lebens, Austragungsort von Interessenkonflikten und -ausgleich und Schauplatz der Entfaltung menschlicher Fähigkeiten und Möglichkeiten. Doch gerade diese zivilisatorische Kraft ruht heute ungenutzt"(Sennett 1986, S. 428). Urbane Kompetenz zielt auf den Rückgewinn dieser Ressourcen. Urbane Kompetenz ergibt sich aber nicht automatisch aus dem bloßen Vorhandensein möglichst vieler Gebäude und Menschen an einem Ort, sondern umschreibt die Art und Weise, sich miteinander in der Stadt zu verhalten. Zusammenfassend versteht sich der Ansatz urbaner Kompetenz als ein Plädoyer für einen urbanen Raum, der (wieder) offen für das Unerwartete ist: „Unregelmäßigkeit, Wechsel, Vorgleiten, Nichtschritthalten, Zusammenstöße von Dingen und Angelegenheiten, bodenlose Punkte der Stille dazwischen" (R. Musil zitiert in Rauterberg 1998). Damit einher geht die Initiierung von Prozessen, die der Gewinnung urbaner Kompetenz dienen, wie sie ein Architekt formulierte: „Städtebau muss Zirkus sein (...) und das Stück das gegeben wird heißt Stadt" (ebenda).

235

Literatur

Amtsblatt der Landeshauptstadt Stuttgart: Verstärkte Präsenz für ein sauberes und sicheres Stuttgart. In: http://www.region-s/stadt/sauber.htm.

Augé, M. (1994) Orte und Nicht-Orte. Frankfurt am Main.

Baudrillard, J. (1982): Kool Killer oder der Aufstand der Zeichen. In: Baudrillard, J.: Der symbolische Tausch und der Tod. München, S.120-130.

Baudrillard, J. (2000): Die Stadt und der Hass. Über die „kritische Masse" und ihre Gewalt. In: Keller, U. (2000): Perspektiven metropolitaner Kultur. Frankfurtam Main, S. 130-141.

Baumann, Z.(1997): Schwache Staaten. Globalisierung und die Spaltung der Weltgesellschaft, in: Beck, Ulrich (Hrsg.): Kinder der Freiheit, Frankfurt/am Main, S. 315-332.

Benjamin, Walter(1980): Charles Baudelaire. Frankfurt/am Main.

Beste, H.(1997): Urban Control. Globalisierung, Regulation und Kriminalitätskonstruktion, in: Frehsee, D./Löschper, G./Smaus, G. (Hrsg.): Konstruktion der Wirklichkeit durch Kriminalität und Strafe. Baden Baden, S. 183-199.

Blankenburg, E.(1996): Präventive Sicherheitspolitik in der Großstadt. In: Hammerschick, W./Karazman-Morawetz, I./Stangl, W. (Hrsg.): Die sichere Stadt. Prävention und kommunale Sicherheitspolitik. Baden Baden, S. 169-179.

Boettner, J.(1989): Himmlisches Babylon. Zur Kultur der verstädterten Gesellschaft. Berlin.

Bohn, I./Kreft, D./Segel, G. (Hrsg.) (1997): Kommunale Gewaltprävention. Eine Handreichung für die Praxis. Münster.

Bondy, C. u.a. (1957): Jugendliche stören die Ordnung. Berichte und Stellungnahme zu den Halbstarkenkrawallen. München.

Bourdieu, P. (1998): Ortseffekte. In: Göschel, A. (Hrsg.): Kultur in der Stadt. Stadtsoziologische Analysen zur Kultur. Opladen, S. 17-26.

Brentano, B. v. (1987): Wo in Europa ist Berlin? Bilder aus den zwanziger Jahren. Frankfurt am Main.

Brunst, Th. (1997): Städtischer Sicherheits- und Ordnungsreport 1-97, in: http://www.-central.de/-jonasp/safercity/sso-report.html.

Brumlik, Micha(1996): Die Stadt, die Basis des Sozialstaats. In: http://-www.oeko-net.de/kommune/kommune7-96/ZZBRUMLI.htm.

Breyvogel, Wolfgang (1997) : Die Essener Bahnhofsszene. Ein Portrait auf der Basis narrativer Interviews. Essen (unveröffentlichtes Manuskript).

Breyvogel, Wolfgang (1998): Der „gefährliche Jugendliche" auf den „Bühnen der Sichtbarkeit". Sichtbarkeit und Transparenz in der Mediengesellschaft. In: Breyvogel, Wolfgang (Hrsg.): Stadt, Jugendkulturen und Kriminalität. Bonn, S. 84-111.

Breyvogel, Wolfgang (2000): Urbane Kompetenz. Essen (unveröffentlichtes Manuskript).

Brüchert, O.: urban. Hauptbahnhof gegen eingleisige Kommunikation. In: surf.germany. eu.net.bookland/ezines/urban/hbfk2914.htm.

Cornel, H.(1997): Verkaufsschlager ‚Zero Tolerance'. In: Neue Kriminalpolitik, 4/1997, S. 34-35.

Cremer-Schäfer, H. (1997): Kriminalität und soziale Ungleichheit. Über die Funktionen von Ideologie bei der Arbeit der Kategorisierung und Klassifikation von Menschen. In: Frehsee, D./Löschper, G./Smaus, G. (Hrsg.): Konstruktion der Wirklichkeit durch Kriminalität und Strafe. Baden Baden, S. 68-100.

236

Davis, M.: Beyond Blade Runner: Urban Control. The Ecology of Fear, in: http://www-.oberlin.edu/student...es/etext/davmurbancont/index.html.

Diederichs, O. (1997): Vierzehn Thesen zur Inneren Sicherheit. In: http://-www.infolinks.de/medien/cilip/ausgabe57/thesen.htm.

Diedrichsen, D. (1999): Der lange Weg nach Mitte. Der Sound und die Stadt. Köln.

Elwert, G. (1998): Kein Platz für junge Wilde, in: Die Zeit v. 26.3.1998, S. 51.

Ewald, F. (1998): Die Rückkehr des genius malignus: Entwurf zu einer Philosophie der Vorbeugung. In: Soziale Welt, 49. Jg., Heft 1, S. 5-24.

Findeisen, H.-V./Kersten, J. (1999): Der Kick und die Ehre. Vom Sinn jugendlicher Gewalt. München.

Flade, A./Greiff, R./Dauwe, E./Guder, R. (1996): Die sichere Stadt. Im Auftrag des Bundesministerium für Raumordnung, Bauwesen und Städtebau und der Bundesforschungsanstalt für Landeskunde und Raumordnung. Stuttgart.

Franz. M. (1995): Arbeitslos an der Oder. Konsumgewohnheiten ostdeutscher Jugendlicher. In: Deese, U./ Hillenbach, P.E./ Michatsch, C./ Kaiser, D. (Hrsg.): Jugendmarketing. Das wahre Leben in den Szenen der Neunziger. Düsseldorf 1995, S. 150-153.

Früchtl, J. (1998): Gesteigerte Ambivalenz. Die Stadt als Denkbild der Post/Moderne. In: Merkur, 52, S. 766-780.

Gössner, R. (2001): Wenn die amtliche Hochrüstung selbst zu einer Gefahr für die Bürger und Grundrechte wird. In: *Frankfurter Rundschau* von 5. 12. 2001.

Häußermann, Hartmut/Siebel, Walter (1993): Festivalisierung der Stadtpolitik – Stadtentwicklung durch große Projekte. In: Leviathan, Sonderheft 13/1993. Opladen.

Hammerschick, W.(1996): Verunsicherung des Alltags. Unsicherheitserfahrungen und Reaktionen - alters- und geschlechtsspezifischen Unterschiede. In: Hammerschick, W./Karazman-Morawetz, I./Stangl, W. (Hrsg.): Die sichere Stadt. Prävention und kommunale Sicherheitspolitik. Baden Baden, S. 79ff.

Hirsch, B. (2001): Abschied vom Grundgesetz. In: Süddeutsche Zeitung vom 2. 11. 2001.

Höge, H. (1999): Täter tragen Turnschuhe. Bandenmode und andere Erscheinungen in den Zeiten der Transformation. In: *Frankfurter Rundschau* v. 9.9.199.

Hoffmann-Axthelm, Dieter(1995): Das Einkaufszentrum. In: Fuchs, G./Moltmann, B./Prigge, W. (Hrsg.): Mythos Metropole. Frankfurt am Main, S. 63-72.

Holert, T./Terkessidis, Mark (1996): Mainstream der Minderheiten. Pop in der Kontrollgesellschaft. Berlin, S. 115-138.

Ipsen, D.(1997): Sicherheit durch urbane Kompetenz, in: http://www.central.dejonasp/-safercity/urbkomp.html.

Kaiser, G. (1959): Randalierende Jugend. Eine soziologische und kriminologische Studie über sogenannte „Halbstarke". Heidelberg.

Karazman-Morawetz, I. (1996): Was macht Stadtbewohner unsicher? Unsicherheitserfahrungen in zwei Wiener Stadtvierteln und ihre strukturellen Hintergründe. In: Hammerschick, W./Karazman-Morawetz, I./Stangl, W. (Hrsg.): Die sichere Stadt. Prävention und kommunale Sicherheitspolitik. Baden Baden, S. 17-39.

kassiber 33: „Von New York lernen heißt siegen lernen?", Teil I-III. In: http://pagesohz.north.de/kombo/k33nym.htm.

Klingst, M.(1998): Wider die soziale Krankheit. In: *Die Zeit* vom 17. 9. 1998.

Knodt, R.(1992): Das Prinzip „Mall", in: Merkur, 46 Jg., S. 114-124.

Korell, J./Liebel, U.(1998): Die Stadt gehört uns In: http://www.central-.de/-jonasp/safercity/ taz.html.

237

Krasmann, S./Marinis, P.d.(1997): Machtinterventionen im urbanen Raum. In: Kriminologisches Journal, H. 3, S. 162-185.

Kube, E./Schneider, H./Stock, J. (Hrsg.) (1996): Vereint gegen Kriminalität. Wege der kommunalen Gewaltprävention in Deutschland. Lübeck/Berlin/Essen/Wiesbaden.

Künast, R. (1997): Alternatives Sicherheitskonzept für Städte und Gemeinden – Gemeinsam Sicherheit herstellen In: http://www.infolinks.de/medien/-cilip/ausgabe/58/kuenast.htm.

Lehne, W.(1996): Bangemachen gilt nicht –Kriminalität und Unsicherheit in der Großstadt. 1996 (Manuskript eines Vortrages gehalten in der Evangelischen Akademie Hamburg, 9. Juli 1996. In: http://rrz.uni-hamburg.de/kriminol/lehne/evak96-.htm.

Lindner, Werner/ Stuckert, T. (1995): „Ich möchte, dass sich die Leute auf der Straße nach mir umdrehen" – Jugendliche Subkulturen im Ruhrgebiet. In: Kommunalverband Ruhrgebiet (Hrsg.): Standorte. Jahrbuch Ruhrgebiet 1994/95, S. 159-164.

Lindner, Werner (1996): Jugendprotest seit den fünfziger Jahren. Dissens und kultureller Eigensinn. Opladen.

Lindner, Werner (1998): Von der Unwirtlichkeit zur Unwirklichkeit der Stadt. Die pädagogische Vermittlung zwischen jugendlicher Stadt- und Medienerfahrung. In: neue praxis, 2, S. 150 - 162.

Lindner, Werner (1999): ,Zero Tolerance' und Präventionsinflation – Jugendliche und Jugendarbeit im Kontext der gegenwärtigen Sicherheitsdebatte. In: deutsche jugend 1999, Heft 4, Jg. 47, S. 153-162.

Lüders, C.(1995): Prävention in der Jugendhilfe. Alte Probleme und neue Herausforderungen. In: Diskurs 1/95, S. 42-49.

Narr, W.-D.: Vierzehn Thesen zur Inneren Sicherheit. In: Bürgerrechte und Polizei/CILIP 57/(2/97). In: http://www.infolinks.de/medien/cilip/ausgabe57/thesen.-htm.

Pütter, N. (1997): Reformen innerer Sicherheit. Über die Notwendigkeit von Veränderungen. In: Bürgerrechte und Polizei/CILIP57/2/97. In: http:-www.infolinks.de/medien/cilip/ausgabe57/reform.htm.

Rauterberg, H.(1998): Der Wahn vom Plan. In: *Die Zeit* von 12.3.1998, S. 12.

Reschke, W.(1997): Der Wandel der Städte und der Umgang mit marginalen Bevölkerungsgruppen. Universität Essen (unveröffentlichte Seminararbeit im FB 2).

Rötzer, Florian (1995): Die Telepolis. Urbanität im digitalen Zeitalter. Mannheim.

Ronneberger, Klaus (1998): Die Erosion des Sozialstaats und der Wandel der Stadt. In: *Frankfurter Rundschau* vom 9.2.1998, S. 8.

Roth, L. (1983). Die Erfindung des Jugendlichen. München.

Rose, T. (1997): Ein Stil, mit dem keiner klarkommt. HipHop in der postindustriellen Stadt. In: SpoKK 1997, S. 142-156.

Scherer, S.(1997): Zwei Thesen zur Zukunft des Gefängnisses – und acht über die Zukunft der Kontrolle. In: Widersprüche, H.63, Nr.1, S. 9-24.

Scherr, A. (1997): Wer braucht Jugendarbeit und wozu? Eine Kritik des Mythos vom vereinsamten, vereinzelten, orientierungslosen Jugendlichen und seiner Funktion in pädagogischen und politischen Jugenddiskursen. In: Kolbe, F.-U./Kiesel, D. (Hrsg.): Professionalisierung durch Fortbildung in der Jugendarbeit. Frankfurt am Main, S. 77-90.

Schulz, C. (1912): Die Halbstarken. Leipzig.

Sennett, Richard (1986): Verfall und Ende des öffentlichen Lebens. Die Tyrannei der Intimität. Frankfurt am Main.

Sennett, Richard (1990): Civitas. Die Großstadt und die Kultur des Unterschieds. Frankfurt am Main.

Simmel, Georg (1984): Die Großstädte und das Geistesleben. In: Simmel, Georg: Das Individuum und die Freiheit. Berlin, S. 192-204.

Siebel, Walter (1994): Was macht eine Stadt urban? Oldenburger Universitätsreden. Oldenburg.

Smoltczyk, A.(1998): Oberhausen liegt am Meer. In: Kursbuch Nr. 131, März 1998. Berlin, S. 81-89.

SpoKK (Hrsg.) (1997): Kursbuch Jugendkultur. Stile, Szenen und Identitäten vor der Jahrtausendwende. Mannheim.

Steinert, H.(1997): Das große Aufräumen, oder: New York als Modell?. In: Neue Kriminalpolitik, 4/1997, S. 28-33.

Stadt Karlsruhe, Presse- u. Informationsamt: Kriminalität: „Karlsruhe zeigt Verantwortung" In: http://www.karlsruhe.de/Aktuell/Stadtzeitung97/sz371.htm.

Türcke, C. (2001): Die mythische Angst, nicht dabei zu sein. In: *Die Zeit* von 10.05.2001, S. 38.

Voß, M.(1997): Private Sicherheitsdienste im öffentlichen Bereich. In: Widersprüche, H. 63, Nr.1, S. 37-49.

Wenzel, S. (1997): Urban und utilitär. Straßensport in Jugendkulturen. In: Spokk 1997, S. 182-191.

Wenzel, S. (2001): Streetball. Ein jugendkulturelles Phänomen aus sozialwissenschaftlicher Sicht. Opladen.

Zukin, S. (1999): Städte und die Ökonomie der Symbole. In: Göschel, A. (Hrsg.): Kultur in der Stadt. Stadtsoziologische Analysen zur Kultur. Opladen, S. 27-41.

Wolfgang Riedel

Hybride Identitäten

1. Annäherung

Auf den ersten Seiten seines Buches *Colonial Desire* (1995, S. 1f) beschreibt R.J.C. Young eine Stelle im Greenwich Park in London, am südlichen Themse-Ufer und bezeichnenderweise gegenüber der Isle of Dogs gelegen, dem Ort des früheren East India Dock, der Startrampe des Kolonialismus. Hinter dem Old Royal Observatory findet der/die geschichtsbewusste Spaziergänger(in) ein in den Boden gelassenes Messingband, den Null-Meridian, durch den Greenwich 1884 zu einer Art zweitem – wenn auch ungleich profanerem – Delphi wurde, zum Nabel der imperialistisch geordneten Welt des Empire auf dem Höhepunkt seiner Macht. Young beschreibt dann, wie durch das Setzen der Füße hüben und drüben dieser imperialen Intarsie jedermann zu einem Wesen wird, das per definitionem sowohl dem Orient als auch dem Okzident angehört, „mixed with otherness" wie Young – augenzwinkernd dem Jargon folgend – das nennt, und damit implizit den transzendentalen Primat des Westens bestätigt: Zentrum und Peripherie, „the West and the rest". An dieser Stelle und mit dieser körperlichen Ausrichtung also strafen die Füße den Kopf Lügen: die gleiche Verteilung der physischen Körperpräsenz in West und Ost konterkariert die Kopfgeburt des Zentrumsanspruchs Londons sowohl im kartographischen wie im Weltzeitsystem; der Null-Meridian widerlegt und bestätigt zugleich die, wie R. Kipling, ein ideologischer „Konstrukteur" von britischem Rassismus und Ethnozentrismus, in seinem kulturimperialistischen Schlüsselroman *Kim* (1901) sie nannte, „monstrous hybridity of East and West".

I

Diese kleine Anekdote macht deutlich, wie alles Bemühen um Zentrierung, um Beschreibung und Fixierung der Zentrumsposition des westlichen Subjekts und um die vermeintliche Autonomie und Absolutheit seiner Selbstbestimmungen schon immer kontaminiert war und ist mit Differenz, mit Heterogenität, mit Andersheit, die der Identitätsdiskurs als „Alterität" bezeichnet. Man kann diese Aporie als die *endogene Paradoxie* des bürgerlichen Subjekts bezeichnen, deren Geschichte so alt ist wie die Erfindung dieses Phantoms selbst: So war schon für seinen puritanischen Prototyp – eine seit Max Weber übliche Verallgemeinerung – die Gleichheit vor Gott an bestimmte Bedingungen geknüpft; seine v.a. sozio-ökonomisch agierende Variante hatte – spätestens seit Lockes Grundlegung der Zivilgesellschaft – als Bannerträger des „Besitzindividualismus" (C.B. Macpherson) Geltung – nur wer Eigentum hatte, konnte verantwortlich und frei handeln, und nur wer so handeln konnte, war Mitglied der in diesem Sinne „exklusiven" Bürgergesellschaft: Mit der Eigentumsqualifikation waren ihre klassen- und geschlechtsspezifischen Grenzen naturalisiert. Dass auch später die aufgeklärte Bürgergesellschaft den Widerspruch zwischen dem Drang nach autonomer Individualität und der notwendigen Anerkennung des „Anderen" im gesellschaftlichen Zusammenleben nicht aufzulösen vermochte, zeigt Imanuel Kants Formel vom „Antagonism der ungeselligen Geselligkeit", in die seiner Überzeugung nach die Menschen von ihrer Natur gezwungen werden. Schließlich lässt sich diese Paradoxie auch beschreiben als endogen im psychologischen Sinne, wie Julia Kristeva in ihrem Buch *Fremde sind wir uns selbst* (1990, S. 199 ff.) ausführt, nämlich als Teil eines permanenten Verdrängungsprozesses, mit dem wir als Individuationen dieses Bürgersubjekts das fremde „Unheimliche", das nicht als eigen oder „heimisch/heimlich" Anerkannte, das, was besser verborgen bleiben sollte, abstoßen, ausgrenzen, verwerfen, um es nicht bewusst werden zu lassen.

II

Städte sind Räume der Differenz – diese Aussage ist, so modisch und jargonhaft sie auch klingen mag, ein Topos. Ein bekannter Satz aus der *Politik* des Aristoteles besagt, dass eine (Stadt-)Gesellschaft immer aus unterschiedlichsten Arten von Menschen besteht, weil ähnliche Menschen keine Gesellschaft begründen können. Eine Übertragung dieser Einsicht in den Diskurs der zeitgenössischen Urbanitätsproblematik könnte lauten: kommunale Identität entsteht nur als Erfahrung von Differenz. Diesen Gedanken nimmt Richard Sennett (*Flesh and Stone*, 1994) auf und versieht ihn mit einer weiteren Problematisierung: Die Stadt ist der Ort, an dem Fremde sich treffen. Der/die Fremde repräsentiert dabei, so ließe sich ausführen, zum einen die Opposition zur Gemeinschaft, die nichtsdestoweniger des Fremden/Anderen bedarf zur Dynamisierung und Zirkulation ihrer kommunalen/sozialen Energien; zum anderen, evidenter und vielleicht wichtiger, repräsentiert der Fremde den Markt, den Tausch, die ökonomische Dynamik, die damit sich absetzen kann vom Zwang des Gabe/Gegengabe- Rituals verwandtschaftlicher und freundschaftlicher Beziehungen (Maus 1990).

242

Diese, wie ich sie nennen will, *Differenztradition* von Urbanität wird im Diskurs der bürgerlichen Gesellschaft konflikthaft und hegemonisch überschrieben von der egalitären Vorstellung, dass die Städte Räume der Homogenität, einer angestrebten Gleichheit oder doch zumindest Angleichung, der Integration sind, weil sie Menschen mit gleichen Interessen und Zielen (die „bürgerliche" Stadtbevölkerung eben) auf engem Raum zusammenbringen, was in entsprechend ähnlichen oder gar gleichen sozialen und kulturellen Praktiken und Lebensformen mit einem entsprechend homogenen lebensweltlichen Hintergrundwissen resultiert. Diese *Homogenitätstradition* bezieht sich in verschiedener Hinsicht immer auf eine Art „mitgedachter" Differenz und vor allem auf die ihr eigene Differenzdynamik: in der Psyche als das Verdrängte, in der Gemeinschaft als der/die Andere, auf dem Markt als Konkurrenz, in der Gesellschaft als der/die/das Fremde. Ein weiteres Problem dieser Tradition scheint darin zu liegen, dass nicht oder kaum unterschieden wird zwischen einer zivilen/rechtlichen Integration von Fremden und der sozialen/kulturellen: die eine ist ohne die andere nicht zu haben, ungeachtet aller im Grundgesetz garantierten individuellen Freiheiten.

Aus dieser (meiner) Sicht ist es daher wenig erstaunlich, dass unter dem sozialen Druck von Migrationen sowie angesichts des (virtuellen) Spektakels eines wild zirkulierenden Finanzkapitals und der nationalpolitischen Bedrohung durch radikale ökonomische Monopolisierung (euphorisch „Globalisierung" genannt) im reaktiven gesellschafts- und kulturkritischen Diskurs Begriffe Konjunktur haben, die zugleich Anerkennung und Überwindung von Differenz ausdrücken und die sowohl oppositionelle wie pluralistische Dynamik dieses Begriffs entfalten wollen: Multikulturalität, Transkulturalität, Hybridität; im entsprechenden affirmativen neoliberalen Diskurs hingegen kursieren Begriffe, die Differenz möglichst weitgehend unterdrücken und eine Finalisierung aller damit verbundenen Dynamiken konnotieren (vergleichbar mit der Diskussion vor 30 Jahren um die anzugehende/andauernde/abgeschlossene „Modernisierung" der Gesellschaft): Leitkultur, Integration, Anpassung, Grundwertekanon, – der Diskurs der Eindeutigkeit eben – von „Identität", von ethnischer, kultureller und nationaler Zuordnung, wie er im Zuwanderungskonzept der CDU (wieder einmal) expliziert wurde.

Es ist dringend geboten, alle diese Begriffe in die Urbanismusdiskussion einzubringen, sie auch politisch und gesellschaftlich zu „verräumlichen", ihre diskursiven Kräfte zirkulieren und sich entfalten zu lassen – und dieses zu beobachten; das gilt für Hybridität und Leitkultur gleichermaßen. Dabei ist das diskursive Potential des Homogenitätsvokabulars vergleichsweise dürr – das (frei nach Kant) „transzendentale Apriori" einer sich globalisierenden Marktwirtschaft, dass „Stärkung und Ausbau der Marktposition alle politischen

Vorstellungen und Maßnahmen begleiten können" muss, gibt eine allgemeine Strömungsrichtung vor, gegen die sich nur schwer anrudern lässt – zumal ja nach ureigenster „Leitmetaphorik" – auch noch „das Boot voll ist".

2. Exkurs

Was uns bevorstehen und demnächst viele unserer gewohnten Bilder über Quartiere, Orte, Plätze und Wege bis hin zur Sinnlosigkeit entleeren könnte, ist die „Deterritorialisierung" aller dieser räumlichen Vorstellungen. Die virtuellen „Räume"des Internets und die entsprechenden „kommunikativen Begegnungen" der Digitalidentitäten darin sind im Begriff, eine ortlose Räumlichkeit zu entwerfen, der auch die Urbanitätsforschung sich zu stellen haben wird. Im Internet können wir Räumlichkeit in gewisser Hinsicht „an"- oder „wegklicken", IT eröffnet eine Art globalen Kommunikations- und Kulturraum, dessen rasant zunehmende lebensweltliche Intensität mit den Bedingungen der nichtmetaphorischen Räumlichkeit des „Hier und Jetzt" nicht nur rivalisiert, sondern im Begriff ist, diese abzulösen. Schon bald werden wir die Interneträume abrufbar per UMTS-Maschine mit uns herumtragen, überallhin, reduziert visuell und akustisch erfahrbar auf einem kleinen Bildschirm. Diesen „Räumen" werden die territorialen und sozialen Korrelate fehlen, sie werden ein globales bzw. „transterritoriales Terrain" sein (ein Begriff von Sassen), dessen Struktur zugleich die Armut und die Unendlichkeit des digital-binären Codes abbildet. Städte als kulturelle und lebensweltliche Referenzräume könnten dann abgelöst werden von „cyberspace"-Zentren, deren soziale und kommunale „Leere" etwa den sozialen Gegebenheiten der „inner cities" der nordamerikanischen und englischen Metropolen entspräche. Parallel zur Entstehung der schillernden Paläste des Finanzkapitals an den suburbanen Peripherien (Canary Wharf in London, La Défense in Paris), wo sie als *edge cities* die Obsoletheit und „Leere" des urbanen Zentrums verstärken, vollzieht sich die Besetzung der sozial und kommunal entleerten Zentren durch unterprivilegierte Schichten und gesellschaftlich „marginalisierte" ethnische Gruppen, die, überwacht von (im UK) Millionen Videokameras, nunmehr zu „Exzentrikern" inmitten von Zentren werden – dieser Widerspruch markiert die Ort- und damit identifikatorische Nutzlosigkeit zukünftiger räumlicher Bestimmungen. Hybride Identitäten dieser Provenienz werden ephemere virtuelle Konstruktionen sein, binär codierte, spontan-kontextuelle Selbstbeschreibungen, mit einem kommunikativen/kulturellen/sozialen Verbindlichkeitsfaktor von null, gegenüber denen ethnische, religiöse und geschlechtsspezifische Faktoren personaler Identität den museal konnotierten Charakter einer zweiten oder gar dritten „Natur" haben werden,

244

die man aufsucht als archivierte Erinnerung an etwas, wofür irgendwann einmal die Individualität von Körper und Person das geeignete Korrelat war.

III

Der kulturkritische Diskurs hat – wohl überwiegend als Folge der Übermacht des ökonomischen Leitdiskurses – seine Begrifflichkeit auf einem Abstraktionsniveau angesiedelt, das zum einen die extreme Reduktion der Sinnstiftungsmöglichkeiten und zugleich ein Bedürfnis nach Kompensation dieses Mangels zum Ausdruck bringt, das zum anderen aber durchaus als Reflex der hohen systemischen Komplexität der gesellschaftlichen Zusammenhänge gelten kann. Dabei ist eine Rückkehr aus den lokalen und regionalen soziokulturellen Kontexten zu verzeichnen, deren fast „heimatliche" Milieuhaftigkeit typisch war für die Anfänge der *Cultural Studies* der 60er und 70er Jahre. Der zur Zeit den Theoriediskurs dominierende Postkolonialismus ist eine Art *global theory* unter Verwendung poststrukturalistischer Begriffe, die einerseits noch ein „linkes" marxistisches Erbe signalisieren (z.B. Hegemonie und das Subalterne, internationales Proletariat, Monopolisierung des Finanzkapitals, globale Kapitalzirkulation, Entfremdung, Ideologie), die zum anderen aber auch die Komplexität sprachlich konstruierter Identitätsmodelle abbilden – es finden sich Derivate von Lacans semiotischer Variante eines psychoanalytischen Subjektmodells; Anklänge an Kristevas feministische Semiotik; Spivaks sprachlose Subalterne, die im westlichen Diskurs als eine Art palimpsesthafter Verwerfung erscheint, verdrängt und doch präsent als Spur der „Verwerfung" im hegemonialen Diskurs.

Diesem Kontext entstammt auch der Begriff der „hybriden kulturellen Identität", dessen Erläuterung hier zu leisten ist. Bekanntlich hat der Begriff der Hybridität eine lange biologische Tradition, aus der heraus sozialdarwinistische und rassistische Verwendungen sich abgeleitet haben – mit einigen Schwierigkeiten, die zu monströsen Definitionsvolten geführt haben. Eine davon entstand z.B. bei der Frage, wie die evidente Fruchtbarkeit „schwarz-weisser" menschlicher Beziehungen – betrachtet als Verbindungen unterschiedlicher „Spezies" – zu erklären sei, obwohl doch eigentlich – siehe im Tierreich die Maulesel-Misere – die Nachkommen unfruchtbar sein müssten. So grotesk sich dies heute auch liest – unendlich lange liegen solcherart Verwendungen des Begriffs noch nicht zurück: In Parenthese sei hier daran erinnert, dass in Hitlers *Mein Kampf* im Kapitel „Nation und Rasse" die Vorstellung einer „Einschränkung der Fruchtbarkeit von Bastarden" als Folge der Verletzung der natürlichen Trennung der Arten erscheint. Im deutschen Sprachgebrauch gibt es also eine konnotative Nähe von Hybridität zu rassistisch signifizierter Bastardisierung,

„rassischer" Durchmischung, ethnischer/"rassischer Verunreinigung", deren Opposition konsequenterweise eine ethnische/"rassische"/kulturelle Reinheit ist, die zum impliziten Essentialismus des *Homogenitätsdiskurses* gehört. Es versteht sich von selbst, dass diese negativen Konnotierungen in Opposition stehen zu den Bedeutungen von Hybridität innerhalb der *Differenztradition* – kulturelle Mischung als Grundbedingung aller Kultur, Synkretismus und Diversifizierung als Voraussetzungen kultureller Innovation, Transformierung von Praktiken als die Quelle inner- und interkultureller Dynamik. Es zeigt sich aber auch, dass die alltagsweltlichen Oppositionen und Signifizierungen von Mischung/Reinheit, Sauberkeit/Verunreinigung eine im Barthes'schen Sinne „mythische" Nähe zum *Homogenitätsdiskurs* und seinen ideologischen Sprach- und Handlungstraditionen haben.

Der Vollständigkeit halber sei noch erwähnt, dass die sexuelle „Rassenmischung" (engl. *miscegenation*) im kolonialen und postkolonialen Diskurs und in den von ihnen geprägten Gesellschaften und Kulturen eine erheblich aktuellere Signifizierungs- und Ausschließungstradition hat als im deutschen Sprachraum: so war für mich selbst – als einem in katholischer Diaspora zur Adenauer-Zeit sozialisierten und kulturell enkodierten Knaben – im Jahr 1960 eine „Mischehe" lediglich die (gleichwohl sündhafte) Verbindung von katholischen und protestantischen Eheleuten – sancta simplicitas. Bei diesem kurzen Blick „zurück in den Abgrund" soll es aber bleiben. „Hybridity" wird 1985 von Homi Bhabha als kritischer Term aufgegriffen und in einen Zusammenhang mit seinem Konzept eines „dritten Raumes" der Benennung, dem „third space of enunciation" gebracht. Dieser dritte Raum bezeichnet ein kulturelles Dazwischen, „in-betweenness", einen Zwischenraum zwischen den Kulturen und ihren Identitätsmodellen, der ambivalent, widersprüchlich und daher nicht festlegbar ist; die Anerkennung dieses Raumes und der darin entstehenden „hybriden Identitäten", so Bhabha, vermag den Exotismus der kulturellen Verschiedenheit – wie ich anfügen möchte: z.B. auch innerhalb multikultureller Gesellschaften – zu überwinden. Die dort entstehenden Identitäten widerlegen alle „reinen", eindeutigen kulturellen Grundlagen und Werte als binär kodiert und daher endogen hierarchisch strukturiert. Nach Bhabha ist der „dritte Raum" ein fremdes Territorium („alien territory") für alle diesen Raum umgebenden Kulturen und ihre Subjekte, dessen kulturelles Signifizierungspotential sich aus dem kollektiven Gedächtnis kolonialer Unterdrückung, aus Verweigerung und Repression, aus Geschichtslosigkeit, andererseits aber auch aus dem postkolonialen Bewusstsein herleitet. Bhabhas Konzept nimmt noch eine weitere Komponente auf, die der Dialogizität als sprachlicher Grundstruktur, die vor etlichen Jahrzehnten von Michail Bachtin entwickelt wurde. Nicht Revolution – wie von Frantz Fanon gefordert – oder Subversion können als Strategien zur Anerken-

246

nung des Subalternen, des kolonisierten, unterdrückten Anderen führen, sondern nur der Eintritt in die sprachliche Diskursivität, in die Welt kolonialer Repräsentationen, um dort die Archive für bislang verweigertes/verdrängtes/verworfenes Wissen zu öffnen. Hybride verstanden auch als dialogische Identität fordert heraus, widersteht und transformiert (*challenge, resistance and transformation*); zugleich klingt in der Dialogizität die Notwendigkeit, ja der Zwang des kolonialen/hegemonialen Diskurses und seines Subjekts an, sich auseinanderzusetzen – ähnlich der Herr-Knecht-Dialektik in Hegels *Phänomenologie des Geistes*, nach der der Knecht, der Andere, seine Anerkennung durch den Herrn erzwingt und damit die Herrschaftsverhältnisse für eine Phase im Bewusstwerdungsprozess des Herrn umkehrt. In dieser Phase der Überwindung/Aufhebung des kolonialen Bewusstseins eröffnen sich die Möglichkeiten des „dritten Raums", die autoritäre hegemoniale Stimme *muss* die Stimme des Anderen hören, anhören, anerkennen und als Spur, als Echo sich einschreiben. Aufgrund dieser Wendung kann Bhabha in sozusagen Hegelscher Diktion sagen, dass die koloniale/hegemoniale Macht ihre eigene Hybridisierung „produziert" und ihre diskursiven Felder freigibt für die Interventionen des Anderen.

Neben dieser vergleichsweise komplexen und auf den postkolonialen Kontext bezogenen Hybridität gibt es aber auch weniger spezifische Varianten hybrider Identität – etwa die von Stuart Hall eingeführte diasporische Identität, deren kulturelle Anpassungs- und Abstoßungsstrategien eine permanente Infragestellung der Zentrum/Peripherie-Hierarchisierung sind; bei Paul Gilroy wird das Bild vom „schwarzen Atlantik" (*The Black Atlantic*, 1993) zur Schlüsselmetapher für die Vorstellung gemeinsamer afrikanischer diasporischer Kulturen, die als „imagined communities" (Anderson), als diversifizierte imaginierte Gemeinschaften mit lokaler Identität interagieren, ohne sich auf ein essentialistisches afrikanisches Erbe zu beziehen oder gar festlegen zu lassen. Edouard Glissant hat in seiner Studie *Le discours antillais* (1981) aus der Sicht des „postkolonialen Subjekts" von der „métissage", der Vermischung der westindischen Kulturen gesprochen, die er in der Vision einer umfassenden, gleichwohl regionalen karibischen Identität der „antillanité" aufgehen sieht, zu der auch die „créolité", die sprachliche Gemeinsamkeit der westindischen Bevölkerungen gehört. Solche begrifflichen Modelle sind insofern relevant für die europäischen Diasporen in den Metropolen, als sich hieraus nicht nur – konkrete oder kulturell sublimierte – Rückkehrwünsche regenerieren, sondern auch der identifikatorische Zusammenhalt im Sinne der erwähnten imaginierten Gemeinschaften für die Enklaven sich reproduziert.

Andere Varianten der hybriden Identität berufen sich auf bestehende sprachliche Hybridisierungen, z.B. in schwarzen Filmen, wo als Folge einer

247

„synkretistischen Dynamik", wie Kobena Mercer es nennt, der dominante Code „kreolisiert" wird, wo als Black English, als Creole, als Patois die linguistische Hegemonie des guten „Oxbridge English" dezentriert, destabilisiert und karnevalisiert wird. Damit sind weitere Begriffe genannt, die eine für auf (sprachlicher oder sonstig kultureller) „Eindeutigkeit" bestehende Identitätsstrukturen unwiderstehliche Fusionsdynamik beschreiben, die zu Unruhe, Chaos, Inversion, Transformation und anderen neuen Formen führt. Hybridität ist also immer anti-essentialistisch, konflikt- und konfrontationsfreudig, ist als Begriff variabel bzw. dynamisch, fließend, mischungsfreudig – hybride eben.
Soweit, so interessant, die Theorie.

IV

Wie aber sieht die gesellschaftlichen Wirklichkeit in London, in Birmingham, Leeds, Manchester und Bradford aus, lässt sich fragen, da doch die Wirklichkeit, wie J. Borges süffisant in einer Geschichte („Der Tod und der Kompass") formulierte, nicht die geringste Verpflichtung hat, interessant zu sein.

Die soziale Wirklichkeit der ethnischen Minderheiten besteht, so belegen es Studien der Sozialforschung in einigen typischen Stadtteilen der genannten Städte mit hohem Anteil dieser Bevölkerungsgruppen, aus sozialer und kultureller Marginalisierung, aus Diskriminierung auf dem Arbeitsmarkt, ungeachtet des gesetzlichen Gleichbehandlungsgebots, aus Erfahrungen mit institutionalisiertem Rassismus der Behörden, aus Behinderungen bei der Wahrnehmung der Bürgerrechte. Die Folgen sind verstärkte Aggregation ethnisch homogener Gruppen mit Zonenbildung, Abkapselung, Enklavenbildung, gewollte Segregation als Antwort auf rassistische Strategien – z.B. bei der Wohnungsvergabe, der Sozialhilfe und der Schulzuweisung – sowie die Bildung von Netzwerken auf verschiedenen Ebenen – von Nachbarschaftshilfen bis zu Verteidigungsgruppen. Insgesamt wird eine sinkende Anpassungs- und Integrationsbereitschaft registriert – die allerdings zum Teil auch durch Aufrechterhaltung von mittel- oder langfristigen Rückkehroptionen motiviert ist. Enklavenbildung kann positiv oder negativ motiviert sein – als Bewahrung ethnischer Identität in der Diaspora oder als Schutz vor Repression und Diskriminierung, in jedem Fall verstärkt sie die Segregation und Agglomeration, man spricht von der ethnischen Falle (*ethnic trapping*). Dazu kommt die Herausbildung eines neuen Klassensystems innerhalb der Migrationsgruppen, in dem afro-karibische Einwanderer hinsichtlich Armut, Bildungschancen und entsprechend hoher Arbeitslosenquote ganz unten und asiatische Migrant(inn)en oben angesiedelt sind.

Alle kulturellen und sozialen Dynamiken, horizontale und vertikale, der übrigen „britischen" Gesellschaftsschichten finden sich auch in diesen Bereichen wieder – nur der Dialog, die Auseinandersetzung zwischen einer national verfestigten Leitkultur der *Englishness* und den ethnischen Kulturen findet selten statt, der „dritte Raum" wird kaum sichtbar, geschweige denn erschlossen und betreten; die medialen Konstruktionen von ethnischer Identität beschränken sich auf Vorurteilsfestigung in den bekannten geschlossenen Rückkoppelungsmechanismen: an Armut, Gewalt, Kriminalität, soziales Schnorrertum. Die Grundbedingung für den Dialog der Kulturen, die, sei es auch nur (menschen-)rechtliche und politische Anerkennung des Anderen, fehlt bzw. ist innerhalb des nationalen/politischen/kulturellen *Homogenitätsdiskurses* nicht vorgesehen, wie die politische, behördliche und lebensweltliche Alltagspraxis zeigt. Vielmehr wird die ökonomisch und politisch erzeugte soziale Ungleichheit in den institutionellen Diskursen transformiert zu legaler – und damit letztendlich auch als legitim wahrgenommener – Marginalisierung und Diskriminierung: Die bürgerliche Klassengesellschaft bleibt sich und ihren Prinzipien der Machtverteilung treu, auch wenn sie sich pluralistisch oder gar multikulturell nennt.

V

Das scheint mir die wichtigste Forderung zu sein: den/dem Anderen alle theoretischen und konzeptuellen Versuche der Beschreibung von synkretistischen, fusionistischen – hybriden Identitäten eben zu überlassen und eher unsere eigenen Identitätsdiskurse zu überprüfen; dass solche gesamtgesellschaftlichen kritischen Selbstbeschreibungen möglich sind, zeigt der im Oktober 2000 in England erschienene „Parekh-Bericht", in dem mit erstaunlicher Gründlichkeit die rassistischen Strukturen des britischen Systems und seiner Institutionen – v.a. in Polizei, Politik, Bildungswesen, Medien – aufgezeigt und analysiert werden.

Bei solchen Unternehmungen werden wir, wo immer wir auch ansetzen bei den Versuchen einer selbstkritischen „Hintergehung" unserer selbst, auf Forderungen nach Anerkennung treffen, sei es in der Vermeidung binärer Oppositionen, in der Einsicht in die Notwendigkeit der Dialogizität, in der Konfrontation mit der konstitutiven Kraft der Alterität: Anerkennung ist die „Kehrseite" unserer Identität. Sie ist ein Akt ziviler Vernunft, als Folge der Einsicht in das latente Selbstzerstörungspotential der Bürgergesellschaft und seiner Fundamente – Individualität, Interesse, Konkurrenz, Macht.

Aber dann gibt es noch einen schwer zu bezeichnenden Raum der Anerkennung, in der die „Ortlosigkeit der Sprache" (Michel Foucault) von uns fordert, dass wir uns beunruhigen, verunsichern, „verunordnen" lassen; im Vorwort zu *Die Ordnung der Dinge* (1971) benennt Foucault diesen Raum als Heterotopie, nicht unähnlich dem oben erwähnten „dritten Raum der Benennung" Homi K. Bhabhas. Hier könnte eine unserer Schwierigkeiten mit der Anerkennung des Anderen, des Fremden, des Nicht-Identischen liegen: dass im heterotopischen Raum die Signifikationen, die letztlich semiotisch und syntaktisch den Primat der Ichheit des Subjekts (auch als „anerkennendes") begründen, nicht greifen, stattdessen aber „unterminiert" und „ausgetrocknet" (Foucault) werden.

Für Kulturen und die mit ihren Signifikationspraktiken erschlossenen Räume scheint es aber weniger die Präsenz von Differenz und Andersheit zu sein, die ein Betreten oder Annehmen des heterotopischen Raums unmöglich macht; vielmehr verweisen die Risiken für die Aufrechterhaltung subjektzentrierter Diskursregeln auf deren „technologische" Aporien bei der eigenen Reproduktion wie bei der Generierung von Macht: die Auflösung aller binär kodierten Selbstbeschreibungen des Subjekts darf auf keinen Fall zugelassen werden. Anerkennung des kulturellen Anderen bedingt daher die Anerkennung der Andersheit im vermeintlich Eigenen, d.h. die Anerkennung der eigenen Hybridität des Subjekts.

Erst dann lässt sich dem diskursiven Homogenisierungszwang einer-(Leit-)Kultur nur mit synkretistischer Diversifizierung der kulturellen Praktiken entgehen: Die kulturellen Unordnungen der Städte und ihrer Quartiere könnten diese Heterotopien sein.

Literatur

Barthes, Roland (1964): Mythen des Alltags. Frankfurt am Main.
Bhabha, Homi K. (1994): The Location of Culture, London.
Foucault, Michel (1971): Die Ordnung der Dinge. Frankfurt am Main.
Gilroy, Paul (1993): The Black Atlantic. Modernity and Double Consciousness. London/New York.
Glissant, Édouard (1981): Le discours antillais. Paris.
Kristeva, Julia (1990): Fremde sind wir uns selbst. Frankfurt am Main.
Parekh, Bikhu, Vorsitzender der Commission on the future of multi-ethnic Britain (2000): The Future of Multi-Ethnic Britain. London.
Sennett, Richard (1994): Flesh and Stone. The Body and the City in Western Civilization. New York.
Taylor, Charles (1997): Multikulturalismus und die Politik der Anerkennung. Frankfurt am Main.
Young, Robert J.C. (1995): Colonial Desire. Hybridity in Race, Theory, Culture and Race. London/New York.

Autorenverzeichnis

Wolf-Dietrich *Bukow*, geb. 1944, Universitätsprofessor für Kultur- und Erziehungssoziologie an der Universität zu Köln; Geschäftsführender Direktor der Forschungsstelle für interkulturelle Studien (FiSt). Arbeitsschwerpunkte: Minderheitenforschung, soziale Netze, Partizipation, Soziologie des Alltags, Urbanitätsforschung. Neuere Veröffentlichungen: Die Familie im Spannungsfeld globaler Mobilität (herausgegeben zusammen mit HansJoseph Buchkremer und Michaela Emmerich). Opladen 2000; Multikulturelle Stadt. Von der Selbstverständlichkeit im städtischen Alltag (mit Claudia Nikodem/Erika Schulze/Erol Yildiz). Opladen 2001; Auf dem Weg zur Stadtgesellschaft. Die multikulturelle Stadt zwischen globaler Neuorientierung und Restauration (herausgegeben mit Claudia Nikodem/Erika Schulze/Erol Yildiz). Opladen 2001.

Rolf *Keim*, geb. 1962, Dr. rer.pol., Sozialwissenschaftler, Mitarbeiter im DFG-Forschungsprojekt „Problemquartiere" des Soziologischen Seminars der Georg-August-Universität Göttingen. Arbeitsschwerpunkte: Stadtentwicklung, Armut und soziale Ungleichheit. Veröffentlichungen u.a.: Wohnungsmarkt und soziale Ungleichheit. Basel/Boston/Berlin 1999; (zusammen mit Rainer Neef): Ausgrenzung und Milieu – Über die Lebensbewältigung von Bewohnerinnen und Bewohnern städtischer Problemgebiete. In: Annette Harth u.a. (Hrsg.): Stadt und soziale Ungleichheit. Opladen 2000.

Thomas *Krämer-Badoni*, geb. 1944, Professor für Stadt- und Regionalsoziologie an der Universität Bremen. Forschungsgebiete: Stadtentwicklung, Stadtverkehr, Stadtökologie, lokale Demokratie, Bürgerbeteiligung und Migration. Veröffentlichungen u.a.: (zusammen mit Elke Wiegand): Bürgerinitiativen nach der Wende. Zur Entstehung von Stadtteil- und Bürgerinitiativen in der Stadt Leipzig seit 1989. In: Hartmut Häußermann/Rainer Neef (Hrsg.): Stadtentwicklung in Ostdeutschland. Opladen 1996; (zusammen mit Klaus Kuhm): Mobilität. In: Hartmut Häußermann (Hrsg.): Großstadt. Soziologische Stichworte. Opladen 1998; Die Stadtsoziologie Ende der 90er Jahre. In: Soziologische Revue 22. Jg., Heft 4, S. 414-422.

Stephan *Lanz*, geb. 1963, Stadtplaner, wissenschaftlicher Mitarbeiter am Lehrstuhl Wirtschafts- und Sozialgeographie im Studiengang Kulturwissenschaften der Europa-Universität Viadrina Frankfurt/Oder. Arbeitsschwerpunkt: Interdisziplinäre Stadtforschung. Veröffentlichungen u.a.: Demokratische Stadtplanung in der Postmoderne. Oldenburg 1996; Die Stadt als Beute (mit Klaus Ronneberger und Walther Jahn). Bonn 1999; Metropolen (mit Jochen Becker). Hamburg 2001.

Werner *Lindner*, geb. 1958, Dr. päd., Dezernent für Kinder- und Jugendarbeit beim Niedersächsischen Landesjugendamt in Hannover. Arbeitsschwerpunkte: Kinder- und Jugendarbeit, Kinder- und Jugendschutz, Jugendforschung, Theorie und Praxis der Prävention. Aktuelle Veröffentlichungen: Werner Lindner (Hrsg.): Ethnographische Methode in der Jugendarbeit. Zugänge, Anregungen, Praxisbeispiele. Opladen 2000; Prävention. Zur kritischen Bewertung von Präventionsaktivitäten in der Jugendarbeit (herausgegeben mit Thomas Freund). Opladen 2001.

David *May*, geb. 1971, wissenschaftlicher Mitarbeiter an der Akademie für Migrationsforschung in Dänemark und am Institut für Geschichte und internationale Studien der Universität Aalborg. Arbeitsschwerpunkte: Stadtsoziologie, Immigration und benachteiligte Stadtquartiere, Stadtentwicklung.

Alp *Otman*, geb. 1946, Diplom- Pädagoge, seit 1998 Leiter des Interkulturellen Büros Darmstadt. Davor stellvertretender Leiter im Amt für multikulturelle Angelegenheiten Frankfurt und Mitarbeiter und Leiter in verschiedenen Integrationsprojekten.

Wolfgang *Riedel*, geb. 1942, Professor für Anglistik und british cultural studies am englischen Seminar der Universität Mainz. Arbeitsschwerpunkte: Theoriediskurs cultural studies, britische Gesellschaft und Migration, Interkulturalität und Globalisierung. Veröffentlichungen: Rassismus und Fremdenfeindlichkeit. Konstanz 1997; Einführung: Kulturwissenschaft 2001.

Sven *Sauter*, geb. 1963, Dr. phil., wissenschaftlicher Mitarbeiter am Institut für Sozialpädagogik des Fachbereichs Erziehungswissenschaften, Universität Frankfurt am Main. Arbeitsschwerpunkte: Migration und Adoleszenz, rekonstruktive Forschungsmethoden. Aktuelle Veröffentlichungen: Wir sind ›Frankfurter Türken‹. Adoleszente Ablösungsprozesse in der deutschen Einwan-

252

derungsgesellschaft. Frankfurt am Main 2000; Der Forscher als Mentor. Gedanken über die intersubjektive Praxis der Feldforschung. In: Ethnopsychoanalyse 6: Forschen, erzählen und reflektieren. Frankfurt am Main 2001.

Joachim *Schroeder*, geb. 1961, Dr. habil., Erziehungswissenschaftler, Hochschulassistent im Arbeitsbereich „Interkulturelle Bildung" der Universität Hamburg. Arbeitsschwerpunkte: Lernen unter erschwerten Bedingungen, Schulentwicklung, interkulturelle Didaktik. Neuere Veröffentlichung: Bildung im geteilten Raum. Schulentwicklung unter Bedingungen von Einwanderung und Verarmung. Münster 2001.

Viktoria *Waltz*, 1944, Dr. rer. pol., Mitarbeiterin in der Fakultät Raumplanung, Projektzentrum, IRPUD, Universität Dortmund. Arbeitsschwerpunkte: Migration und Stadt, Entwicklungsstrategien benachteiligter Gruppen im Quartier, Wohnungspolitik, Entwicklungsstrategien in benachteiligten Regionen und 3. Welt, besonders Naher Osten, Palästina. Aktuelle Veröffentlichungen: Migration und Stadt: best practice Beispiele in Nordrhein Westfalen. In: Norbert Gestring/Herbert Glasauer u.a. (Hrsg.): Jahrbuch Stadtregion. Opladen 2001; (zusammen mit Michael Krummacher): Polarisierung der Stadt: Folgen und Perspektiven für Migration und Interkulturalität. In: Herbert Kemming/Norbert Wohlfahrt/Ralf Zimmer-Hegehmann, Institut für Landes- und Stadtentwicklungsforschung des Landes Nordrhein-Westfalen (ILS) (Hrsg.): Stadt macht Zukunft, ILS 170. Dortmund 2001; Migration und Urbanität. In: Beauftragte der Bundesregierung für Ausländerfragen (Hrsg.): Integration in Städten und Gemeinden. Bonner Universitäts-Buchdruckerei.

Erol *Yildiz*, geb. 1960, Dr. päd., wissenschaftlicher Assistent am Seminar für Sozialwissenschaften, Abteilung Soziologie der Universität zu Köln; Mitarbeiter der Forschungsstelle für interkulturelle Studien (FiSt). Arbeitsschwerpunkte: Stadt und Migration, politische Soziologie, Alltagssoziologie, interkulturelle Bildung. Neue Veröffentlichungen: Fremdheit und Integration. Bergisch Gladbach 1999; Multikulturelle Stadt. Von der Selbstverständlichkeit im städtischen Alltag (mit Wolf-Dietrich Bukow/Claudia Nikodem/Erika Schulze). Opladen 2001; Auf dem Weg zur Stadtgesellschaft. Die multikulturelle Stadt zwischen globaler Neuorientierung und Restauration (herausgegeben mit Wolf-Dietrich Bukow/Claudia Nikodem/Erika Schulze). Opladen 2001; Urbane Quartiere zwischen Zerfall und Erneuerung (herausgegeben mit Helmut Karpe/Markus Ottersbach). Köln 2001; Multikulturalität in der Diskussion. Neuere Beiträge zu einem umstrittenen Konzept (herausgegeben mit Stefan Neubert/Hans-Joachim Roth). Opladen 2002.

253